Wolfgang Kubicki
Sagen, was Sache ist

WOLFGANG KUBICKI

SAGEN, WAS SACHE IST

Über Machtspiele, Hinterzimmer
und den Mut zum Urteil

Econ

Econ ist ein Verlag
der Ullstein Buchverlage GmbH

ISBN 978-3-430-21016-4

© Ullstein Buchverlage GmbH, Berlin 2019
Lektorat: Dr. Annalisa Viviani, München
Alle Rechte vorbehalten
Gesetzt aus der Scala OT
Satz: LVD GmbH, Berlin
Druck und Bindearbeiten: GGP Media GmbH, Pößneck
Printed in Germany

Inhalt

Vorwort   9

I. Wie ich wurde, was ich bin   11
   Meine Heimat   11
   Der Derwisch von Braunschweig   12
   In der Hundehütte   18
   Familienbande   22
   Meine Eltern – und das, was bleibt   25
   Wie hältst du's mit der Religion?   30
   Groß werden und vom Fliegen träumen   32

II. Auf in die Politik!   37
   Der Jungdemokrat   37
   Was Freiheit ist   43
   Ein Anwalt und Politiker   47

III. Der Querulant aus dem Norden   49
   Gefährliches Land zwischen den Meeren?   49

Ränkeschmiede und Erfolge 55
Die schwerste Niederlage 62
They never come back – von wegen! 71
Dem eigenen Instinkt folgen 75
Viel Feind, viel Ehr' 77
Todesangst 78

IV. Im Norden zu Hause, in ganz Deutschland unterwegs 81
Projekt 18 81
Mein Freund Jürgen Möllemann 83
Politik ist ein brutales Geschäft 100
Aufstieg und jäher Fall einer Partei 104
Meine Parteichefs 108
Der Kubicki-Effekt 115
Wiederaufbauarbeiten 121

V. Jamaika 126
Karibische Gefühle an Förde und Spree 126
Der weite Weg nach Jamaika 129
Jamaika reloaded? 143

VI. Die Freiheit in Person 148
Politik wird von Menschen gemacht 148
In den Medien 155
Wie man Menschen überzeugt 160
Metamorphosen 164

VII. Sagen, was Sache ist 167

  Bekenntnisse eines Sozialliberalen 167

  Die Freiheit, die ich meine 171

  Das politische Berlin und die Realität 174

  Junge Menschen begeistern 177

  Wider den Alarmismus, für längerfristiges Denken 179

  Die neuen Rechtspopulisten 184

  Deutschland in Europa, Europa in der Welt 188

  Unser Verhältnis zu Russland 191

  Jeder so, wie er kann ... 196

  Angst vor Verantwortung 198

  Sagen, was man denkt 202

  Recht vor Moral 205

VIII. Die Frauen meines Lebens 210

  Allein war ich nie 210

  Annette und ich 213

  Meine Töchter 218

  Genieße das Leben 219

IX. Ich bin, wie ich bin 224

  Mit mir im Reinen 224

  Das Glück zu sein 225

  Was bleibt, was kommt ... 227

Dank 229

Bildnachweis 231

Personenregister 233

Vorwort

Die Zeiten ändern sich – und mit ihnen die politischen Herausforderungen. In den vergangenen Jahren hat sich unter dem Eindruck der digitalen Revolution eine deutliche Zweiteilung des öffentlichen Kommunikationsraums herausgeschält. Während der öffentliche Diskurs in den sogenannten sozialen Medien – oft unter dem Deckmantel von Pseudonymen – immer entgrenzter, aggressiver, verletzender, demütigender und unsachlicher wird, hat sich die politische Debatte in vielen Bereichen zu einer neuen Verzagtheit entwickelt, bei der manche das Gefühl haben, der Meinungskorridor verenge sich mehr und mehr. Viele scheuen sich offenbar, Gesicht zu zeigen und in der Öffentlichkeit zu sagen, was Sache ist.

Es ist eine gefährliche Entwicklung, weil eine freie Gesellschaft auf die regelbasierte Kontroverse mit offenem Visier angewiesen ist. Wenn wir im Ringen um die bessere Lösung entweder die Regeln des Anstands verlassen oder nicht mehr unsere Meinung in der Öffentlichkeit angstfrei zu vertreten wagen, bekommen wir über kurz oder lang ein echtes Demokratieproblem.

Weit über 200 Jahre nach Immanuel Kants Todestag ist dies

eine Nachricht, die uns aufrütteln sollte. Denn wenn wir uns politische Phänomene wie Donald Trump anschauen, könnte man meinen, dass es in den vergangenen, wenigen Jahren ein schneller Weg war von der Kritik der reinen Vernunft zur Kritik mit reiner Unvernunft. Und blicken wir in den Deutschen Bundestag, so können wir dort mittlerweile politische Kräfte am Werk sehen, die sehr häufig bloß einen Stellvertreterkrieg für ihre Internet-Community zu führen scheinen und sich damit vom Streiten für den Fortschritt verabschiedet haben.

In diesen sehr unruhigen Zeiten rufe ich zu mehr Mut in der öffentlichen Debatte auf. Wir müssen energisch dagegen vorgehen, wenn das Urteil durch das Vorurteil ersetzt wird, wenn wir nicht mehr argumentieren, sondern nur noch moralisieren oder denunzieren. Denn nur wenn wir wirklich wissen, was der andere denkt, fühlt und möchte, können wir einen Ausgleich schaffen, der alle Stimmen gleichermaßen berücksichtigt.

In diesem Buch will ich von der Freiheit, die ich meine, erzählen. Von meinem politischen und privaten Leben, das ich nun seit bald 50 Jahren als Mitglied der Freien Demokraten führe. Ein halbes Jahrhundert, in dem ich viel erlebt und viel gelernt habe, über mich persönlich, aber auch darüber, dass man gesellschaftliche Gruppen in der politischen Debatte nicht ausgrenzen darf. Dieses Buch soll über die Autobiografie hinaus auch ein Debattenbeitrag, ein Plädoyer für mehr Offenheit, Direktheit und Ehrlichkeit in der Politik sein. Und ein Plädoyer für das Wichtigste, das es im Leben gibt – die Freiheit.

I.
Wie ich wurde, was ich bin

Meine Heimat

Ich könnte zwar überall wohnen, aber ... 1970 kam ich als Student nach Kiel. Im Sommersemester hatten wir, weil es damals so heiß war, ein Seminar, Makro I, am Strand, in Strande bei Kiel. Wir setzten uns in den Sand und philosophierten über die Wirtschaftswissenschaften. Ich schaute über die Förde zum Marine-Ehrenmal nach Laboe, sah das Wasser, die Spiegelung des Lichts, und da wurde mir schlagartig klar: Hier willst du sein, hier willst du leben. Hier empfand ich ein Wohlgefühl, das ich bis heute anderswo so nicht empfunden habe. Mein ganzes Leben habe ich seither an der Ostsee verbracht. Hier habe ich gelebt und geliebt, hier arbeite ich als Strafverteidiger, und hier habe ich Politik gemacht. Für Schleswig-Holstein, aber auch für das ganze Land. In der FDP, der Partei, der ich es selbst nicht immer leicht gemacht habe. Sie war aber immer meine politische Heimat und wird es auch bleiben.

Es dauerte zwar noch einige Jahre, bis ich meinen Traum von einem Haus in Strande erfüllen konnte. Aber irgendwann war es so weit, und seither denke ich immer wieder an jenen Sommertag 1970 zurück. Ich könnte tatsächlich überall leben, ich fühle mich an vielen Orten wohl. Ich könnte auch in den

Bergen leben, ohne dass mir sofort das Meer und seine Weite fehlen würden. Aber hier im hohen Norden, am Ostseestrand, nur hier habe ich das Gefühl des vollkommenen Aufgehobenseins. Das Gefühl von Heimat.

Der Derwisch von Braunschweig

Angefangen hatte alles 300 Kilometer südlich, im östlichen Niedersachsen. Der Bundestag hatte gerade den Vertrag zur Gründung der Montanunion ratifiziert, des europäischen Wirtschaftsverbands und Vorläufers der EG, Europäischen Gemeinschaft für Kohle und Stahl; Elisabeth II. hatte in London den Thron bestiegen, und die Briten hatten Helgoland an die Deutschen zurückgegeben, als ich an einem Montag im März geboren wurde, in Lehndorf, einem kleinen Vorort von Braunschweig. Wie bei den meisten Menschen speisen sich meine Erinnerungen an die Kindheit zumeist aus Erzählungen der Eltern, darüber, wie es früher einmal war. Es gab vor allem viele Geschichten über die Unbotmäßigkeiten meiner Kindheit und Jugend. Ich war, wie meine Mutter immer sagte, ein Derwisch. Ein sehr unruhiger Junge, der alles Mögliche ausgefressen und ständig Mist gebaut hat. Ich war ein Nestflüchter und bin häufiger abgehauen. Zum Beispiel aus dem Kindergarten, wo es mir einfach nicht gefiel. Ich wollte immer etwas erleben. Und jedes Mal, wenn ich verschwunden war, brach bei meinen Eltern, den Kindergärtnerinnen und später bei den Lehrern regelrechte Panik aus: Wo ist das Kind jetzt schon wieder? Wo treibt der Junge sich nur wieder rum? Der Junge, der war einfach unterwegs, spielte mit anderen Kindern aus der Nachbarschaft oder streifte mit ihnen durch Wald und Felder. Kein Hindernis konnte meine kleinen Ausbrüche stoppen. Wurden die Türen abgeschlossen, bin ich einfach zum Fenster raus. Wir wohnten damals quasi auf dem Dorf, am Stadtrand von Braunschweig. Und spannender als Kindergarten und Schule war es allemal, sich in der Natur herumzutreiben. Dort andere Jungs zu treffen und mit ihnen etwas zu unternehmen. Sobald es mir irgendwo zu langweilig wurde, bin ich gegangen. Und mir war oft langweilig. Im Kindergarten mussten wir Mittagsschlaf halten, und das war mit Abstand das Langweiligste, was ich mir vorstellen konnte. Sich mitten am Tag für zwei Stunden hinlegen? Obwohl man in dieser Zeit so viel Spannendes hätte erleben können? Ich konnte ohnehin nie einschlafen, und während die Kindergärtnerinnen am Tratschen waren – anstatt auf uns Kinder zu achten –, bin ich ausgebüxt. Langeweile war mir immer schon suspekt. Daran hat sich bis heute nichts geändert. Und das ist, so könnte man sagen, ein prägender Wesenszug in meinem Leben.

Meine Mutter stammte aus Grottkau bei Breslau, Oberschlesien, mein Vater aus Oebisfelde bei Stendal in Sachsen-Anhalt. Als nach dem Krieg die Menschen scharenweise aus Oberschlesien flüchteten, kamen auch meine Großeltern mütterlicherseits nach Sachsen-Anhalt. Kennengelernt hatten sich meine Eltern noch während des Kriegs. Mein Vater, 1920 geboren, war Pilot bei der Luftwaffe. Meine Mutter, Jahrgang 1924, Luftwaffenhelferin. Mein Vater war sich bewusst, dass er nach Ende des Kriegs nicht in der Sowjetischen Besatzungszone bleiben konnte, wenn er – wie alle ehemaligen Wehrmachtsoffiziere – nicht inhaftiert und vor Gericht gestellt werden wollte. Ihm blieb also nichts anderes übrig, als sich in den Westen durchzuschlagen. Das tat er zunächst allein, meine Mutter blieb erst einmal in Oebisfelde. Hier kamen auch meine beiden älteren Geschwister zur Welt. Meine Schwester Sigrid wurde 1945 geboren, mein Bruder Siegfried zwei Jahre später.

Mein Vater hatte inzwischen in Braunschweig Arbeit gefunden, als kaufmännischer Angestellter beim Schrottunternehmen Cederbaum. An jedem Wochenende machte er heimlich »rüber«, immer in der Gefahr, verraten und verhaftet zu werden. Es dauerte aber noch bis 1950, ehe er meine Mutter und meine Geschwister in einer Nacht-und-Nebel-Aktion holen konnte, raus aus der frisch gegründeten DDR nach Niedersachsen.

Die Erzählungen meiner Eltern hörten sich dramatisch an, denn die Flucht ging über einen Fluss über die Grenze in den Westen. Manches Mal habe ich versucht, mir vorzustellen, wie mein Leben verlaufen wäre, wäre die Familie in Oebisfelde geblieben und ich in der DDR geboren und aufgewachsen. Natürlich bin ich froh, dass es nicht so gekommen ist. Und dann denke ich, dass es schlicht Zufälle sind, die darüber entscheiden, wie das eigene Leben weiter verläuft.

Meine Familie zog zunächst in einen Vorort von Wolfsburg und später ein paar Kilometer weiter nach Braunschweig, wo ich geboren wurde. Wir lebten zu dem Zeitpunkt in einer kleinen Wohnung in der Kleinen Straße 6. Fünf Personen auf wenigen Quadratmetern. Alles war beengt und wirklich übersichtlich. Unsere Wohnung gehörte wildfremden Menschen, den Eheleuten Wehrmann, die im selben Haus wohnten. Sie wurden im Laufe der Zeit zu zwei der wichtigsten Menschen in meinem Leben. Ich nannte sie Tante Elli und Onkel Kurt, und diese beiden – das mag seltsam klingen – haben mein Leben wesentlich mehr geprägt, als es meine eigene Familie tat. Meine Mutter fand schon bald einen Job als Verkäuferin, und mein Vater handelte mit Schrott. Wir hatten unser Auskommen, das Leben war nicht gerade karg, aber doch ohne besonderen Komfort. Das Klo befand sich außerhalb des Hauses. Es gab weder Dusche noch Badewanne. Man wusch sich in der

Küche, so war das damals. Und einmal die Woche nahm mein Vater uns Kinder mit in die Firma, weil man dort wunderbar heiß duschen konnte. Samstag war Duschtag, und das war immer etwas ganz Besonderes.

Man stellt sich ja gerne die Frage, wer man ist und woher man kommt. Schlage ich mehr nach meinem Vater aus, und was habe ich von meiner Mutter mitbekommen? Bei mir ist diese Frage leicht beantwortet: Wenn ich heute in den Spiegel schaue, sehe ich meinen Vater. Die aktivere, dominantere Person in meiner Familie war meine Mutter. Sie gab den Ton an, und wenn sie mal nicht weiterwusste, drohte sie uns Geschwistern immer mit Worten wie: Wartet mal, bis Vater nach Hause kommt, dann gibt's richtig Ärger. Nur, mein Vater wollte alles, nur keinen Ärger. Er war zumeist ein ausgeglichener Mensch, der am liebsten seine Ruhe hatte. Manchmal aber musste er, allein um meiner Mutter einen Gefallen zu tun, ein väterliches Machtwort sprechen. Und dann konnte es passieren, dass es auch Schläge auf den Hintern gab. Wenn sich das anbahnte, war ich derjenige, der schon geschrien hat, bevor es mit der Abreibung losging. Weil es dann nicht so viele Schläge geben würde, so mein Kalkül. Die Rechnung ging auch auf, meistens jedenfalls, und ich kam recht glimpflich davon. Vom Vater geschlagen zu werden, das klingt heute schlimmer und brutaler, als ich es damals empfunden habe. So sahen die Erziehungsmaßnahmen aus, ohne dass ich sie empfehlen würde. Und ich kann nicht sagen, dass ich darunter besonders gelitten hätte. Trotz der – seltenen – Schläge, stand ich meinem Vater emotional sehr nah, sogar näher als meiner Mutter, was eigentlich ungerecht ist. Denn mit ihr verbrachte ich deutlich mehr Zeit als mit ihm, sie war diejenige, die uns letztlich erzogen hat, während mein Vater wegen seiner Arbeit viel seltener zu Hause sein konnte.

Wenn ich sage, meinem Vater war es am liebsten, wenn man ihm seine Ruhe ließ, dann meine ich damit auch das schwierige Feld der Vergangenheitsbewältigung. Bei uns war es nicht anders als in vielen Familien ehemaliger Wehrmachtssoldaten: Von seiner Kriegsgeschichte, von den Jahren im Nationalsozialismus, dem Erleben von Tod und Gewalt hat mein Vater fast nie etwas erzählen wollen. Und wenn er es tat, dann nur sehr ungern. Sobald man auf das Thema Krieg zu sprechen kam, wurde mein Vater einsilbig. Und daran rüttelten wir auch lange Zeit nicht, versuchten nicht, ihm etwas zu entlocken. 1969, ich stand kurz vor dem Abitur, es war die Zeit der 68er-Studentenbewegung, gingen wir Schüler auf die Straße. Erst da habe ich zum ersten Mal den Versuch gestartet und meinen Vater geradeheraus gefragt, wie das für ihn so war in jener Zeit. Doch auch da blockte er ab.

Erst viel später hat er angefangen zu erzählen. Das war Mitte der Achtziger, mein Vater war mittlerweile pensioniert, ich stand bereits im Beruf, und zum ersten Mal führten wir ein Vater-Sohn-Gespräch. Mein Vater war Pilot der Luftwaffe gewesen und war im Krieg Einsätze geflogen. Er war nie Mitglied der NSDAP, aber er war damals ein überzeugter Nationalsozialist, mit einem fast kindischen Glauben an den Führer. Und dann erklärte er mir: »Wenn du 1920 geboren und so aufgewachsen wärst wie ich, dann hättest du dir die Fragen nach den ungeheuren Verbrechen der Nazis gar nicht gestellt!« Er hat damals nichts hinterfragt. Man hat damals keine Fragen gestellt.

Als wir dieses Gespräch führten, versuchte ich, mich in die Situation meines Vaters hineinzuversetzen, ich wollte ihn und sein Verhalten verstehen. Und in gewisser Weise konnte ich meinen Vater und seinen Blick auf die eigene Vergangenheit begreifen. Im Nachhinein ist es einfach zu sagen, wie man sich denn selbst wohl verhalten hätte. Ja, sagte mein Vater, es habe natürlich Indoktrination gegeben, aber für ihn habe die Verfolgung und Vernichtung der Juden keine Rolle gespielt, weil er das einfach nicht wahrgenommen habe. Für den »Führer«, für Volk und Vaterland in den Krieg zu ziehen, das hingegen war selbstverständlich für ihn. Als junger Mann sei er damals, wie viele andere in seinem Alter, davon überzeugt gewesen, das Richtige zu tun.

Als ich später einmal in einem Interview die Frage gestellt bekam, was gewesen wäre, wenn ich zu jener Zeit aufgewachsen wäre und Deutschland den Krieg gewonnen hätte, antwortete ich, vielleicht wäre ich HJ-Führer in Wladiwostok geworden. Das mag flapsig klingen, aber tatsächlich können wir nicht wissen, wie wir uns unter anderen Vorzeichen der Geschichte, zu anderen Zeiten verhalten hätten. Wäre ich einer der Mutigen gewesen oder einer der Angepassten? Die Helden, die wirklich gesagt haben, ich bin bereit, mein Leben und das meiner Familie zu opfern, um an etwas festzuhalten, das ich für wichtig und richtig halte – diese Helden kann man an einer Hand abzählen. So ähnlich war es auch in der DDR. Die meisten haben sich angepasst. Und das sollte niemand verurteilen, der die Situation nicht erlebt hat. Und sogar heute, hier bei uns in einem demokratischen Staat, wo es nicht um Existenzen geht, ist es so, dass man sich anpasst. Die großen Helden, die nicht nur sagen, dass man etwas tun muss, sondern die das dann auch umsetzen – die sind auch bei uns nicht sehr verbreitet. Durch die Erzählungen meines Vaters bin ich ins Grübeln gekommen und habe damals angefangen, mich selbst zu hinterfragen. Meine eigene Arroganz, meine Anmaßung. Schließlich bin ich in dieser Situation nicht gewesen, sagte ich mir. Ich habe da nicht gelebt. Wie darf ich da urteilen? Und ich musste auch an meinen Schwiegervater denken, der bis zu seinem Tod unter Albträumen litt. Fast jede Nacht, weil er in Stalingrad gekämpft hatte.

Im Nachhinein sah mein Vater das alles ganz anders. Er versuchte nie, sich zu rechtfertigen. Sondern er hat einfach erzählt, was geschehen war, aus seiner Sicht. Und als man ihn dann Mitte der Fünfzigerjahre fragte, ob er die Bundeswehr wieder aufzubauen helfen wolle, bei der Luftwaffe, da hat er Nein gesagt. Er werde nie wieder in seinem Leben eine Waffe in die Hand nehmen. 1945 war für ihn, wie für Millionen Deutsche, ein kompletter Bruch.

Das Leben hatte sich von heute auf morgen völlig verändert. Er musste arbeiten, Essen herbeischaffen, für die Familie sorgen. Das erklärt auch, warum die Generation, die Krieg und Wiederaufbau erlebte, so ganz anders tickte als die jetzige. Die Menschen haben damals gewusst, dass man nur zusammen ein Haus aufbauen kann.

In der Hundehütte

Da ich das Küken der Familie war, hatte ich von Anfang an mehr Freiheiten, als meinen Geschwistern im gleichen Alter zugestanden worden waren. Das fing schon im Kleinen an. Wenn ich Hunger bekam, ging ich einfach kurz rüber zu Tante Elli, denn ich wusste, sie erfüllt mir jeden Wunsch und macht mir Bratkartoffeln. So gesehen war ich der kleine Prinz und wurde in jeder Hinsicht verwöhnt. Ich hatte aber auch ein Talent, andere um den Finger zu wickeln. Meine Schwester hat später oft erzählt, ich hätte diese Situation auf ihre Kosten ausgenutzt. Wenn es zum Beispiel darum ging, dass wir Kinder im Haushalt mithalfen, etwa beim Geschirrspülen und Abtrocknen, dann sagte ich zu ihr: Schwesterherz, kannst du das nicht für mich machen? Für 50 Pfennig? Und anstatt hart zu bleiben, ließ sie sich ein ums andere Mal erweichen. Sie hat später gescherzt, sie bekäme noch Tausende von Euro von mir. Meine Schwester konnte man mit einer bestimmten Form der Ansprache dazu bewegen, etwas zu tun, was sie gar nicht wollte. Und ich hatte den Bogen damals schon raus, charmant zu bitten, um mein Ziel zu erreichen.

Mein Bruder war nicht nur fünf Jahre älter, sondern auch deutlich stärker gebaut als ich. Wir nannten ihn liebevoll »Dicker«. Und dass er so stark wirkte, war für mich von großem Vorteil, denn immer wenn ich mit anderen Jungs meiner Altersklasse Ärger bekam, gab es da meinen großen Bruder, der dafür sorgte, dass Ruhe im Karton war. Mein Bruder war handwerklich sehr begabt, ganz im Gegensatz zu mir, was immer dazu führte, dass, wenn zum Beispiel ein Fahrrad repariert werden musste, er sagte: »Kleiner, lass das mal sein! Ich mach das. Du hast zwei linke Hände.« Das war eine Win-win-Situation: Ich gab ihm ein gutes Gefühl, und er reparierte mein Fahrrad.

Vor allem anderen aber hatte ich das große Glück, dass ich »mental adoptiert« wurde von unseren Vermietern, der Familie Wehrmann. Onkel Kurt hatte früher als Oberinspektor bei der Stadt Braunschweig gearbeitet und war schon im Ruhestand. Er hatte im Ersten Weltkrieg als Soldat an der Front gekämpft und hat mir durch seine Lebenserfahrung, durch die Geschichten, die er mir erzählte, unglaublich viel mitgegeben. Vielleicht auch so etwas wie ein Stück Lebensweisheit. Ich kann mich noch sehr gut erinnern: Onkel Kurt, ein ganz ruhiger Zeitgenosse, saß in seinem Sessel und ich ihm gegenüber am Ofen. Drinnen war es heimelig warm, draußen schneite es, und er erzählte aus seinem Leben, von seinen Reisen und vom Krieg. Und es war einfach schön zuzuhören.

Seine Frau, »meine« Tante Elli, war so in mich vernarrt, dass sie alles für mich gemacht hätte. Immer wenn meine Eltern etwas von mir verlangten, worauf ich keine Lust hatte oder was mich langweilte, bin ich abgehauen und nach nebenan zu Tante und Onkel gegangen. Die beiden besaßen einen Hund namens Ajax, einen Wachhund, der draußen lebte und in einer Hütte schlief. Und ich war der Einzige, der in diese Hundehütte reinpasste. Wenn meine Eltern mich suchten und nach mir riefen, versteckte ich mich oft einfach in der Hundehütte. Sie war mein geschützter Raum. Mein Zufluchtsort. Hier war ich vor unangenehmen Predigten oder Aufträgen sicher.

Als schönste Zeit der Kindheit habe ich die Wochen vor Weihnachten in Erinnerung. Weil dann gebacken wurde und ich die Töpfe und Teigschüsseln auslecken durfte. Ich fühlte mich geborgen. Bei den Wehrmanns, aber auch zu Hause bei meinen Eltern. Wir lebten nur durch einen Flur getrennt, und die Türen waren nie verschlossen. Ich konnte also auch jederzeit in die Küche oder ins Wohnzimmer von Tante und Onkel. Später durfte ich bei ihnen baden, denn sie hatten ein wunderschönes Badezimmer. Der reine Luxus für mich. Das Haus lag, wie gesagt, in einem kleinen Dorf, das Braunschweig in den Dreißigerjahren eingemeindet hatte. Es gab einen großen Garten mit Obstbäumen und Kartoffeln, mit Rüben und Kohl. Zur Eigenversorgung, wie es in den Fünfziger- und Sechzigerjahren vielerorts üblich war. Tante Elli bewirtschaftete den Garten mit großer Hingabe.

Zu dem Gebäude gehörten auch noch mehrere Ställe, die aber nicht mehr als solche in Betrieb waren. Im Prinzip bin ich also auf einem Bauernhof ohne Tiere aufgewachsen. Man ging raus und hatte immer irgendwas zu tun, meistens zusammen mit den Nachbarskindern. Dazu muss ich anmerken: Wir waren Flüchtlingskinder, also Fremde, die von »draußen« kamen. Und wurden auch immer so betrachtet und behandelt. Eine Willkommenskultur, von der heute so viel die Rede ist, erlebten wir damals nicht. Es dauerte auch eine ganze Weile, bis wir von der einheimischen Bevölkerung akzeptiert wurden. Bei mir vollzog sich dieser Prozess schneller als bei anderen, aber es blieb trotzdem immer eine Distanz bestehen: die und wir. In der Schule gab es auch heftige Streitigkeiten zwischen uns und »denen«. Wir hatten kleine Jugendgangs gebildet, und es ging herzhaft zur Sache. Es kam regelmäßig zu Schlägereien. Irgendwann gehörte ich dann allerdings auch dazu und war ein echter Altlehndorfer geworden.

Mit sechs wurde ich eingeschult, und praktischerweise lag die Grundschule genau unserem Haus gegenüber. Wie ich als Schüler war? Tja ... In meinen Zeugnissen stand eigentlich jedes Mal: Wolfgang schwätzt und stört beständig den Unterricht. Weil mir so oft langweilig war, hatte ich eben immer Lust auf etwas anderes. Ich kam regelmäßig zu spät, auch das steht in meinen Zeugnissen, was als bemerkenswert bezeichnet werden kann: In nur einem Halbjahr kam ich 52-mal zu spät zum Unterricht, obwohl die Schule auf der anderen Straßenseite lag. Manchmal rief meine Lehrerin aus dem Klassenzimmer zu meiner Mutter rüber und wollte wissen, wo ich denn sei. Wolfgang ist vor zehn Minuten losgegangen, sagte meine Mutter. Und dann immer die Frage: Was hat er denn jetzt bloß wieder gemacht? Ganz einfach: gespielt, Murmeln getauscht, Höhlen gebaut. Oder sonst irgendwas. Mir fiel immer etwas ein.

Während meiner Schulzeit in der Oberschule war zum Halbjahreszeugnis meine Versetzung gefährdet. Früher gab es noch die berühmt-berüchtigten blauen Briefe. Und meine Eltern waren völlig aufgelöst, wenn schon wieder einer im Briefkasten lag. Vor allem meine Mutter war mit den Nerven am Ende. Nach dem Motto: Wir legen uns hier krumm, ermöglichen dir alles, und du, faule Socke, machst nichts. Ich habe zu meiner Mutter nur gesagt, ich schaffe das schon. Entscheidend sei doch allein die Versetzung. Und um die gehe es erst in einem halben Jahr. Die ersten drei Jahre kam trotzdem jedes Mal Panik auf, aber nachher kannte man das schon, und meine Eltern sagten sich bei jedem dieser blauen Briefe, das wird schon.

Meine Lieblingsfächer waren Mathe, Geschichte, Erdkunde, Deutsch und Sport, es war ja nicht so, dass mich gar nichts interessiert hätte. Die Fünfen bekam ich immer in unterschiedlichen Fächern, in denen ich mich jedes Mal zum Jahresende wieder mindestens auf die Vier hochgearbeitet hatte. Die einzige Fünf, die ich nie beseitigen konnte, war die in Russisch, was wahrscheinlich an der Lehrerin lag.

Familienbande

Für meine Eltern ebenso wie für meine Geschwister war ich immer der Kleine, aber in späteren Zeiten gleichzeitig auch der Große, nämlich derjenige in der Familie, der es »geschafft« hatte. So wurde ich auch immer vorgezeigt. Meine Geschwister hatten es da nicht so leicht. Vielleicht fühlten sie sich durch mich auch etwas in den Schatten gestellt. Mein Bruder war gelernter Tischler. Nach der Volksschule und der Bundeswehrzeit fing er ein paar Berufsausbildungen an, bis er den Tischlerberuf für sich entdeckte. Mein Bruder war ganz anders als ich, längst nicht so antriebsstark. Meine Schwester arbeitete als Kindergärtnerin. Sie heiratete einen Bäcker, Hermann, der später zum Berufskraftfahrer umsattelte. Die beiden hatten sich miteinander eingerichtet, sie kamen zurecht.

Meine Geschwister haben mir zwar nichts geneidet, aber trotzdem war unser Verhältnis nicht ganz spannungsfrei. Es stand immer zwischen uns, dass ich erfolgreicher war und sie sich vieles nicht leisten konnten. Ein wirklich enges Verhältnis, ein tiefes Band, hatte ich weder zu meinem Bruder noch zu meiner Schwester. Das ist, wenn ich es heute aufschreibe, eine traurige Erkenntnis. Es ging so weit, dass ich auch zu Familienfeiern nur extrem unwillig gefahren bin. Meine Eltern habe ich immer gerne besucht, aber bei den Treffen mit den Familien meiner Geschwister fühlte ich mich nie wohl. Darüber ein offenes Gespräch zu führen, das Verhältnis gar zu verbessern, diese Chance ist mittlerweile vertan.

Mein Bruder starb im Jahr 2002 an den Folgen eines Herzinfarkts. Auch wenn wir uns nicht wirklich sehr nahestanden, war sein Tod ein einschneidendes Erlebnis. Er hatte damals gerade seinen Sohn in Baden-Württemberg besucht und befand sich auf dem Rückweg, als er an einer Autobahnraststätte zusammenbrach. Bis der Krankenwagen kam, vergingen 20 Minuten, die entscheidend waren. In der Klinik konnten die Ärzte meinen Bruder zwar noch reanimieren, doch zu diesem Zeitpunkt war sein Gehirn bereits schwer geschädigt. Was dann folgte, war ein zweijähriges Martyrium als Pflegefall. Mein Bruder litt am Apallischen Syndrom, er lag im Wachkoma in einem Krankenhaus in Oldenburg. Als ich in jener Zeit am Krankenbett meines Bruders stand und sah, wie hilflos er dalag, dachte ich: Meinen Hund könnte ich jetzt erlösen, Dicker. Ich stehe aber hier und kann dir nicht helfen. Ich habe geheult.

Damals, im Jahr 2002, hatten wir einen FDP-Parteitag in Rendsburg, bei dem wir unter anderem über die Sterbehilfe diskutiert haben. Meine Haltung war bis dahin – also bevor mein Bruder ins Wachkoma gefallen war – ganz eindeutig gewesen: Ich hatte mich immer gegen Sterbehilfe ausgesprochen. Auf dem Parteitag stand ich nun auf dem Podium, erzählte die Geschichte meines Bruders und sagte, dass sich meine Meinung geändert habe. Und zwar fundamental. Das, was ich erlebt habe, sagte ich den Delegierten, sei einfach unwürdig. Weil die Patienten kaum noch bewegt werden, bekommen sie schmerzhafte Druckgeschwüre am ganzen Körper. Sie werden am Leben gehalten, obwohl die Ärzte sicher sind, dass sich der Zustand nie wieder bessern wird. Ich weiß, dass es eine heikle und ethisch schwierige Diskussion ist, die bei uns auch immer noch geführt wird, aber ich bin heute der Überzeugung, dass Sterbehilfe erlaubt werden sollte.

Die Erinnerung an meinen Bruder schmerzt auch heute noch, weil ich vor seinem Tod nicht mehr die Gelegenheit zu einer Aussprache hatte. Es wäre mir wichtig gewesen, einen Streit auszuräumen über eine Sache, die es nicht wert war, dass wir uns so entzweiten.

Dann, Jahre später, starb meine Schwester an Krebs. Auch das war fürchterlich. Monatelang hat sie schrecklich gelitten. Wir haben häufig miteinander telefoniert. Ich habe sie immer wieder aufzubauen versucht: »Schwesterherz, wir Kubickis geben nicht auf.« Und tatsächlich wurde es zwischenzeitlich wieder besser. Wir dachten, jetzt hat sie es geschafft. Monate später meldete sich der Krebs zurück. Meine Schwester rief mich aus dem Krankenhaus in Braunschweig an. Sie weinte die ganze Zeit. Es ging zu Ende. Ich fuhr sofort zu ihr. Dort angekommen, versuchte ich, alles zu tun, um ihr die Angst zu nehmen. Aber wie will man jemandem Mut zusprechen, dessen Ende naht? Als ich wegfuhr, haben wir uns sehr gefasst verabschiedet.

Einige Tage später machte ich mich auf den Weg zu einer Parteiveranstaltung. Kurz vor meiner Rede bekam ich den Anruf, meine Schwester sei verstorben. Obwohl ich wusste, dass dieser Tag kommen würde, war die Nachricht für mich ein Schock. Ich konnte keinen klaren Gedanken mehr fassen. Meine Rede hielt ich wie in Trance. Ich habe kaum noch Erinnerungen daran und weiß auch nicht mehr, worüber ich gesprochen habe. Ich habe einfach nur funktioniert, war in Gedanken ganz woanders. Nach außen gab ich den Coolen, aber drinnen sah es ganz anders aus. Nach der Veranstaltung fuhr ich sofort nach Braunschweig zu meinem Schwager und meiner Nichte. Nun waren meine beiden Geschwister tot und ich der Einzige aus meiner Familie, der noch lebte.

Ich habe seitdem eine Patientenverfügung, und zwar eine sehr strikte. Meine Frau und ich sind uns einig: In einer Situation wie der meines Bruders, wenn man unheilbar erkrankt ist, ohne Aussicht auf Besserung und nur noch leidend, würden wir die Maschinen abschalten lassen, aus Respekt und aus Liebe. Denn dieses Leiden will man keinem Menschen zumuten, erst recht nicht jemandem, den man liebt.

Meine Eltern – und das, was bleibt

Nachdem mein Vater aus dem Arbeitsleben ausgeschieden war, kaufte ich für meine Eltern eine Eigentumswohnung in Bad Harzburg, weil sie ihren Lebensabend in einer schönen Umgebung verbringen wollten, und Bad Harzburg, am Rande des Harzes gelegen, war dafür ein wunderbarer Ort. Aber wie so oft im Leben – es kam alles anders als geplant. Mein Vater war gerade erst in den Ruhestand gegangen, als wir merkten, dass er sich veränderte. Es fing damit an, dass er unsicher wurde, unkonzentriert, vergesslich. Irgendwann fand er sich in seiner eigenen Wohnung nicht mehr zurecht. Auf allen

Schränken klebten schließlich kleine Zettel, auf denen er und meine Mutter notiert hatten, wo sich was in der Wohnung befand. Mein Vater litt an Demenz im Anfangsstadium. Das Tückische an dieser Krankheit ist, dass der Verfall schnell voranschreitet. Eines Tages war mein Vater allein in der Stadt unterwegs und wusste plötzlich nicht mehr, wie er nach Hause kommen sollte.

Wenn ich ihn besuchte, erlebte ich, wie sich sein Zustand von Mal zu Mal verschlechterte. Ein normales Gespräch mit ihm war bald nicht mehr möglich, die Erinnerungen meines Vaters an seine eigene Vergangenheit verblassten zunehmend. Und es fiel ihm immer schwerer, Menschen zu erkennen. Stattdessen kamen in ihm merkwürdige Erinnerungen aus dem Krieg zutage. Zum Beispiel trieb ihn die absurde Sorge um, er müsse hungern, er würde nichts zu essen bekommen. Aus diesem Grund hortete er das Brot vom Frühstück oder Abendbrot und versteckte es in seinem Zimmer. In diesen Momenten erinnerte er sich offenbar an die früheren Jahre voller Entbehrungen. Zunehmend reagierte mein Vater auch aggressiv – er, der doch immer ein ruhiger, ausgeglichener Mensch gewesen war, den so leicht nichts aus der Ruhe hatte bringen können. Es ist schmerzlich zu sehen, wie ein Mensch verfällt, physisch und mental. Als meine Mutter nicht mehr in der Lage war, meinen Vater zu Hause zu versorgen, auch wenn sie die Hilfe eines ambulanten Pflegedienstes in Anspruch nahm, beschlossen wir, ihn in einem Pflegeheim unterzubringen, das wenige Kilometer von der Wohnung meiner Eltern entfernt lag. Als ich ihn dort eines Tages besuchte, erkannte er auch mich nicht mehr. Mein Vater wurde von Panik erfasst. Man solle diese fremde Person aus dem Zimmer entfernen, rief er. Und dann fiel ein Satz, der mich schockierte: »Ich habe gar keine Söhne.«

Wenn die Persönlichkeit eines Menschen erlischt, wenn man nur noch vor einer physischen Hülle steht, geht einem das wirklich durch Mark und Bein. Das langsame Verschwinden meines Vaters war eine der schwierigsten Erfahrungen meines Lebens. Dabei fragte ich mich, wie würde ich wohl meine Eltern in Erinnerung behalten? Was bleibt von ihrem Leben? Und ich stelle fest, dass meine Erinnerung an den Vater nicht die an seine letzten Jahre ist, sondern an eine frühere, glücklichere Zeit, als er noch gesund und der Vater war, wie ich ihn über all die Jahre gekannt hatte. Ich denke gerne zurück an seine Gelassenheit und Ausgeglichenheit, an den ruhenden Pol in unserer Familie. Meine politische Arbeit hat er stets wohlwollend begleitet, aber eben auch nur begleitet. Und doch existierte da immer ein ganz besonderes Band zwischen ihm und mir.

Fünf Jahre dauerte dieser schleichende Prozess, die Demenzerkrankung, bis mein Vater 1998 starb. Letztlich an einem Herzinfarkt. Diese fünf Jahre waren vor allem für meine Mutter eine anstrengende und entbehrungsreiche Zeit, in der sie – obwohl sie eine starke Frau war – oftmals an die Grenzen ihrer Belastbarkeit gelangte. Das Heim, das wir für meinen Vater ausgesucht hatten, hatte den Vorteil, dass es auch Wohnungen für Angehörige anbot, die man anmieten konnte. Ich schlug meiner Mutter vor, sich dort einzuquartieren, damit sie, um meinen Vater zu besuchen, nicht jeden Tag mehrere Kilometer zurücklegen musste. Meine Mutter weigerte sich vehement. Um keinen Preis der Welt, sagte sie, denn das wäre ja ihr letzter Umzug. Erst heute verstehe ich ihre Haltung. Weil man mit dem letzten Umzug auch sein Leben auf gewisse Weise mental zu Ende führen muss. Und dazu war meine Mutter noch nicht bereit. Sie blieb also in ihren eigenen vier Wänden, auch nachdem mein Vater gestorben war, bis zu ihrem Lebensende. Zunächst ging es ihr da auch gut, aber mit der Zeit baute sie körperlich ab. Ihr Gesundheitszustand verschlechterte sich, sodass sie ambulant betreut werden musste. Fürsorgliche Nachbarn hatten ein Auge auf sie, und auch meine Schwester, die in Braunschweig lebte, kümmerte sich um unsere Mutter.

Als sie eines Tages mit einem Darmverschluss ins Krankenhaus kam, wusste sie wohl schon, dass sie bald sterben würde. Sie rief die ganze Familie noch einmal zusammen. Es kam zu einer merkwürdigen Situation am Krankenbett, denn zwischen meiner Schwester und mir bestanden zu jener Zeit Spannungen, wir verstanden uns nicht sonderlich gut. Meine Mutter hatte den sehnlichen Wunsch, dass wir uns versöhnten. Meine Schwester und ich reichten uns die Hand und umarmten uns – und das war längst überfällig. Als sich meine Mutter an diesem Tag von uns verabschiedete, war ihr die Erleichterung anzusehen.

Die Ärztin hatte mir gesagt, meiner Mutter blieben mit lebenserhaltenden Maßnahmen noch zwei, drei Tage. Meine Schwester war emotional nicht in der Lage zu entscheiden, ob solche Maßnahmen eingeleitet werden sollten oder nicht. Es lag an mir, diese Entscheidung zu treffen. Darüber musste ich in Ruhe nachdenken. Auf dem Rückweg nach Kiel besprach ich die Situation mit meiner Frau und kam zu dem Schluss, dass es keinen Sinn machte, das Leben meiner Mutter mit Zugabe von Schmerzmitteln und möglicherweise noch einer Operation um nur wenige Tage zu verlängern. Ich entschied, dass auf lebensverlängernde Maßnahmen verzichtet werden solle. Am nächsten Morgen um fünf Uhr erhielt ich den Anruf aus der Klinik, dass meine Mutter verstorben sei.

Was ich bedaure, ist, dass ich ihr bei unserem letzten Gespräch nicht erzählen konnte, dass meine Tochter Lene schwanger war. Davon erfuhr ich erst am Tag darauf. Ich weiß, meine Mutter hätte sich sehr gefreut zu hören, dass ihr erstes Urenkelkind unterwegs war. Meine Mutter starb – und es kam neues Leben in die Familie. Die nächste Generation. So ist es mir oftmals ergangen: Etwas Schlimmes passierte – und gleichzeitig erlebte ich etwas Schönes, etwas Positives. Und das half in dem Moment, mit dem Kreislauf des Lebens fertigzuwerden.

Mich mit der Frage nach lebensverlängernden Maßnahmen auseinanderzusetzen, der Frage nach Leben und Tod, war für mich als Angehöriger ebenso wie als Jurist eine interessante wie schwierige Erfahrung. Meine Frau und ich waren uns damals einig: Wenn man hätte sicher sein können, meiner Mutter wären durch die medizinischen Maßnahmen noch Wochen oder Monate geschenkt worden, in denen sie gut gelebt hätte, so wäre meine Entscheidung vermutlich anders ausgefallen. Aber diese Hoffnung gab es nicht. Ich denke, dass es auch ein Ausdruck von Menschenwürde ist, auf solche Maßnahmen zu verzichten, wenn es keine Perspektive auf Leben gibt. Vielmehr halte ich es für wichtig, dem Sterbenden einen würdigen Rahmen zu schaffen, wie es in der Palliativmedizin üblich ist, durch eine Sterbebegleitung, die ihm und seinen Angehörigen die Möglichkeit des Abschiednehmens gibt.

Meine Mutter hätte bestimmt meine Ansicht geteilt, da bin ich mir sicher. Sie war eine energische, patente Frau, für die Probleme nur dazu da waren, um gelöst zu werden. Bloß keine Angst vor ihnen haben, sondern anpacken und Lösungen finden. Diese Einstellung habe ich von ihr mitbekommen. Ich bewundere meine Mutter zutiefst für ihre Lebensleistung. Sie hat immer gearbeitet und ganz nebenbei drei Kinder großgezogen, ohne dass wir jemals das Gefühl hatten, etwas entbehren zu müssen. Immer hat sie sich um alles und um alle gekümmert. Und – sie hat gerne gefeiert. Auch diese Leidenschaft habe ich wahrscheinlich von ihr geerbt.

Wie hältst du's mit der Religion?

In meiner Jugend war ich Bibellehrer beim Christlichen Verein junger Männer (CVJM) in Braunschweig. Nicht etwa weil ich besonders fromm gewesen wäre, ich wurde auch nicht religiös erzogen. Aber einige meiner Fußballfreunde engagierten sich damals beim CVJM, und mit ihnen konnte man viel Spaß haben. Also ging ich einfach mal mit. Es war eine lustige Truppe, mit der wir schöne Reisen machten.

Ich erteilte Unterricht für Jüngere, Bibelexegese. Aus der Zeit habe ich immer noch sehr gute Bibelkenntnisse, mit denen ich bis heute manche meiner Gesprächspartner verblüffen kann, weil das keiner von mir erwartet, vor allem Kirchenvertreter. Mit dem Thema Glauben kann ich einiges anfangen, mit der Institution der Kirche relativ wenig. Auch mit meiner evangelischen Kirche nicht mehr, obwohl ich sogar vier Jahre lang in meiner damaligen Gemeinde im Kirchenvorstand war. Am Ende habe ich denen klipp und klar gesagt, dass ich nicht länger bereit sei, mit meinen Steuermitteln dazu beizutragen, dass sie andauernd Politik machen, statt den Glauben zu verbreiten. In einer Podiumsdiskussion mit einem Bischof habe ich einmal vorgeschlagen, dass die Kirche doch zehn Prozent ihres Vermögens zur Finanzierung der Flüchtlingshilfe einsetzen könnte. Zu solchen Handlungen ist sie natürlich nicht bereit. Die Kirche verbreitet gerne große Worte, aber eigenes Vermögen einsetzen will sie nicht.

Was mir aber vor allem missfällt, ist Heuchelei in jeder Form, und aus diesem Grund habe ich mit der evangelischen

Kirche gebrochen. Das, was bei mir das Fass zum Überlaufen brachte, war der Grünen-Abgeordnete Andreas Tietze aus Schleswig-Holstein, der auch Präses der Landessynode der Nordkirche war. Im Parlament geißelte er die FDP und auch mich regelmäßig dafür, wir würden als Neoliberale zur Verarmung der Menschen beitragen mit Niedriglöhnen und 450-Euro-Jobs. Und als Präses der Nordkirche bestand er auf ein Dienstfahrzeug mit Fahrer – auf 450-Euro-Basis. Da habe ich mir gesagt: Nun ist der Bart ab. Schicht im Schacht, ich trete aus. Das Interessante ist, dass auf meinen Austritt niemand reagiert hat. Gewöhnlich würde man doch fragen: Was ist der Grund? Kann man da noch etwas machen? Von der evangelischen Kirche kam aber nichts. Da ist mir klar geworden, dass sie auf mich nicht angewiesen ist. Gläubig bin ich aber immer noch, der Glaube ist schließlich von der Kirche als Institution nicht abhängig.

Die naive kindliche Vorstellung eines personalisierten Gottes teile ich natürlich nicht. Woran also glaube ich? Ich glaube, dass in jedem Menschen ein ethisches Grundgerüst vorhanden ist, das man aus dem Glauben heraus begründen kann. Dass es also etwas gibt außerhalb der eigenen Vorstellungswelt. Juristen würden sagen: so etwas wie ein Naturrecht. Ein Recht, das alle Menschen gleichermaßen haben. Denn das Interessante am Glauben ist ja, dass vor Gott alle Menschen gleich sind. Gott ist für mich Hoffnung, Liebe, Vertrauen – all das, was Menschlichkeit ausmacht.

Auch mein Engagement als einer der Vorturner beim CVJM hat damals übrigens sehr abrupt sein Ende gefunden. Nämlich nachdem ich meine erste Frau kennengelernt hatte, die katholisch war. Man sagte mir doch allen Ernstes, es sei vielleicht besser für meinen Glauben, wenn ich mich von dieser Frau trennte. Und ich dachte stattdessen: Vielleicht ist es für mich selbst besser, wenn ich mich von den Jungs hier trenne. Allein schon die Vorstellung, dass ein Dritter zu mir kommt und sagt: Es ist für dich besser, du folgst nicht der Liebe, sondern der Berufung Gottes. Das ist Anmaßung.

Groß werden und vom Fliegen träumen

Eine rebellische Phase hatte ich in meiner Jugend auch. Im Elternhaus hielt sich das aber in engen Grenzen. Wogegen hätte ich denn auch rebellieren sollen? Dort hatte ich es leicht. Wenn gesagt wurde: Du bist um zehn zu Hause, und ich war es nicht – welche Sanktionen sollten folgen? Kürzung des Taschengelds? Na und? Dann ging ich zur Tante oder zum Onkel nach nebenan und sagte: »Mir fehlen zehn Mark.« – »Gut, hier hast du sie.« Manchmal kam ich sogar erst nachts um zwei nach Hause, und meine Eltern lagen dann schon längst im Bett, weil sie am nächsten Tag arbeiten mussten. Aber meine Tante war noch wach und machte mir trotz nächtlicher Stunde erst mal Spiegeleier.

Nach der Volksschule kam ich auf die Hoffmann-von-Fallersleben-Schule, ein naturwissenschaftliches Gymnasium, das damals in Braunschweig als linke Kaderschmiede galt. Und als ich erst einmal auf dem Gymnasium war, wollten meine Eltern auch, dass ich das ordentlich abschloss und danach ein Studium anfing. Die wahre Ursache dafür, dass ich nach Höherem strebte, lag aber darin begründet, dass sich vor allem meine Tante und mein Onkel schon ganz früh, noch bevor ich eine Schule besuchte, viel mit mir beschäftigt hatten. Daraus entwickelte sich irgendwann ein regelrechter Bildungshunger. Durch die dauerhafte Mitteilung von Lebenserfahrung anderer lernt man selbst unglaublich viel. Und ich denke, dass meine

Liebe zur deutschen Sprache daher rührt. Die beiden haben mir später auch materiell den Einstieg ins Berufsleben und ins Leben überhaupt erleichtert, indem sie mir ihr Haus vererbten, das Haus, in dem ich aufgewachsen bin.

Doch noch einmal zurück in meine Schulzeit: Meine damalige Deutschlehrerin, die durch den Krieg ihren Partner verloren hatte, glaubte aus mir unerfindlichen Gründen, ich sei Kriegswaise. Sie war einfach nicht von diesem Gedanken abzubringen, mein Vater sei im Krieg gefallen. Dies war eigentlich schon rechnerisch nicht möglich, weil ich erst sieben Jahre nach Kriegsende geboren bin. Ich weiß nicht, was sie sich gedacht hat, aber als sie dann bei meiner Abiturfeier meinen Vater kennenlernte, war sie wie vom Donner gerührt. Eine skurrile Situation.

Meine Deutschlehrerin und mein Biolehrer waren diejenigen, die mehrfach verhindert haben, dass ich von der Schule flog. Dreimal waren entsprechende Anträge gestellt worden. Mit der Begründung, ich sei immer so unbotmäßig, ließe mir nichts gefallen und nichts sagen. Das war in der Phase, als Lehrer nicht mehr als Autoritäten per se respektiert und akzeptiert wurden. Sondern als man gegen Anweisungen aufbegehrte. Und ich war immer vorneweg beim Aufbegehren. Bis heute habe ich extrem große Schwierigkeiten mit Amtsautoritäten. Mit Personen, die glauben, sie hätten den Anspruch auf irgendetwas, nur weil sie ein bestimmtes Amt innehaben. Wer mal gesagt hat, »Wem Gott ein Amt gibt, dem gibt er Verstand«, der kann nicht von dieser Welt gewesen sein und erst recht nicht bei Verstand. Menschen überzeugen mich, Sachautoritäten überzeugen mich, großes Wissen überzeugt mich. Aber nicht Autoritäten qua Amtes.

Trotz meines Wissenshungers war ich kein guter Schüler. Jedenfalls kein strebsamer, ordentlicher Schüler. Aber die

Schuljahre waren eine wunderbare Zeit. Immer wenn ich heute die *Feuerzangenbowle* im Fernsehen sehe, denke ich: Meine Schulzeit wiederholt sich hier gerade. Wir hatten damals eine feste Clique, mit der wir viel Unsinn angestellt haben. Ich möchte nichts davon missen. Mein Abiturschnitt war übrigens am Ende gar nicht so schlecht. Zwei Komma drei, das war in der damaligen Zeit sogar gut. Und am Ende ist doch trotz aller blauen Briefe, die meine Eltern beinahe um den Verstand brachten, trotz aller Fünfen und drohenden Schulverweise noch was aus mir geworden.

Warum ich unbedingt das Abitur machen wollte, hatte, wie gesagt, viel mit Onkel und Tante zu tun, aber ein bisschen auch mit Berlin. Dort verbrachte ich in meiner Kindheit häufig die Sommerferien, wenn mich eine Schwester meiner Mutter – sie arbeitete als Krankenschwester – zu sich einlud. So war ich auch im Sommer das Jahres 1961 in Berlin, just an dem Tag, dem 13. August, an dem die Mauer gebaut wurde. Ich war neun Jahre alt und hatte am Tag zuvor noch mit Jungs auf der anderen Seite der Brücke gespielt, die in Kreuzberg direkt an der Grenze zwischen dem Ost- und Westteil der Stadt lag. Wir hatten uns bei der Verabschiedung für den nächsten Tag zum Kinobesuch verabredet. Doch daraus wurde nichts mehr. Als ich zu meinen Spielkameraden wollte, wurde ich von DDR-Grenzsoldaten aufgehalten – es ging nicht mehr, denn Stacheldraht teilte jetzt die Stadt. Über die politische Tragweite, über das, was dieser Tag geschichtlich bedeuten sollte, machte ich mir mit meinen neun Jahren keine weiteren Gedanken. Aber ich spürte, dass sich die Stimmung verändert hatte, dass da etwas Großes im Gange war.

Ich liebte diese Stadt. Berlin fand ich spitze. Für mich Dorfjungen waren die Ferien in der Riesenmetropole ein Highlight. Alles war anders, imposant. U-Bahn zu fahren war sensationell, aufzuwachen und amerikanische Sender zu hören. Und auch der Geruch der Stadt – ganz anders als bei mir zu Hause. Um weiterhin nach Berlin zu reisen, musste man von nun an fliegen. Für mich hieß das, von Hannover nach Berlin. Und während meines ersten Flugs dachte ich: Pilot müsste man sein. Oder wie es später Reinhard Mey so trefflich sang: »Über den Wolken muss die Freiheit wohl grenzenlos sein.« Ich bekam ein Gefühl von großer weiter Welt. Von nun an wollte ich unbedingt Pilot werden. Mein Vater, der ehemalige Luftwaffenflieger, erklärte mir, so einfach sei das aber nicht. Dafür müsse man das Abitur haben. Okay, habe ich mir gedacht, das ist ein Argument. Dann mache ich jetzt eben das Abitur. Damals musste man eine extra Aufnahmeprüfung bestehen, um für den Besuch der Schule zugelassen zu werden, was meinen Eltern Kopfzerbrechen bereitete. Ob der Junge die nun schaffen würde? Aber es war wie so oft in meinem Leben – wenn ich auf die Probe gestellt wurde, ging es meistens gut aus. Und so hat auch das geklappt.

Nach dem Abi wollte ich mich bei der Bundeswehr verpflichten und mich zum Piloten ausbilden lassen. Bedauerlicherweise, wenn man so will, lernte ich aber zwischen meinem Bewerbungsschreiben und der Musterung meine erste Frau kennen, im Kaufhaus, in dem auch meine Mutter damals arbeitete und wo ich zwischen schriftlichen und mündlichen Prüfungen für zwei Monate jobbte. Ich hatte mich Knall auf Fall in sie verliebt. Plötzlich spielten meine Planungen keine Rolle mehr. Das macht doch alles keinen Sinn, überlegte ich mir, wenn sie zum Studium nach Kiel geht, und du bist in der Offiziersschule der Luftwaffe in Fürstenfeldbruck bei München. Sie im Norden, ich im Süden, die Entfernung ist einfach zu groß. Das mit der Bundeswehr musst du jetzt sausen lassen und dir etwas anderes überlegen.

Aber nun einfach einen Rückzieher machen und praktisch verweigern, das ging nicht. Tatsächlich hatte ich bei der Offiziersbewerber-Prüfzentrale in Köln alle Prüfungen schon bestanden, nur die medizinische stand noch aus. Die durfte ich nicht auch noch bestehen, darum machte ich einen Griff in die Trickkiste: Ich kannte einen Apotheker, den ich um Hilfe bat, und der empfahl mir, ein bestimmtes Mittel einzunehmen, ein Medikament gegen Herzrhythmusstörungen – wenn man denn welche hat, aber eines, das die Symptome von Herzrhythmusstörungen auslöst, wenn man sie nicht hat. Wichtig war eines: Die Dosierung durfte auf keinen Fall zu hoch sein. Ich hielt mich strikt an die Anweisungen des Apothekers, und meine Rechnung ging auf. Beim ersten medizinischen Test musste ich Treppen rauf- und runterlaufen. Normalerweise kein Problem, aber mir wurde dabei ganz schwindlig. Der Bundeswehrarzt untersuchte mich und stellte seine Diagnose: Herzrhythmusstörungen! Damit konnte man kein Flieger werden. Bei einer weiteren Untersuchung später in Hannover dasselbe Procedere noch einmal. Wieder wurde mir schwindlig. Das Ergebnis: Ich wurde wegen meiner Herzprobleme als sogenannte Ersatzreserve Zwei eingestuft. Angesichts der geburtenstarken Jahrgänge wurde ich nicht eingezogen. Meine Bundeswehrkarriere war damit beendet, bevor sie begonnen hatte. Ich hatte Glück, dass keine Blutuntersuchungen gemacht wurden, bei denen man mich auf toxische Stoffe hätte untersuchen können – womit ich aufgeflogen wäre. So aber kam ich um den Bundeswehrdienst herum. Der Grund war aber wirklich ein ehrenvoller. So nämlich war der Weg frei. Ich konnte nach Kiel gehen und meine damalige große Liebe, Renate, heiraten.

II.
Auf in die Politik!

Der Jungdemokrat

Angekommen in der schleswig-holsteinischen Landeshauptstadt musste ich mir überlegen, wie es weitergehen sollte. Ich entschied mich, Volkswirtschaftslehre zu studieren. Ohne speziellen Berufswunsch, einfach erst einmal studieren, was dann passiert, würde man schon sehen. Kiels VWL-Fakultät war damals berühmt und das Beste, was diese Uni anbot. Das Studium selbst hat mir auch wirklich Spaß gemacht. Nach dem Diplom fing ich 1975 an, bei einer Unternehmensberatung zu arbeiten. Aber dieser Job stellte sich im Laufe der Zeit für mich als grausam heraus. Man ist ja, wenn man von der Uni kommt, ganz idealistisch in der Welt unterwegs. Und Unternehmensberatungen waren allein darauf ausgerichtet, Vorschläge zu erteilen, die eine weitere Beratungsleistung notwendig machten, also mehr Geld für die Beraterfirma. Ob es Sinn machte oder Unsinn war, spielte keine Rolle. Mein damaliger Chef sagte mir: »Die besten Unternehmensberater sind Theologen. Die können zuhören und den Leuten das, was sie gerade gesagt haben, als neue Idee verkaufen.« Das war mir irgendwann zu blöd.

Ich schmiss den Job und fand als Nächstes einen neuen in

einem Steuerberatungsbüro. Dort saß ich mit Juristen zusammen, die immer wieder einen Spruch parat hatten, mit dem sie jede Diskussion beendeten: »Das können Nichtjuristen wie Sie gar nicht beurteilen.« Das ging mir irgendwann so auf den Geist, dass ich einen Entschluss fasste: »Jetzt reicht's! Jetzt studiere ich auch Jura.« Dazu muss man wissen, dass Anwälte zwar Steuerberatung betreiben dürfen, Steuerberater aber keine juristische Beratung. Und ob ich mich jetzt drei Jahre auf die Steuerberaterprüfung vorbereiten oder noch Jura studieren würde, das war mir letztlich egal. Innerhalb kurzer Zeit schaffte ich das Examen, mit Prädikat, also ein überdurchschnittlich gutes. Ich verfügte schon über eine gewisse Berufserfahrung und hatte während des VWL-Studiums ein paar Jura-Scheine gemacht, die mir angerechnet wurden. So konnte ich nach nur vier Semestern das erste Examen ablegen. Jura war ganz meine Welt, viel mehr noch als die Wirtschaftswissenschaften. Aus meiner Sicht ist Jura zwar keine richtige Wissenschaft. Aber man lernt logisches Denken. Für Leute, die sich selbst ordnen wollen, die klare Gedanken fassen wollen, wozu sie sonst nicht in der Lage sind, für die ist Jura eine gute Erziehungsmethode.

Parallel zu meinem Studium wurde ich wissenschaftlicher Mitarbeiter der FDP-Fraktion im Schleswig-Holsteinischen Landtag. Über Politik war bei uns zu Hause nur wenig gesprochen worden. Meine Mutter hat sich eigentlich gar nicht dazu geäußert, und meine Geschwister waren völlig unpolitisch. Mein Vater war zwar ein sehr toleranter Mensch, im Grunde aber eher konservativ, auch wenn man das parteipolitisch nicht genau festlegen kann. Er war, daran erinnere ich mich noch gut, begeisterter Anhänger von Werner Höfers Internationalem Frühschoppen. Jeden Sonntagmittag diskutierten Medienvertreter aus aller Welt aktuelle politische Themen. Live im

Fernsehen. Wenn man sich die Sendung heute noch mal ansieht, glaubt man es ja nicht: Die Diskutanten haben geraucht und getrunken, waren mittags um halb eins schon angeheitert. Aber es machte richtig Laune zuzusehen, wie sie hitzig diskutierten, auch wenn man manches Mal vor Rauchschwaden mehr hörte als sah. Im Vergleich dazu wird heute doch sehr mainstreamartig im Fernsehen diskutiert. Für meinen Vater war diese Sendung ein festes Fernsehritual, weil er politisch sehr interessiert war und am Ball bleiben wollte. Und deshalb mussten auch wir Höfers Frühschoppen jeden Sonntag sehen. Mittagessen gab es erst nach der Sendung, pünktlich um eins. Ohnehin wurde bei uns großer Wert auf Pünktlichkeit gelegt, mit drei Kindern hätte das Zusammenleben sonst auch nicht funktioniert.

Große kontroverse Diskussionen, politische Debatten fanden bei uns nicht statt. Jemand, der wie ich gerade die Pubertät hinter sich gelassen hatte, der erwachsen und groß werden wollte, legte auch keinen großen Wert auf gepflegte Diskussionen, sondern auf das Überzeugen des anderen, auf das Sichdurchsetzen. Darauf kam es mir an. Mit der 68er-Bewegung konnte mein Vater nichts anfangen. Mich hingegen hat sie elektrisiert. Klar, dass ich damals auch auf die Straße gegangen bin und demonstriert habe – für die Freiheit, gegen den Springer-Konzern. Gegen zu hohe Straßenbahnpreise und auch, ja, für mehr Unterricht in der Schule! Ich habe damals selbst Demos organisiert und war in der Schule engagiert. Zum Ende meiner Schulzeit schaffte ich es sogar zum Schulsprecher, an einer, wie gesagt, eher linksliberalen Schule. Da sind wir dann auch schon mal dem Unterricht im Rahmen eines Schulstreiks ferngeblieben, organisiert von der Schülervertretung und gegen den wütenden Protest des Direktors – obwohl der eigentlich auch mit den 68er-Ideen sympathisierte.

An diese Zeit fühle ich mich erinnert, wenn ich an die Fridays-for-Future-Bewegung denke. Hier befinde ich mich im Übrigen in einem inneren Zwiespalt. Zunächst finde ich es gut, dass sich die Jugendlichen politisch engagieren. Es ist der Beweis dafür, dass es nicht stimmt, die heutige Jugend habe kein Interesse mehr an Politik. Dass wir aber deshalb über die Frage Schulpflicht gar nicht mehr diskutieren, finde ich wiederum bedenklich. Daher meine zwiespältige Haltung. Vor ein paar Jahren untersagte zum Beispiel die damalige grüne Bildungsministerin in Nordrhein-Westfalen, Sylvia Löhrmann, Schulstreiks gegen ihre Bildungspolitik. Wenn wir den Schülerinnen und Schülern jetzt erklären, für grüne Politik dürft ihr demonstrieren, gegen grüne Politik nicht, bekommen wir ein Problem. Denn damit weichen wir unsere Regeln auf und machen sie beliebig. Weil wir erklären, die richtige Moral überwindet Gesetze.

In meiner Schule war ich Ende der Sechzigerjahre Leiter des sogenannten Arbeitskreises Politik. Dort erlebte ich zum ersten Mal das, was für mich Politik ausmacht: Menschen aus verschiedenen Parteien und Gruppierungen mit ganz unterschiedlichen Standpunkten zusammenzubringen. Debatten entstehen zu lassen. Meinungen auszutauschen. Dem Andersdenkenden zu sagen, was meiner Meinung nach Sache ist, und der Meinung des anderen trotzdem Raum zu verschaffen. Und darin war ich ganz gut. Bundeswehrsoldaten brachte ich zum Beispiel an einen Tisch mit den Friedensbewegten. Mir ist es sogar einmal gelungen, DKP und NPD auf ein Podium zu bekommen. Und dafür Sorge zu tragen, dass die Veranstaltung nicht eskalierte, denn hier trafen wirklich Welten aufeinander.

Richtig los ging es mit dem politischen Engagement im Jahr 1970, als ich zum Studium nach Kiel kam. Ich hätte mich damals eher als sozialdemokratisch bezeichnet, traf dann aber am Rande einer VWL-Vorlesung Gerd-Manfred Achterberg, den Landesvorsitzenden der Jungdemokraten, des damaligen Jugendverbands der FDP. Er hatte mich reden hören, und da ich in der Lage war, flüssig frei zu reden, fragte er mich eines Tages: »Wolfgang, hast du Lust, heute Abend mitzukommen? Wir wählen einen neuen Kreisvorstand der Jungdemokraten in Kiel.« Die Jungdemokraten waren in der Weimarer Republik im April 1919 gegründet worden und trennten sich im November 1982 von der FDP aufgrund des mit der Parteibasis nicht abgesprochenen Koalitionswechsels der FDP von der SPD zur CDU/CSU. Daraufhin erklärte die FDP den frisch gegründeten Verband der Jungen Liberalen zu ihrer neuen Jugendorganisation

Dazu muss man wissen, dass die FDP 1970/71 in Schleswig-Holstein zwar noch mit der CDU koalierte, sich aber – wie auf Bundesebene seit September 1969 schon geschehen – in Richtung Sozialdemokraten orientieren wollte. Es gab sogar einen aus der Staatskanzlei geführten, auch von der CDU finanzierten »Arbeitskreis liberale Politik«, der die FDP bei der Union halten wollte; während wesentliche Teile der Landespartei allerdings darauf erpicht waren, eine sozialliberale Koalition einzugehen. Darüber, wie sich die FDP denn nun positionieren sollte, gab es Riesendiskussionen auf den Parteitagen. SPD-Bundeskanzler Willy Brandt hatte der FDP im Oktober 1969 bedeutende Ministerposten eingeräumt, die sie von der Union nie erhalten hatte (Äußeres und Inneres, später auch Wirtschaft). Das Grundsatzprogramm der FDP vom Oktober 1971, die sogenannten Freiburger Thesen, orientierten die FDP dann in Richtung eines reformorientierten »Sozialen Liberalismus«.

Nun ging es aber zunächst darum, den Kreisverband Kiel umzudrehen, von Schwarz auf Rot. Ich ging also am Abend mit, und, wie das Leben so spielt, stand bei der Versammlung einer von den Schwarz-Orientierten auf und hielt einen so bescheuerten Redebeitrag, dass ich mich zu Wort meldete und ihn rhetorisch eintütete. Meine erste parteipolitische Rede, ich war gerade 18 Jahre alt. Die Mitglieder wählten mich an diesem Abend in den Kreisvorstand der Jungdemokraten, und meine Parteikarriere nahm ihren Lauf. Im März 1971 trat ich in die FDP ein, dann beschloss die Partei auch tatsächlich für die Landtagswahlen im selben Jahr, nicht mehr mit der CDU koalieren zu wollen, sondern mit der SPD. Ich wurde relativ bald in den Kreisvorstand der FDP Kiel gewählt und 1972 auch stellvertretender Bundesvorsitzender des Liberalen Hochschulverbands. Dann kam ich in den Landesvorstand der Jungdemokraten und war auch einer der letzten Landesvorsitzenden mit FDP-Bindung, bevor sie 1982/83 von den Jungen Liberalen als FDP-Jugendorganisation abgelöst wurden.

Ich war immer und bin bis heute ein Sozialliberaler. Und doch haben wir uns alle in den Siebzigerjahren mit sozialistischen Grüßen verabschiedet, entsprechend dem linken Zeitgeist. Und wir hatten sehr linke Ideen. Zum Beispiel haben wir damals schon einen Mindestlohn gefordert. Die Freigabe von Cannabis wollten wir natürlich auch. Alle Beschlüsse, die wir in den Siebzigerjahren gefasst haben, finden sich heute in der einen oder anderen Form wieder, und einige davon sind sogar umgesetzt worden. Ein richtig Linker war ich allerdings nie. Der real existierende Sozialismus in der DDR war zum Beispiel nie etwas, das ich auch nur annähernd attraktiv fand. Ich war demokratisch gesinnt und hatte immer die Maxime, dass die Menschen im Zweifel selbst entscheiden sollen, was sie möchten. Dass sie dafür keine staatliche Einrichtung brauchen, keine ideologische Anleitung. Das dezidiert Liberale war mir immer sehr wichtig.

Was Freiheit ist

Liberalismus ist für mich zunächst einmal die objektive Möglichkeit jedes einzelnen Menschen, aus seinem Leben das Beste zu machen. Das zu gewährleisten ist staatliche Aufgabe. Meine Aufgabe als Politiker ist es, dafür Sorge zu tragen, dass es keine Hindernisse für den Aufstieg geben soll, es sei denn, sie sind in einem selbst begründet. Es gibt ein Recht auf Gleichheit am Start, aber es gibt kein Recht auf Gleichheit im Ergebnis. Für mich ist es außerdem ganz wichtig, dass, solange keine Gesetze gebrochen werden, jeder das Recht hat, sein Leben so zu bestimmen, wie er es für sich entscheidet.

Es war wieder einer dieser Zufälle, die das Leben so spannend machen, der mich zur FDP geführt hat. Ich hatte nämlich 1970 eigentlich überhaupt nicht vor, mich politisch dauerhaft zu engagieren. Weil ich voll in Liebe entbrannt war und erst einmal in Schleswig-Holstein sesshaft werden wollte. Aber dann war es eben die Ansprache von Gerd Achterberg, die mein Leben verändern sollte. Ich hätte zu der Zeit genauso gut in die SPD eintreten können, das wäre für mich damals kein großer Unterschied gewesen. Die Orientierung an Walter Scheel und Willy Brandt, die während der sozialliberalen Regierung die Richtung vorgaben, entsprach meiner politischen Vorstellung. Dass es die FDP wurde, war purer Zufall. Neben der FDP und SPD gab es damals nur die Union, aber die kam für mich nicht infrage. Bis heute. Denn sie ist gesellschaftspolitisch rückwärtsgewandt und hat ein Staatsverständnis, das mit meinem nicht übereinstimmt. Wir sind selbstbestimmte Menschen und keine Untertanen.

Wäre ich damals allerdings SPD-Mitglied geworden, wäre ich heute nicht mehr in der Partei, weil die heutige SPD sich von der Willy Brandts in der Aufbruchsphase der Demokratie meilenweit entfernt hat. Brandt verkörperte ebenso wie Helmut Schmidt die SPD als *die* Partei, die das Aufstiegsversprechen der Gesellschaft begründet beziehungsweise erneuert hat. Das hieß, in diesem Land garantieren wir, dass jeder, der sich anstrengt, das erreichen kann, was er will. Egal, woher jemand kommt, welches Geschlecht, welche Hautfarbe und welchen Status er hat. Heute aber kümmert sich die SPD vermeintlich um diejenigen, die durch das Rost gefallen sind. Sie hat relativ wenig Zugang zu den Leistungsträgern der Gesellschaft, zu den Malochern, zu den Facharbeitern. Sie ist zu einer Partei der zu kurz gekommenen Sozialpädagogen geworden, so hat mir das einmal ein Sozialdemokrat beschrieben. Sie wollen lieber eine Sozialrevolution anzetteln, als sich um die Menschen kümmern. Ein Bundestagskollege, der stets die besten Ergebnisse für die SPD einfährt, sagt immer: »Unser Problem ist, dass die Erfolglosen das Sagen haben und nicht die Erfolgreichen.« Er muss sich dafür rechtfertigen, dass er 50 Prozent der Stimmen holt. Denn das kann ja nicht mit rechten Dingen zugehen, das müsse populistisch sein, sagen seine eigenen Parteigenossen. Was für ein komisches Politikerbild ist das denn, frage ich mich.

Willy Brandt habe ich später mehrmals live erlebt und bin ihm auch öfter begegnet. Als ich 1990 in den ersten gemeinsamen Deutschen Bundestag gewählt wurde, war Brandt Alterspräsident. Was für eine beeindruckende Persönlichkeit! Mit dem Begriff Vorbild kann ich generell wenig anfangen. Aber Brandt war jemand, dem zuzuhören sich immer gelohnt hat. Und jemand, bei dem ich das Gefühl hatte, dass das, was er sagte, nicht Attitüde war, sondern seiner Überzeugung entsprang. Das kann man heute nicht mehr von vielen Politikern sagen.

Den Bundesverband der Jungdemokraten gibt es inzwischen nicht mehr, aber für mich war es eine gute und auch prägende Zeit. Damals traf ich übrigens zum ersten Mal meine heutige Vizepräsidentenkollegin Claudia Roth von den Grünen, die auch bei den Jungdemokraten angefangen hat. Seit 1972 kennen wir uns, und seither mögen wir uns. Claudia ist von einer unglaublichen Herzlichkeit, immer erfrischend und offen.

Die sozialliberale Koalition wurde 1974 von Bundeskanzler Helmut Schmidt (SPD) und Außenminister Hans-Dietrich Genscher (FDP) fortgeführt, endete aber 1982 mit der sogenannten Bonner Wende. Wirtschaftsminister Otto Graf Lambsdorff, der Wirtschaftsminister der sozialliberalen Koalition, hatte in einem Schreiben an Bundeskanzler Helmut Schmidt ein »Konzept für eine Politik zur Überwindung der Wachstumsschwäche und zur Bekämpfung der Arbeitslosigkeit« vorgestellt, das mit SPD-Positionen unvereinbar war. In einer Rede vor dem Deutschen Bundestag erklärte darauf Schmidt, dass er das politische Vertrauen in seinen Koalitionspartner FDP verloren habe, und forderte die Opposition auf, das Misstrauensvotum zu stellen. Genscher und die anderen drei FDP-Minister, die im Vorfeld über den Inhalt der Rede informiert worden waren, teilten Schmidt mit, dass sie zurücktreten würden. Am 1. Oktober 1982 stürzten die FDP und die CDU/CSU in einem konstruktiven Misstrauensvotum die Regierung von Helmut Schmidt und wählten Helmut Kohl zum Bundeskanzler. Dieses Datum ist als Tag der Wende in die Geschichte der Bundesrepublik eingegangen. Bei der Bundestagswahl am 6. März 1983 erzielte dann die Union 48,8 und die FDP 7,0 Prozent, sodass die CDU/CSU-FDP-Koalition eine deutliche Mehrheit im Bundestag hatte.

Als Sozialliberaler habe ich sehr gelitten, als sich die FDP 1982/83 der CDU Helmut Kohls zuwandte. Wie sehr ich litt, kann man noch in einer »Tagesschau« aus jener Zeit sehen. Anfang November 1982 wurde auf einem FDP-Parteitag in Berlin der Wechsel von der SPD zur Union vollzogen. Mein schleswig-holsteinischer Landesverband schickte daraufhin seinen Landesvorsitzenden Uwe Ronneburger ins Rennen bei der Wahl zum Bundesvorsitzenden der Partei. Er unterlag aber Hans-Dietrich Genscher. Unter vielen Beteiligten waren der Frust und die Trauer so groß, dass dieses Treffen auch »Parteitag der Tränen« genannt wurde. Meine Partei zu verlassen, so wie es andere enttäuschte FDP-Mitglieder für sich entschieden, stand für mich nie zur Debatte. Aber es war schwer. Ich gehörte einem Landesverband an, der völlig anders gestrickt war. Und manches Mal dachte ich, dass diejenigen, die jetzt die FDP verlassen, mir eigentlich viel näher standen als mancher an der Parteispitze, der blieb. Deshalb sieht man mich in diesem »Tagesschau«-Beitrag auch heulen, kurz nachdem der damalige Landwirtschaftsminister Josef Ertl denen, die den Kurswechsel nicht wollten, zurief: »Dann haut doch ab!« Und ich sagte mir, eigentlich müsste man *den* jetzt von der Bühne runterholen und ihm mal richtig die Meinung geigen. Aber was soll's, *tempi passati*. Danach habe ich mir gesagt, wir arbeiten jetzt daran, aus der FDP wieder eine ordentliche Partei zu machen. Es hat lange gedauert, aber am Ende hat auch das geklappt.

Mein Landesverband in Schleswig-Holstein blieb damals standfest und hat auch für die Landtagswahlen nach dem Koalitionsbruch in Bonn eine Koalitionsaussage zugunsten der SPD beschlossen. Die Wahl fand eine Woche nach der Bundestagswahl am 6. März 1983 statt, und uns war klar: Wenn die FDP im Bund gewinnt, dann bekommen wir eins auf die Mütze. Und wenn die FDP im Bund verliert, dann haben wir eine Chance, die Landtagswahl zu gewinnen. Ja, die FDP im

Bund verlor zwar erheblich an Stimmen, aber das Wahlziel, mit der CDU zu regieren, wurde deutlich erreicht. Und wir in Schleswig-Holstein flogen eine Woche später sang- und klanglos aus dem Landtag.

Ein Anwalt und Politiker

1985 hatte ich nach dem Referendariat das Zweite Staatsexamen in der Tasche und zwischendurch zusammen mit zwei Kollegen eine eigene Kanzlei aufgebaut. Ich war zwar noch nicht als Anwalt zugelassen, holte dennoch schon die ersten Mandate an Land und bearbeitete sie auch. Anwalt und Politiker – ich liebe beides und habe immer Wert darauf gelegt, beides auszuüben. Wenn ich mich aber für eines hätte entscheiden müssen, wäre ganz klar gewesen wofür: Anwalt, eindeutig. Denn das ist mein Leben. Strafverteidiger zu sein, bedeutet mir alles, weil dieser Beruf sehr viel mit Logik zu tun hat und sehr viel mit Überzeugungsbildung. Es geht darum, in der Hauptverhandlung zur rechten Zeit die richtige Idee zu haben. Anders als in der Politik bekommt man Misserfolgs- und Erfolgsmeldungen sofort. Als Strafverteidiger hat man die Verantwortung für einen Menschen: ob er ins Gefängnis geht oder in Freiheit bleibt. Ob er sein Vermögen verliert oder behält, und ganz entscheidend dabei ist der Auftritt seines Anwalts vor Gericht.

Verwaltungsjurist, Familienrichter oder irgendeinen anderen juristischen Zweig könnte ich mir für mich nicht vorstellen. Es war früh klar, dass ich Strafverteidiger werde. Anfangs habe ich auch anderes gemacht, zum Beispiel mich mit zivilrechtlichen Problemen befasst. Da muss man sehr viel schreiben, und gerade bei großen Mandaten kam, da ich im politischen Bereich tätig bin, gleich die Frage auf: Ist das Lobbyismus? Die Frage stellt sich als Strafverteidiger nicht. Mein Counterpart ist der Staat, sind immer Staatsanwälte. Und Verteidiger verteidigen ohnehin grundsätzlich nur Unschuldige. Weil die Schuld immer erst durch das Gericht festgestellt wird, und dann ist die Verteidigung in aller Regel beendet.

Das Gute am juristischen Beruf ist, dass man lernt, wie der jeweils andere zu denken pflegt. Das ist auch für die Politik ein ganz wesentlicher Gedanke. Wie würdest du reagieren, wenn du dort sitzen würdest? Wie würdest du argumentieren? Genau das lernt man im juristischen Bereich. Juristen können im Zweifel alles begründen. Einer meiner Ausbilder sagte immer: »Herr Kubicki, Gründe gibt's wie Früchte am Baum.« Ein wunderbarer Satz! Man muss sich klarmachen, dass der Gesetzgeber eigentlich immer etwas Vernünftiges möchte. Und solange man entlang dessen argumentiert, was vernünftig ist, steht man auf der richtigen Seite. Das ist das Entscheidende in meinen beiden Tätigkeitsfeldern, dass man gut argumentieren kann.

Ich arbeitete also parallel als Anwalt und in der Politik, zunächst ehrenamtlich, dann als wissenschaftlicher Mitarbeiter der FDP im Landtag von Schleswig-Holstein. Und schließlich seit 1990 als Abgeordneter, zunächst in Bonn, dann in Kiel. Ich saß für ein paar Jahre im Bundestag, und jetzt bin ich seit 2017 Vizepräsident des Parlaments in Berlin. Aber den weitaus größten Teil meiner Karriere als Parlamentarier verbrachte ich in meinem geliebten Kiel.

III.
Der Querulant aus dem Norden

Gefährliches Land zwischen den Meeren?

Kurz vor Weihnachten 2017 habe ich im Kieler Landtag meinen Abschied genommen – nach 25 Parlamentsjahren, davon fast 23 Jahre als FDP-Fraktionsvorsitzender. Meine letzte Landtagssitzung war eine für mich sehr bewegende, emotionale Veranstaltung. Und mir kamen, obwohl ich nicht dazu neige, tatsächlich die Tränen. Ich bin kurz zuvor von meiner Fraktion zum Ehrenvorsitzenden ernannt worden und wurde dann bei meinem Redebeitrag vollends von Emotionen überwältigt. Denn während der Rede wurde mir erst richtig klar, dass das hier jetzt wirklich ein Abschied war. Dass ich nicht wiederkommen würde. Und wenn man ein Vierteljahrhundert an einem Ort Politik gemacht hat, hat das schon eine Bedeutung. Das Landeshaus fühlt sich für mich an wie eine zweite Heimat, wie mein zweites Zuhause. Mit sehr vielen persönlichen Beziehungen, mit sehr viel Geschichte und Geschichten – die Barschel-Affäre, die Engholm-Affäre, der Heidemord ...

Was würde Ralf Stegner dazu sagen, dass ich ihm hier auch ein paar Zeilen widme? Beim Abschied im Kieler Landtag habe ich versucht, mein Verhältnis zu ihm, mit dem ich in inniger Hassliebe verbunden bin, in Worte zu fassen. Er ist sehr intelligent, macht daraus aber bedauerlicherweise viel zu wenig. Weil er sich stereotyp auf die Linie begibt, die Menschen vor der kapitalistischen Verarmung bewahren zu wollen. Ihm habe ich zum Abschied gesagt: »Herr Dr. Stegner, wenn ich jetzt nicht mehr da bin, haben Sie eine besondere Verantwortung für dieses Land.« Das haben im Saal auch alle so empfunden. Weil die Kontroversen zwischen uns beiden nicht nur ärgerlich waren, sondern auch belebend und erfrischend. Die Menschen draußen konnten sich hinter dem einen oder dem anderen versammeln. Und dass die AfD in Schleswig-Holstein so schwach ist, hat auch etwas mit dieser Kontroverse zu tun. Wenn jetzt ein Part wegfällt, hat der andere eine größere Verantwortung für die Verteidigung des demokratischen Gemeinwesens. Was ich mag, ist die intellektuelle Augenhöhe, auf der wir uns begegnen. Bedauerlicherweise hat Stegner aber eine Attitüde entwickelt, die er nicht überwunden hat. Für ihn war immer klar, dass die FDP eine neoliberale Partei ist, die sich nur für die Reichen einsetzt – immer die gleichen Stereotypen, und die erschöpfen sich irgendwann.

Stegner kann sich selbst nicht gut auf den Arm nehmen. Er hat die Angewohnheit, in seinen Reden andere zu zitieren, also: Wie schon Nietzsche sagte oder Roosevelt oder wer-auch-immer ... Was im Landtag schon für Belustigung sorgte. Eines Tages las ich die Doktorarbeit von Stegner, nach fast jedem Satz eine Fußnote. Danach hatte ich mir angewöhnt, in jeder meiner Reden mindestens einen Stegner-Satz zu zitieren. Einmal meldete er sich zu Wort und sagte pikiert: »Herr Kollege Kubicki, ist Ihnen nicht aufgefallen, dass dieser gerade von Ihnen zitierte Satz nicht von mir ist, sondern ein Zitat?« Und ich habe geantwortet: »Herr Kollege Stegner, das ist der einzig kluge Gedanke in Ihrem Machwerk, und der ist nicht mal von Ihnen ...« In dem Moment konnten sich auch seine sozialdemokratischen Genossen das Lachen nicht verbeißen. Ralf Stegner hat sich hinterher bei mir beschwert, ich sei ziemlich beleidigend gewesen. Ich antwortete: »Herr Dr. Stegner, das war nicht beleidigend, das war eine schlichte Feststellung. Ich fand den Satz geradezu genial, deshalb habe ich ihn ja auch zitiert.«

Der ständige Schlagabtausch zwischen Stegner und mir war legendär. Ich vermisse unsere Duelle. Bei meinem Abschied vom Landtag entschuldigte ich mich übrigens bei Stegner, weil unsere Auseinandersetzungen zwar immer erheiternd, aber intensiv gewesen waren. Manchmal hatte ich die Grenzen des für mich aus heutiger Sicht Zulässigen überschritten.

Fast 25 Jahre saß ich im Büro des FDP-Fraktionsvorsitzenden, mit diesem traumhaften Blick über die Förde. Als ich 1992 dort einzog, hatten wir nur diesen einen Raum zur Verfügung und mussten uns unter großen Schwierigkeiten zusätzliche Räumlichkeiten erkämpfen. Erst unsere Drohung, dass wir ein Zelt vor dem Landeshaus aufschlagen und dort unsere Fraktionsarbeit erledigen würden, führte dazu, dass wir neue Räume bekamen, wenn auch längst nicht ausreichend. Von Wahl zu Wahl stieg dann die Zahl unserer Büros, unabhängig vom Ergebnis. Denn allein die Verweildauer der FDP im Landtag führte dazu, dass man sich immer mehr etablierte und auch immer besser die eigenen Interessen durchsetzen konnte.

Wenn ich nun ab und zu noch mal in der Landtagsfraktion zu Gast bin und auf die Förde blicke, packt mich große Wehmut. Das ist wie nach Hause zu kommen. Berlin ist zwar eine schöne Stadt, wo es einem nie langweilig wird, man kann rund um die Uhr etwas unternehmen und erleben. Aber hier herrscht Ruhe, hier ist Beschaulichkeit, hier gibt es eine völlig andere Form von Kommunikation. Ja, es ist klein in der Landespolitik, abseits der großen weiten Welt. Aber es war mir nie zu klein in all den Jahren – weil ich mich ja immer auch auf Bundesebene herumgetummelt und mich auch zu vielen Themen bundesweit geäußert und positioniert habe.

Dass es in diesem so beschaulichen Land zwischen den Meeren politisch besonders gefährlich zugeht, könnte man angesichts der zahlreichen Affären meinen, die sich hier abspielten. Dieser Eindruck täuscht aber. Eigentlich ist es hier in Sachen Hauen und Stechen genauso wie überall sonst. Nur dass Schleswig-Holstein nach dem Zweiten Weltkrieg ungewolltes Auffangbecken für viele Ex-Nazis und Neonazis war, von denen sich auch viele in den Parteien wiedergefunden haben. Über viele Jahrzehnte wurde Schleswig-Holstein entweder von der Union allein oder von schwarz-gelben Koalitionen regiert, und die CDU betrachtete das Land praktisch als ihr Eigentum. Während sich die Sozialdemokratie über Jahrzehnte fast im Untergrund befand, mental sowie faktisch. Und dann tauchte in der schleswig-holsteinischen SPD Mitte der Achtzigerjahre eine Lichtgestalt namens Björn Engholm auf, der machen konnte, was er wollte. Er konnte das Telefonbuch vorlesen – die Leute waren begeistert. Er hatte eine unheimlich große Wirkung, und diese Wirkung Engholms hat damals auch der CDU-Ministerpräsident Uwe Barschel als Gefahr identifiziert. Das war der Ursprung der Affäre um Uwe Barschel, die 1987 nicht nur Schleswig-Holstein, sondern die ganze Republik erschüttern sollte.

Barschel hatte sich im Vorfeld der Landtagswahl 1987 für seine öffentliche Kommunikation des Springer-Konzerns bedient, in Person des berühmt-berüchtigten Reiner Pfeiffer. Von dem mittlerweile feststeht, dass viele Aktionen, die damals Barschel zugeschrieben wurden, von Pfeiffer selbst initiiert waren, wie zum Beispiel den SPD-Spitzenkandidaten Engholm auszuspionieren und zu versuchen, die öffentliche Meinung über ihn negativ zu beeinflussen. Ich kannte Uwe Barschel aus seiner Zeit bei der Jungen Union, als ich bei den Jungdemokraten aktiv war. Barschel hätte für den Erhalt seiner Macht sicherlich vieles getan. Aber dass er zu kriminellen Methoden gegriffen hätte? So groß war die Not nicht. Aber Barschel traf nun eben auf einen Pfeiffer, der sehr von sich selbst überzeugt war und große Überzeugungskraft besaß. Als er einmal erklärte, Barschel habe ihm angeboten, Innenminister zu werden, wusste ich und wussten alle Beteiligten, dass dies Quatsch war. Abgesehen davon, dass Barschel eine solche Entscheidung nie allein hätte treffen können, war Pfeiffer kein Typ, der überhaupt auf gleicher Augenhöhe wahrgenommen worden wäre. Aber in der Phase, in der *Der Spiegel* die Geschichte »Barschels schmutzige Tricks« publizierte, war an rationale Kriterien nicht zu denken. Und als Uwe Barschel ein paar Wochen später im Hotel Beau-Rivage in Genf tot in der Badewanne aufgefunden wurde, wirkte das wie ein Schuldeingeständnis.

Der populäre Engholm war damals ein großes Risiko für die Union. Es drohte der Verlust der Regierung in Schleswig-Holstein in einer Phase, in der es auch noch darauf ankam, die Mehrheit im Bundesrat zu sichern. Darüber war 1987/88 nicht vernünftig zu reden. Und so ging es dann auch im nachfolgenden Untersuchungsausschuss darum, möglichst viel Schmutz bei der Union zu lassen und sie moralisch zu diskreditieren. Das ist auch gelungen. Beim sogenannten Schubladen-Ausschuss ist die ganze Geschichte dann allerdings 1993 nochmals aufgearbeitet worden. Die Barschel-Affäre mutierte zu einer Affäre Engholms und der SPD, nachdem bekannt wurde, dass der SPD-Sozialminister Günther Jansen Geld an Pfeiffer gezahlt hatte, um ihm angeblich unter die Arme zu greifen.

Die Behauptung in der Presse nach der Wahl, man habe

Engholm schützen wollen und ihm deshalb nicht alles erzählt, ist albern und widerspricht jeglicher Lebenserfahrung. Wenn zum Beispiel irgendetwas gegen mich laufen würde, wäre ich doch der Erste, der es von der Partei und Geschäftsführung erfahren würde. Aber es sollte nun mal der Eindruck entstehen, dass der sehr sensible Björn Engholm geschützt werden müsse, deshalb habe man ihn nicht unterrichtet. Barschel hatte in einer Pressekonferenz gesagt: »Ich gebe Ihnen mein Ehrenwort.« Und Engholm hat im Prinzip dasselbe gemacht, als er sagte, dass er von den Machenschaften vor der Wahl nichts gewusst habe. Da treffen sich die beiden Affären, aus denen man etwas lernen kann: Wenn man sich so festlegt, ist es immer ein Problem, und das kann später auf einen zurückfallen, wenn die Zeiten sich geändert haben.

Bei Affären ist es so, dass der eigentliche Anlass immer mehr in den Hintergrund tritt und die Bewältigung der Affäre zum Problem wird. Man verstrickt sich immer mehr in neue Widersprüche, die dann ihrerseits dem politischen Gegner und den Medien Anlass dafür geben, nicht nur am Ball zu bleiben, sondern auch die Ursprungsaussage mehr und mehr infrage zu stellen. Ein chinesisches Sprichwort lautet: »Man stolpert nicht über Berge, man stolpert über Maulwurfshügel.« Das ist bei jeder Affäre so. Sie geben eine Erklärung ab, um sich zu verteidigen, die darin gipfelt: Stimmt nicht. Und dann kommt jemand und sagt: Aber ... Zum Beispiel: Jemand sagt, ich war an diesem oder jenem Tag gar nicht in Berlin. Dann kommt jemand anders und sagt, wir haben hier aber diese auf Sie ausgestellte Rechnung aus einem Lokal in Berlin, 20:30 Uhr. Und dann spielt die Frage, was vorher an diesem Tag abgelaufen ist, überhaupt keine Rolle mehr. Weil der Beleg, dass hier jemand in einem Punkt gelogen hat, unterstellt, dass auch der Rest der Geschichte unwahr sein muss. »Wer einmal lügt, dem

glaubt man nicht – und wenn er auch die Wahrheit spricht.«
Das ist in Strafverfahren häufig auch so.

Wie dem auch sei, die Barschel-Affäre hatte alle Zutaten für einen handfesten Skandal – doch nichts, was typisch für unser kleines Land im Norden gewesen wäre, sie hätte überall in unserer Republik stattfinden können. Das Schleswig-Holsteinische an diesen Affären war vielleicht nur, dass sich alle Personen ziemlich genau kannten, auch ihre jeweiligen Achillesfersen. Man brauchte nur an Uwe Barschels Ego zu kratzen und zum Beispiel sagen: »Der hat nur reich eingeheiratet, ansonsten kann er nichts.« Und sofort ist er wie Schmitz' Katze nach oben gegangen, um zu beweisen, dass er doch was konnte. Man musste nur den Heiligenschein von Björn Engholm ein bisschen infrage stellen, und schon fiel die ganze Meute über einen her, weil die Lichtgestalt ein wenig an Glanz verlor.

Ränkeschmiede und Erfolge

1987/88 gab es eine Phase, in der ich, damals stellvertretender Landesvorsitzender der FDP, versucht habe, eine sozialliberale Koalition zu initiieren – weil Schwarz-Gelb bei den Wahlen im September keine Mehrheit hatte. Nach dem Tod Barschels im Oktober wusste niemand, wie es in Schleswig-Holstein ohne Neuwahlen weitergehen sollte. In dieser Situation habe ich vielleicht zum ersten Mal richtig Politik gemacht – und Ränke geschmiedet. Ich sprach mit meinem damaligen Landesvorsitzenden, Wolf-Dieter Zumpfort, und sagte ihm, wir müssten aus dieser Bindung mit der CDU heraus, indem wir uns auf Wegfall der Geschäftsgrundlage beriefen. Wir müssten öffentlich sagen, dass wir nach allem, was wir jetzt wüssten über die schmutzigen Tricks der Union, mit denen nicht mehr zusammengehen könnten. Anschließend habe ich mich bei Björn Engholm angemeldet. Unmittelbar vor Weihnachten 1987 saßen wir bei ihm im Wohnzimmer zusammen und erörterten die Frage, ob wir es nicht doch ohne Neuwahlen hinbekämen, Engholm zum Ministerpräsidenten zu wählen. Er hat grundsätzlich zugestimmt.

Unser Treffen blieb nicht ohne Folgen. Kurze Zeit später erschien ein Printartikel über die angeblichen sozialliberalen Pläne in Kiel. Meine Bundespartei war in Aufruhr. Mächtige Kreise in der FDP kamen jetzt auf die Idee, den Plan verhindern zu wollen, und zwar vor allem die Baden-Württemberger. Ihnen standen im März eigene Landtagswahlen bevor, und die sollten nicht dadurch gestört werden, dass vorher in Schleswig-Holstein eine sozialliberale Koalition eingerichtet wird. Mein Landesvorsitzender dementierte jegliche Verbindung mit dieser Angelegenheit und verdächtigte mich, hinter der Veröffentlichung zu stehen. Er erklärte, was ich betreiben würde, sei parteischädigend. Und als auch noch der SPD-Landesvorsitzende Gerd Walter sagte, eine Regierungsbildung ohne Neuwahlen sei Volksbetrug, war das Thema vom Tisch.

Nicht aber für mich, denn sofort wurde eine Sitzung des FDP-Landesvorstands einberufen mit dem Ziel, ein Parteiausschlussverfahren gegen mich einzuleiten. Mit der Begründung, ich hätte hinter dem Rücken meines Vorsitzenden versucht, mit den Sozialdemokraten eine Koalition zu schmieden. Gegen den Wählerwillen. Und als Beleg dafür legte Wolf-Dieter Zumpfort einen Zeitungsartikel vor. Aber offensichtlich war diese Meldung nur in einer kleinen Auflage abgedruckt. Denn als Zumpfort mit dem Artikel rumwedelte, sagte ich nur: »Ich verstehe das gar nicht, in meiner Ausgabe ist dieser Artikel nicht enthalten. Da ist der Zeitung wohl aufgefallen, dass an der Geschichte nichts dran ist.«

Damit war die Sache auch im Landesvorstand erledigt. Die Vorwürfe gegen mich waren aber ohnehin unberechtigt, denn es war kein Alleingang von mir. Ich war in Abstimmung mit meinem Landesvorsitzenden, der dies nun bestritt, zu Engholm gegangen. So kam es also zu Neuwahlen, und nun ging es um die Frage der Koalitionsaussage. Ein Meinungsforscher sagte uns damals, unsere Wähler wollten, dass wir eine Koalitionsaussage zugunsten der CDU träfen. Denn dann würden die frustrierten CDU-Wähler alle zur FDP wechseln. Und ich stellte die Frage: »Wenn die Leute keinen CDU-Ministerpräsidenten wollen, warum sollten sie dann FDP wählen, wenn sie damit einen bekommen? Das ist doch irgendwie nicht ganz logisch.« Meine Warnung fand aber keinen Widerhall, weil der Landesvorsitzende in Befolgung einer Bitte aus der Bundespartei – und aus Baden-Württemberg – sich dann doch vehement für eine Koalitionsaussage zugunsten der CDU aussprach.

Mir war klar, das konnte nicht gutgehen. Wir waren 1987 bei den Wahlen auch nur bei gut fünf Prozent gelandet. Und es kam, wie von mir befürchtet: Wir verloren krachend. Und alle zeigten mit dem Finger auf mich. Ich sollte nämlich damals im Kabinett Klaus Kribben (CDU) Umweltminister werden, hatte aber meinen Verzicht erklärt. Ich war damit nicht nur der erste Umweltminister in spe a.D., sondern auch der Buhmann der FDP, zumal ich auch öffentlich die Koalitionsaussage zugunsten der CDU für die Wahl 1988 kritisiert hatte. Ich wurde nach der Wahl im FDP-Landeshauptausschuss beschimpft wie ein Weltmeister: Ich sei schuld am Niedergang der FDP und so weiter. Da habe ich gesagt: »Wenn das so ist, wenn ich wirklich so wirkmächtig bin, müsst ihr mich eben wählen! Denn wenn ich am Niedergang der FDP schuld bin, kann ich sie auch zu Höhenflügen bringen.«

Aufgrund der Tatsache, dass wir aus dem Landtag geflogen waren, trat der Landesvorstand zurück. Neuer Landesvorsitzender wurde Jens Ruge, für den ich im Landtag gearbeitet hatte. Und damit nahm das Schicksal seinen Lauf. Denn Jens Ruge war zwar ein toller Mensch, ein Rechtsstaatsliberaler und Sozialliberaler wie ich. Organisatorisch war aber bei ihm noch viel Luft nach oben. Die Sitzungen dauerten oft bis Mitternacht, nichts wurde entschieden und noch weniger erledigt. Das stank vielen in der FDP schon nach ein paar Monaten. Zudem rutschte die Partei, da wir nicht im Landtag waren und keine Einnahmen hatten, richtig tief in die roten Zahlen. Wir saßen am Schluss auf einer Million D-Mark Schulden. Und so wurde ich von ein paar Kreisvorsitzenden eingeladen mit der Ansage, sie wollten Ruge stürzen, aber nur unter der Bedingung, dass ich kandidieren würde. An einem Putsch wollte ich mich aber nicht beteiligen und sagte den Parteifreunden, erst wenn Jens Ruge nicht mehr Vorsitzender sei, würde ich entscheiden, ob ich kandidiere, aber nicht vorher. Es folgte eine historische Sitzung des Landesvorstands, in der sie Ruge inständig anflehten zurückzutreten, aber er weigerte sich. Worauf alle anderen zurücktraten. Allein wollte er allerdings auch nicht weitermachen. In dieser Situation hat er mich, aus seiner Sicht zu Recht, angegriffen, weil er mein Verhalten, ihn öffentlich nicht zu stützen, als illoyal empfunden hat. Jens Ruge trat zurück, und ich verkündete, als neuer Landesvorsitzender zu kandidieren. Und dann kam mein alter Freund Jürgen Koppelin auf dieselbe Idee. Wir machten eine Bewerbertour durch alle Kreisverbände. Auf dem Parteitag 1989 in Flensburg hielt Jens Ruge eine Abschiedsrede, in der er mit mir abrechnete.

Ein Parteifreund hatte mir für den Wahlparteitag einen Redeentwurf geschrieben, der aus meiner Sicht eine falsche Wirkung erzielen würde, weil er verteidigend war. Und das

Schlimmste, was man tun kann, ist, sich dauernd gegen Vorwürfe anderer zu verteidigen. Ich konnte die ganze Nacht nicht schlafen. Um drei Uhr nachts setzte ich mich an den Schreibtisch, schaltete das Radio ein und hörte den Song von Gloria Gaynor: »I am what I am and what I am needs no excuses.« Das war doch ein wunderbarer Einstieg. Und so habe ich eine Rede verfasst, die damit anfing, alles an negativen Attributen aufzuzählen, die über mich kursierten in jenen Tagen. »Ich höre immer wieder, was für ein Mensch ich bin«, so begann ich dann am nächsten Tag meine Rede. Illoyal, intrigant, selbstherrlich, arrogant. Eine halbe Schreibmaschinenseite an negativen Attributen zählte ich auf, machte eine Pause und sagte dann: »Das kann so sein, ich weiß es nicht. Aber einen anderen Kubicki als den, der hier vor Ihnen steht, den gibt's nicht. Ich bin wie ich bin. Und ich muss mich dafür auch nicht entschuldigen. Wenn wir aber wollen, dass es der Partei wieder besser geht, dann will ich jetzt mal kurz zusammenfassen, wie ich glaube, dass das angegangen werden kann.« Und es folgten einige Vorschläge.

Bei der anschließenden Wahl erhielt ich 104 von 200 Stimmen, und Jürgen Koppelin bekam 90. Das Ergebnis war knapp. Dennoch, ich war gewählt. Und als Erster kam Koppelin auf die Bühne und sagte zu mir: »Gott sei Dank hast du gewonnen.« Denn er hatte eigentlich gar nicht Vorsitzender werden, sondern nur einen Platz im Landesvorstand ergattern wollen. Ich habe ihn dann als meinen Stellvertreter vorgeschlagen, und wir haben gemeinsam eine wirklich bemerkenswerte Aufbauarbeit für die FDP in Schleswig-Holstein geleistet. Daraus entstand nicht nur eine langjährige Freundschaft. Wir haben uns auch gut miteinander abgestimmt, was die Landespartei angeht. Seit jener Zeit gab es bei uns in der schleswig-holsteinischen FDP keine Intrigen und keine Querelen mehr.

Man gewöhnte sich immer mehr daran, sehr offen zu kommunizieren, sich auch Wahrheiten zu sagen, deutlich zu erklären, was man dem anderen zutraute und was nicht – auch auf die Gefahr hin, dass es verletzend war. Diese Offenheit und Ehrlichkeit in der Kommunikation hat dazu beigetragen, dass wir jetzt über Jahrzehnte erfolgreich sind, immer in den Landtag einzogen und bei Wahlergebnissen oft weit über dem Bundesschnitt lagen. Wenn man von Stammländern der Liberalen redet, meint man heute auch Schleswig-Holstein. Und das ist nicht zuletzt auch Jürgen Koppelins Verdienst. Er ist verdientermaßen unser Ehrenvorsitzender, denn er hat die FDP in Schleswig-Holstein seit 1993 viele Jahre hervorragend geführt.

Eines war mir nach meiner Wahl zum Landesvorsitzenden damals klar: dass ich 1990 für den Bundestag kandidieren würde. Ich stand auf Platz zwei der Landesliste, nomineller FDP-Spitzenkandidat war Werner Zywietz, und Jürgen Koppelin war auf Platz drei. Auch eine Erfahrung, die immer wieder spannend ist: Koppelin ging am Wahlabend um 23:30 Uhr ins Bett und war zu dem Zeitpunkt nicht in den Bundestag gewählt, und er wachte morgens auf – und war drin. Wir bekamen tatsächlich drei FDP-Abgeordnete aus Schleswig-Holstein ins Parlament. Mein Ziel war, während der zweieinhalb Jahre in Bonn dafür zu sorgen, dass die Grundlagen für einen Wahlerfolg 1992 in Schleswig-Holstein geschaffen wurden. Das gelang dann auch, wir zogen in den Kieler Landtag ein, und ich gab mein Bonner Mandat zurück.

Für mich war der Abschied aus Bonn persönlich auch eine große Erleichterung. Ich hatte natürlich weiter in meinem Beruf als Anwalt gearbeitet, und je weiter ich von meiner Kanzlei entfernt war, desto schwieriger wurde es, beide Bereiche vernünftig unter einen Hut zu bekommen. Heute, im digitalen Zeitalter, ist das anders, aber moderne Kommunikationstechnik gab es in der Bonner Ära noch nicht. Da hieß es, man musste alle Akten mitschleppen, wenn man sie anderswo bearbeiten wollte. Aber ich hätte ja schlecht 40 Leitzordner aus einem Strafverfahren mit nach Bonn nehmen können. Bonn hat mir aber auch als Stadt nie gefallen, die Bonner mögen es mir verzeihen. Die historische Dimension, Mitglied des ersten gesamtdeutschen Bundestags zu sein, war mir klar. Die Eröffnungssitzung mit Alterspräsident Willy Brandt in Berlin war erhebend. Die Arbeit im Parlament war spannend und herausfordernd. Aber wenn ich ins Rheinland fuhr, bekam ich immer Kopfschmerzen. Bonn war einfach Provinz, mit der heutigen Hauptstadt Berlin nicht zu vergleichen. Eine völlig andere Dimension auch im Hinblick auf die parlamentarische Tätigkeit. Heute spielen wir in der Weltliga mit, und Bonn symbolisierte immer noch Nachkriegsdeutschland. Alles war klein. Man konnte in kein Restaurant gehen, in dem man nicht auch andere Politiker oder Journalisten traf. Die meisten von uns fuhren, wenn sie etwas erleben wollten, ins benachbarte Köln. Ich zumindest war immer wieder froh, wenn ich zurück nach Kiel kam.

In Schleswig-Holstein schafften wir es dann 1992 nicht nur in den Landtag, wir wären auch fast an die Regierung gekommen. Dies entschied sich erst in der spannenden Wahlnacht. Wären die Grünen nämlich ins Parlament eingezogen, hätte es für eine sozialliberale Koalition gereicht. Und das war bis spätnachts noch unklar. Wir Freie Demokraten beteten also kollektiv dafür, dass die Grünen die Fünf-Prozent-Hürde schafften – so etwas hätte ich mir auch nie träumen lassen.

Aber die Gebete wurden nicht erhört, die Grünen scheiterten, auch wenn ihnen nur ein paar Hundert Stimmen fehlten, die wir ihnen zu gern geschenkt hätten. So aber reichte es für die absolute Mehrheit der SPD. Die weitere Entwicklung in

Deutschland wäre vermutlich anders verlaufen, wenn es 1992 eine sozialliberale Koalition in Kiel gegeben hätte. Wer weiß, was aus uns allen geworden wäre. Engholm aber konnte alleine weitermachen.

Mit Björn Engholm habe ich mich immer gut verstanden. Ein sehr sympathischer Mensch, mit dem man sich den ganzen Abend über alles Mögliche sehr gut unterhalten kann. Er ist ein brillanter Rhetoriker. Seine Reden hält er überwiegend frei und hält Blickkontakt mit dem Publikum. Das habe ich mir damals bei ihm abgeguckt. Wenn man eine Rede einfach nur vorliest, zeigt sie relativ wenig Wirkung. Wenn man aber etwas sagt und mit den Zuhörern visuell kommuniziert, erzielt man Wirkung, selbst wenn die Menschen nicht unbedingt alles verstehen, was man sagt.

Aber wie gewonnen, so zerronnen: Im Mai 1993 trat Engholm im Zuge der Schubladenaffäre zurück – und zwar nicht nur als Ministerpräsident, sondern auch als SPD-Vorsitzender. Und Kanzlerkandidat konnte er 1994 auch nicht mehr werden. In Schleswig-Holstein folgte ihm Heide Simonis als erste Ministerpräsidentin eines Bundeslandes. Zwölf Jahre hatte sie das Amt inne, das Ende war unrühmlich. Aber das ist eine andere Geschichte, die ich später erzähle.

Die schwerste Niederlage

Erst einmal folgte die schwerste Niederlage meines Lebens. Und gleichzeitig die bittere Erkenntnis, dass eine bestimmte Form von Selbstgefälligkeit und Selbstgerechtigkeit irgendwann einmal an ihre Grenze stößt. Diese bei mir bis dahin vorherrschende Überlegung – Ich kann alles! – hat damals einen mächtigen Dämpfer bekommen. Und das kam so: Nach den Landtagswahlen 1990 in Mecklenburg-Vorpommern konstituierte sich eine schwarz-gelbe Koalition. Meine mecklenburgischen Parteifreunde hatten mich gebeten, an den Koalitionsverhandlungen teilzunehmen, das heißt, sie eigentlich zu führen, weil sie selbst in der Hinsicht keinerlei Erfahrung hatten. Und mit der Union und ihrem damaligen Spitzenkandidaten Alfred Gomolka war überhaupt nicht vernünftig zu reden. Der vertrat vollmundig die Ansicht, die Landesregierung könne entscheiden, wo im Land welches große Werk errichtet werde. Ich versuchte ihm zu erklären, dass das in einer Marktwirtschaft so nicht funktioniert. In der DDR vielleicht. Aber dass die Investitionsentscheidungen bei uns immer noch überwiegend von den Unternehmen selbst getroffen werden und nicht vom Staat. Wir kamen in dieser Frage nicht weiter, und so machte ich den Vorschlag, Peter-Uwe Conrad, den damaligen Generalsekretär der CDU in Schleswig-Holstein, hinzuzuziehen. Schließlich stand die Koalition, Conrad wurde Staatssekretär im Schweriner Umweltministerium. So weit zur Vorgeschichte.

Von Conrad bekam ich eines Tages einen Anruf, in dem er mir sagte: »Herr Kubicki, wir haben ein Riesenproblem. Wir wollen die Deponie Ihlenberg, die die Treuhand gerne privatisieren will, in den Landesbesitz übernehmen, weil wir die Kontrolle darüber haben möchten, was dort passiert.« Diese Deponie, die nach ihrem früheren Namen immer noch Deponie Schönberg genannt wurde, spielte schon vor der Grenzöffnung eine große Rolle. Es gab den Verdacht, dass die DDR dort gegen hohe Devisenzahlungen Giftfässer gelagert habe, unter anderem aus dem italienischen Seveso, wo sich im Juli 1976 in der chemischen Fabrik Icmesa der große Chemieunfall ereignet hatte. Und dass unter anderem dadurch das Grundwasser verseucht worden sei. »Sie sitzen doch im Deutschen Bundestag«, sagte mir Conrad am Telefon, »können Sie mal mit dem Bundesfinanzminister Theo Waigel reden?« Das Problem war, dass die eigentliche Aufgabe der Treuhand in der Privatisierung bestand. Das heißt: Die Übertragung in öffentliche Trägerschaft unmittelbar aufs Land war rechtlich nicht möglich. Ich schlug vor, dass das Land Mecklenburg-Vorpommern eine GmbH gründete, also eine private Gesellschaft, die dann Träger werden konnte. Betreiben sollte die Deponie eine Gesellschaft, die aus dem Energieversorger RWE und aus einem in der Nähe von Berlin ansässigen Deponiebetreiber, der Firma Aran, bestand.

Auf Bitten des Landes Mecklenburg-Vorpommern entwarf ich ein Vertragskonstrukt darüber, wie die Übertragung des Eigentums von der Treuhand auf die landeseigene GmbH und der anschließende Betrieb der Deponie gestaltet werden könnte. Dabei mussten für den Weiterbetrieb der Deponie auch noch Grundstücke erworben werden. Es handelte sich um insgesamt sieben ineinander verwobene Verträge, wobei man darauf achten musste, in welcher Reihenfolge sie geschlossen wurden. Sonst wäre womöglich einer der Verträge unwirksam gewesen. Ein sehr fragiles, kompliziertes Werk, das später sowohl vom Oberlandesgericht Schleswig als auch vom Bundesgerichtshof als überzeugende juristische Konstruktion klassifiziert wurde. Aber 1992 ging es um große Werte, und damit entstanden auch hohe Gebühren nach der Bundesrechtsanwaltsgebührenordnung (BRAGO). Ich hatte schon den untersten Wert abgerechnet; alles, was darunter gelegen hätte, wäre ein Berufsrechtsvergehen gewesen. Aber das Gesamtvolumen der Vergütung lag immer noch bei 840 000 D-Mark. Und nun kam es, wie es kommen musste: Als die Engholm-Affäre losgetreten wurde, bekam ich in meinem Büro im Landeshaus einen Anruf. Der FDP-Wirtschaftsminister von Mecklenburg-Vorpommern, Conrad-Michael Lehment, war am Apparat. Die SPD habe ihm gerade signalisiert: Wenn deine Leute in Kiel Engholm anfassen, dann fassen wir den Kubicki hier in Schwerin an. Im ersten Moment nahm ich das überhaupt nicht ernst.

Aber dann gab es tatsächlich richtig Ärger, wobei viele kleine Zufälle eine große Rolle spielten. Uwe Tanneberg, der damalige Präsident des Landesrechnungshofs in Mecklenburg-Vorpommern, kam aus Hamburg, ein alter Vertrauter von Otto Graf Lambsdorff, der wiederum nicht gerade ein enger Freund von mir war. Und der Rechnungshof kam bei einer Prüfung zu dem Ergebnis: Kubicki hat falsch beraten, zu hohe Gebühren berechnet und andere Vorwürfe mehr. Aus meiner eigenen Landespartei wurde nun gestreut, dass der Chef der beteiligten Firma Aran ein gewisser Herr Hilmer sei, Mitglied der FDP. Dieser habe früher auch mal beträchtliche Beträge für die Partei gespendet. Als hätte das irgendetwas mit der Sache zu tun gehabt. Ich hatte Hilmer vorher drei- oder viermal gesehen, kannte ihn aber nicht näher.

So kamen die Geschichten zusammen. Eine schöne Schlagzeile: Westdeutscher Anwalt saugt mithilfe eines Barschel-Vertrauten, nämlich Peter-Uwe Conrad, das Land Mecklenburg-Vorpommern aus, verdient fünfmal so viel wie der Ministerpräsident und berät dann noch falsch – das konnte doch nicht mit rechten Dingen zugehen. So ging die ganze Maschinerie los. Rationales Verteidigen hatte plötzlich überhaupt keinen Sinn mehr, weil alles so schön passte. Es passte zu mir und meinem Image, einen solchen Beratervertrag abzuschließen, meinen innerparteilichen Gegnern kam die ganze Sache gelegen und den Sozialdemokraten natürlich auch. So konnte man schön auf die raffgierigen Wessis schimpfen. Der bekommt 840 000 D-Mark für eine Geschichte, die ihn ein halbes Jahr beschäftigt hat, und der arme Ministerpräsident verdient nur 130 000 D-Mark im Jahr. Und dann war da mit Herrn Hilmer aus Bad Schwartau auch noch jemand beteiligt, der in der FDP ist und im Wirtschaftsbeirat des Bundeswirtschaftsministeriums saß.

Ich bekam eine Strafanzeige wegen Parteiverrats und eine wegen Meineids. Und dann fiel ich im Juni 1993 auch noch auf dem Bundesparteitag in Münster durch. Meine Parteifreunde aus Schleswig-Holstein hatten gesagt: »Wolfgang, kandidiere, du wirst gewählt!« Und dann fiel ich durch, zweimal hintereinander. Das hat das öffentliche Bild nun auch nicht gerade gestärkt.

Es war für mich eine extrem harte Zeit. Wochenlang stand an jedem zweiten Tag etwas über mich auf der Titelseite der *Kieler Nachrichten*. *Stern*, *Spiegel*, *Handelsblatt* – alle berichteten. Und die Solidarität aus der Partei hielt sich auch in Grenzen. Das war kurz vor der Existenzvernichtung. Weil selbst die treuesten Mandanten irgendwann mal fragen: »Was ist da los?«

An einem Tag Ende Februar 1994, wir waren im Kommunalwahlkampf, dachte ich schließlich wirklich: Es geht nicht mehr. Ich kam aus einer Veranstaltung in Eckernförde nachts um halb zwölf zurück, meine Frau war schon im Bett, und ich saß im Wohnzimmer vor dem Fernseher, machte n-tv an, und da lief die Einblendung: Haftbefehl gegen Kubicki. Ich verlor die Fassung. Wenn das meine Mutter sieht, war mein erster Gedanke. Obwohl ich als Abgeordneter doch Immunität genoss und diese erst hätte aufgehoben werden müssen. Davon hätte ich ja Kenntnis erhalten. Aber dennoch war es so, dass ich mir dachte: Mensch, wenn deine Mutter das morgen mitkriegt, dann fällt sie tot um. Sie litt ohnehin schon sehr unter den Schlagzeilen und wurde von den Nachbarn immer wieder darauf angesprochen. Ein wochenlanges Trommelfeuer in den Medien, andauernd bekam ich was auf die Mütze. Da habe ich mir gesagt, das muss jetzt mal aufhören. Und das Gehirn sagte mir, aufhören geht nur, wenn du nicht mehr da bist. Nur dann hört das auf. Dann wird deine Mutter nicht mehr belastet und deine Frau auch nicht. Und ein Gedanke kam auf: Gehst du jetzt ins Wasser? Wer jemals in einer ähnlichen existenziellen Notlage war, kann das sicherlich nachvollziehen. Das Gehirn fängt an, mit sich selbst zu diskutieren. Gehst du jetzt ins Wasser? Dann hält man dagegen, das ist aber scheißkalt. Gut, irgendetwas anderes? Aber es ist kein Strick da, eine Waffe sowieso nicht. Also macht es auch keinen Sinn. Ich schlafe jetzt erst mal eine Nacht darüber. Das ging zehn Minuten hin und her. Dann habe ich mich entschieden, doch lieber noch eine Flasche Wein aufzumachen und ins Bett zu gehen.

Hintergrund der Meldung bei n-tv war, dass beim Amtsgericht beantragt worden war, meine Anwaltsunterlagen beschlagnahmen zu lassen, allerdings nicht bei mir, sondern bei meinem Anwalt, der sie in seinem Tresor verwahrte. Das ging zwar rechtlich gar nicht, weil die Akten zu diesem Zeitpunkt »beschlagnahmefrei« waren, wie es im Juristendeutsch heißt. Aber es sollte zunächst ohnehin nur politischer Druck erzeugt werden. Darum war ein Haftbefehlsantrag gestellt worden, beantragt vom Parlamentarischen Untersuchungsausschuss, gerichtet auf die Erzwingung der Herausgabe meiner Akten. Der wurde natürlich zurückgewiesen. Das mit dem Haftbefehl war also eine ausgesprochene Falschmeldung.

Die Situation war extrem belastend – für meine Familie, für meinen Büropartner, für meine Freunde, weil alle ständig angesprochen wurden. Die Reaktionen bei mir zu Hause in Strande waren sehr gemischt. Manche haben mir den Rücken gestärkt, was ich ihnen bis heute hoch anrechne. Wie Bruno, der hier am Strand ein Bistro betreibt, in dem ich häufig zu Gast bin. Er sagte zu seinen Gästen, wenn sie nicht kommen wollten, wenn Kubicki da ist, dann sollten sie wegbleiben. Mein Nachbar, Professor Samson, der bekannte Strafrechtslehrer, hatte zu seinem Geburtstag eingeladen, und auch da sagten mehrere Gäste, wenn Kubicki kommt, kommen wir nicht. Na, dann kommt *ihr* eben nicht, meinte er. Oder eine Nachbarin, die ich bisher nicht auf dem Schirm hatte, die mich am Tag meines Rücktritts anrief und sagte: »Herr Kubicki, ich habe gerade etwas gebacken, kommen Sie doch einfach mal vorbei.« Daraus ist eine Freundschaft entstanden. Ich habe, und das ist das Positive, was ich aus dieser Krise mitnehme, viel Zuspruch erfahren, wo ich ihn gar nicht erwartet hätte, jedenfalls in meinem engeren sozialen Umfeld.

Die Schadensersatzklage des Landes Mecklenburg-Vorpommern vor dem Landgericht Kiel hatte ich gewonnen. Das erste Berufungsverfahren ging ebenfalls zu meinen Gunsten aus. Dann kam es zur Revision vor dem Bundesgerichtshof. Der hob die Entscheidung auf und wies das Verfahren zurück ans Oberlandesgericht Schleswig. Und hier arbeitete sich der Senat im zweiten Durchgang richtig in die Materie ein und zeigte auf, wieso die Vertragskonstruktion damals überaus sinnvoll war. Dass nicht nur kein Schaden entstanden sei, sondern dass man sich freuen könne, dass alles so gemacht worden sei. Darüber war die Gegenseite natürlich empört, und es ging noch mal zum BGH. Und dieser hat 2007 in seiner Revisionsentscheidung auf 15 Seiten begründet, warum die Klage von vornherein unschlüssig war, also nicht nur unbegründet, dass es also keinen Rechtsanspruch auf Rückzahlung meines Honorars und mangels Schadens auch keinen Schadensersatz gab. Die Entscheidung des BGH fand aber kaum noch Widerhall in der Berichterstattung. Ein Artikel in der *Welt* und eine halbe

Seite in den *Kieler Nachrichten* – das war's. Die vorangegangenen Berichte, die negativen Schlagzeilen über mich, waren hingegen riesengroß und umfangreich gewesen. Es war wie immer bei solchen »Skandalen«. Am Anfang wird groß berichtet, mögen die Vorwürfe auch noch so sehr an den Haaren herbeigezogen sein. Und die Auflösung, wenn die Empörung sich als unbegründet erwiesen hat und die Luft raus ist, interessiert die Journalisten leider kaum noch.

Ich war im August 1993 als Partei- und Fraktionsvorsitzender zurückgetreten, ausdrücklich nicht als Schuldeingeständnis, sondern um nach monatelangen Kampagnen Schaden von meiner Partei abzuwenden, wie ich es damals auch formuliert habe. Mein Landtagsmandat aber behielt ich, was die richtige Entscheidung war. Ich hatte damals eine freundschaftliche Beziehung zu Doris Köpf, der späteren Kanzlergattin, die bei *Focus* arbeitete. Sie hat mir in dieser Zeit sehr geholfen. Sie sagte: »Wolfgang, du kannst dir sicher sein, Journalisten sind wie Bluthunde. Sie werden nicht aufhören, dich zu jagen, bis sie dich erlegt haben. Das Beste ist, du gehst vom Feld, du ziehst dich zurück. In dem Moment, in dem du zurückgetreten bist, lässt alles dramatisch nach. Die Beute ist erlegt, und bald hat sich das mit der öffentlichen Berichterstattung.«

Ich wurde zwar mit meinem Rücktritt nur zum Teil erlegt, aber es hatte sich trotzdem weitgehend beruhigt. Von da an ließ die öffentliche Jagd nach, genau wie Doris es prophezeit hatte. Die großen bundesweiten Medien verfolgten mich nicht weiter. *Der Spiegel* zeigte kein Interesse mehr, *Focus* und *Stern* auch nicht. Nur die lokalen Medien berichteten weiter. Es gab ja zwei Untersuchungsausschüsse in Schwerin zu dieser ganzen Geschichte. Und herausgekommen ist – außer Sottisen – praktisch nichts. Mehrere Strafverfahren, die angestrengt wurden, verliefen im Sand. Zivilrechtlich konnte man mir auch nichts vorwerfen. Alle Verfahren sind zu meinen Gunsten ausgegangen.

Zwar waren die gegen mich erhobenen Vorwürfe in der Schönberg-Affäre falsch. Und doch habe auch ich schwere Fehler begangen. Ich habe zu lange gedacht: Mir kann keiner was. Du hast korrekt gehandelt, du hast das Recht auf deiner Seite. Ich hätte merken müssen, dass das alles keine Rolle spielt, wenn nur die Plausibilität der über einen kolportierten Geschichten stimmt. Da muss nur jemand aufschreien: Kungelei! Wessis plündern die ehemalige DDR aus! Stimmte zwar nicht, aber jeder glaubte es. Mir hätte von vornherein klar sein müssen, dass ich mich auf vermintes Gelände begebe, schon als ich das Mandat angenommen habe. Und dann hätte ich, als die Vorwürfe in der Welt waren, viel offensiver damit umgehen müssen. Ich habe damals gedacht, ich bin Anwalt und darf über meine Mandate wegen der Verschwiegenheitspflicht nicht reden. Heute würde ich das in Grenzen zur Selbstverteidigung machen. Ich würde an die Öffentlichkeit gehen und sagen: Alles falsch, gelogen. Und ich würde das auch in aller Öffentlichkeit dokumentieren. Meine Mutter hat immer schon gesagt, wer sich verteidigt, klagt sich an. Wenn man offensiv da rangeht, alles hinlegt, nimmt man auch Spekulationen die Grundlage.

Schönberg ist eines der dramatischen Erlebnisse in meinem Leben, aus dem ich viel gelernt habe. Für meine politische und meine berufliche Karriere, aber auch für meine weitere Persönlichkeitsbildung. Was ganz prägend war in dieser Zeit: Die Überlegung, man sei ganz alleine groß, man brauche keine Hilfe, keine Solidarität, hat sich als doch etwas zu ambitioniert erwiesen oder, besser gesagt, als grundfalsch. Sicher war es auch vorher schon einmal so, dass ich Hilfe gebraucht habe. Aber das hatte sich in meinem Erfahrungswissen nicht so niedergeschlagen. Die Schönberg-Affäre aber hätte ich weder mental noch sonst wie überlebt ohne die Hilfe von anderen. Geholfen hat mir natürlich meine Frau, obwohl sie mir bis heute vorwirft, dass ich damals nicht offen mit ihr darüber geredet habe, wie meine Gemütslage war. Damit hatte sie auch recht. Ich habe meiner Frau nur immer wieder erklärt, sie solle sich keine Sorgen machen, alles sei easy, im grünen Bereich. Aber dass sie einfach da war, hat mich gestützt. Und wenn ich damals nicht meinen Nachbarn Erich Samson gehabt hätte, der auch juristische Fragen mit mir erörtert hat, dann wäre es schwierig geworden. Denn die Gespräche mit ihm gaben mir eine Form von Selbstvergewisserung und auch von Beruhigung. Er hat mir in zwei Verfahren Gutachten geschrieben, um mich juristisch zu stabilisieren. Auch meine Anwaltsfreunde haben mir geholfen, indem sie die Sache aus ihrer Sicht beleuchteten und mir versicherten, ich müsse mir juristisch keine Sorgen machen. Man lernt in einer solchen Situation, dass man mit der Einstellung, jeder ist sich selbst der Nächste und jeder muss alleine auf dieser Welt kämpfen, an seine Grenzen stößt. Und selbstverständlich sind es die wenigen Freunde, die einen auffangen, wie mein Freund Vaddi (Jürgen Nehm).

They never come back – von wegen!

Ich weiß noch, wie ich damals mit dem Journalisten Volker Zastrow, heute Leiter des Politikressorts der *Frankfurter Allgemeinen Sonntagszeitung*, über Schönberg gesprochen habe und er zu mir sagte: »Herr Kubicki, Ihre politische Karriere ist zu Ende. Es ist wie beim Boxen: They never come back.« Von wegen! Als ich dann wieder da war, habe ich ihn getroffen und gefrotzelt: »Herr Zastrow, Sie erinnern sich an Ihre Äußerung an diesem Abend? Ich werde das nie vergessen. Und nun müssen Sie zugeben: Man kann auch als Politiker, wenn man am Boden war, wieder aufstehen.«

Es war gerade zwei Jahre nach meinem Rücktritt, dass ich von meiner Partei gebeten wurde, erneut als Spitzenkandidat anzutreten. Ich war ja nach wie vor Landtagsabgeordneter und bis 1996 gewählt. Die FDP hatte in Schleswig-Holstein mittlerweile leider etwas an Tritt verloren. So wurde ich dann, zu meiner eigenen Überraschung, zu einer Landesvorstandssitzung eingeladen. Ich erinnere mich gut, wie vor allem der Ehrenvorsitzende der schleswig-holsteinischen FDP, Uwe Ronneburger, massiv auf mich einredete: dass ich doch Verantwortung übernehmen und deshalb als Spitzenkandidat antreten müsse. Das war schon spektakulär. Dieselben Personen, die mir zwei Jahre vorher mitgeteilt hatten, welch große Verantwortung auf meinen Schultern liege und dass ich deswegen doch bitte zurücktreten müsse, sagten mir nun, dass *jetzt* die Verantwortung darin liege, wieder für die FDP an der Spitze zu kandidieren. Und wie das bei mir immer so ist: Wenn irgendwo eine Herausforderung lauert, kann man mich damit locken. Für mich gilt das Motto: »Geht nicht, gibt's nicht!« Meine Frau sprach sich erst dagegen aus, aber sie weiß auch, dass es nicht weiterhilft, gegen etwas anzureden, wenn ich mir etwas in den Kopf gesetzt habe. Am Ende stand die Entscheidung: Das machen wir!

Von da an lief es plötzlich. Es stand wieder einmal die spannende Frage im Raum: Schaffen wir es in den Landtag, oder schaffen wir es nicht? Ich stand unter Druck, aber diesmal war der Wahlkampf für mich einfacher als jemals sonst, weil ich einen weiteren formal Verantwortlichen hatte, nämlich Ekkehard Klug. Im Wahlkampf sollte zwar vor allem mit meinem Kopf geworben werden, aber ich war nominell nur auf Listenplatz zwei und er auf Platz eins. Wir kamen 1996 tatsächlich in den Landtag, und ich übernahm wieder das Amt des Fraktionsvorsitzenden, das ich fortan über 20 Jahre innehaben sollte. Im Jahr darauf wurde ich auch wieder in den FDP-Bundesvorstand gewählt. Der alte Boxerspruch stimmte nicht: Ich war zurück!

Insgesamt siebenmal trat ich als Spitzenkandidat der schleswig-holsteinischen FDP an. Und die Wahlabende waren jedes Mal spannend und ein Wechselbad der Gefühle. Konnten sich doch die Freien Demokraten oft nicht sicher sein, ob sie den Einzug schafften oder draußen blieben. Und wenn sie es schafften, ob sie dann womöglich die Chance haben würden, mitzuregieren. Zum Beispiel 2005. Da wollten wir mit der CDU koalieren und die rot-grüne Regierung unter Heide Simonis ablösen. Und es sah auch sehr gut aus: Am Wahlabend hatte Schwarz-Gelb in den Hochrechnungen eine Mehrheit, allerdings nur eine hauchdünne. Wir verbrachten den Wahlabend in einem Lokal mit dem passenden Namen »Schöne Aussichten« und feierten ausgelassen. Endlich würden wir wieder mitregieren, zum ersten Mal seit 1971, also seit fast 35 Jahren! Und dann kam um 23:10 Uhr die Meldung, dass die eine Stimme und damit die Mehrheit fehlten. Was für eine Enttäuschung! Von einer Sekunde auf die nächste waren wir hart auf dem Boden gelandet. So etwas verarbeitet man nicht sofort. Das geschah erst am nächsten Morgen, als wirklich alles klar war, als die letzten Stimmen ausgezählt waren. Es hatte nicht gereicht. Die schleswig-holsteinische FDP erwachte an diesem Morgen mit einem gewaltigen Kater. Anschließend hieß es sofort, Ministerpräsidentin Heide Simonis habe sich auf Rot-Grün kapriziert – mit Unterstützung des Südschleswigschen Wählerverbands (SSW), der Partei der dänischen Minderheit. Der SSW hatte sich schnell dazu bereit erklärt, ein rot-grünes Bündnis zu dulden. Sofort gab es rüde Attacken, auch vonseiten der Union, gegen den SSW, nach der Devise: Die haben nur ein Mandat minderer Qualität, weil sie von der 5-Prozent-Klausel befreit sind. Mir missfiel diese Haltung gewaltig, und ich habe das vollwertige Mandat verteidigt.

Am 17. März 2005 sollte Heide Simonis als Ministerpräsidentin wiedergewählt werden. Bei der Einstimmenmehrheit der Koalition lag es auf der Hand, dass die Wahl eine spannende Angelegenheit werden würde. Im ersten Wahlgang bekam sie auch nicht die erforderliche Mehrheit. Zunächst dachte man, das könnte ein Versehen sein oder ein Denkzettel eines Abgeordneten. Nun ging aber auch der zweite Wahlgang daneben, und es wurde immer spannender. Als es auch beim dritten Mal nicht klappte, war klar: Da ist jemand, der will auf keinen Fall, dass diese Konstellation zustande kommt. Ich sagte noch zu Heide, mit der ich freundschaftlich verbunden war: »Tu dir das nicht an! Wenn dreimal mit Nein gestimmt wird, klappt es beim vierten Mal auch nicht.« Doch nachdem sie von ihren Fraktionskollegen dringend gebeten wurde, verkündete sie eigentlich gegen ihren Willen, dass sie sich ein weiteres Mal dem Votum der Abgeordneten stellen werde. Im vierten Wahlgang wurde es aber wieder nichts. Und in dem Moment klappte sie mental zusammen. Ich ging zu ihr und nahm sie in den Arm: »Das ist jetzt wirklich scheiße, Heide.«

Ich habe mich in dieser Situation gefragt: Cui bono? Wem nützt es? Wer konnte dadurch gewinnen, dass er Heide Simonis zur Verliererin machte? Und ich habe von Anfang an gesagt: Der Einzige, der politisch etwas davon hat, ist Ralf Stegner, der ja dann sofort in sein Ministerium gefahren ist und einen offenen Brief an den unbekannten »Verräter« geschrieben hat. Denn mit der Nicht-Wahl von Simonis war die Wahrscheinlichkeit gestiegen, dass er bei der nächsten Wahl SPD-

Spitzenkandidat und womöglich Ministerpräsident würde. Das ist natürlich reine Spekulation, wir werden nie erfahren, wer Heide Simonis die Stimme verweigerte.

So leid es mir für Heide tat, das Verhalten des »Verräters« war moralisch fragwürdig, aber nicht illegal. Denn eines darf man nicht vergessen: Aus gutem Grund haben wir das Prinzip der geheimen Wahl, damit Abgeordnete sich auch ohne Druck aus ihrer eigenen Fraktion frei entscheiden können. Jeder muss sich so entscheiden dürfen, wie er es möchte. Er ist nur seinem Gewissen verpflichtet. Dass der »Verräter« in den Probeabstimmungen nicht den Mut hatte, seine abweichende Haltung deutlich zu machen, muss er also mit sich selbst ausmachen.

Dieser Fall ist jedenfalls aus meiner Sicht das beste Beispiel dafür, dass man in solchen Situationen immer seiner eigenen Witterung, seinem eigenen Instinkt folgen sollte, und nicht dem Ratschlag von Kollegen. Es wäre denkbar gewesen, die Entscheidung nach dem dritten Wahlgang zu vertagen und nicht unmittelbar das Schicksal herauszufordern. Der Verbleib von Heide Simonis in der Staatskanzlei war nach der vierten Niederlage definitiv ausgeschlossen. Damit war sie politisch erledigt.

Dem eigenen Instinkt folgen

Bei mir verhielt es sich ähnlich. Ich hätte während der Schönberg-Affäre nicht auf meine Kollegen hören sollen, die mich bedrängten, doch zum Parteitag nach Münster zu fahren, um mich in den Bundesvorstand wählen zu lassen. Ich hatte schon abgesagt, doch dann bekam ich Anrufe von einigen Parteifreunden. Ich solle doch kandidieren, meine Partei werde mir den Rücken stärken in dieser Sache. Ich ließ mich also überreden, fuhr nach Münster – und fiel mit Pauken und Trompeten zweimal durch. Was erst recht dazu führte, dass meine Parteifreunde zu Hause die Frage stellten, ob ich jetzt noch meine Funktionen in Schleswig-Holstein ausüben könne. Was ich mit Nein beantwortet habe. Folge deinem eigenen Instinkt – das ist übrigens ein Rat, den ich generell geben kann. Der erste Impuls ist in aller Regel der richtige. Denn im politischen Betrieb ist es häufig so, dass diejenigen, die dir freundschaftlich zur Seite stehen, auch eigene Interessen verfolgen. Das ist meine Lernerfahrung. Auch bei Strafverteidigungen war der erste Instinkt in meiner Karriere fast immer der richtige. Der Mensch funktioniert nämlich so, dass er sehr schnell sehr viel aufnimmt und zusammenbringt, ohne dass man es rational erklären kann. So wie man auch in den Fluchtmodus schaltet und Adrenalin ausgeschüttet wird, wenn man in Gefahr gerät. Dann ist der Instinkt, der Gefahr auszuweichen, in aller Regel der richtige.

Dieser Instinkt hilft auch bei ganz normalen Dingen im politischen Alltag. Beim Landtagswahlkampf 2017 zum Beispiel. Da bekamen wir von unserer PR-Agentur Vorschläge und Entwürfe für Wahlplakate, die einfach nur missverständlich waren und nicht auf unsere Wählerinnen und Wähler in Schleswig-Holstein passten. Ein Slogan sollte zum Beispiel lauten: »Glauben Sie mir kein Wort.« Gemeint war offenbar: Messen Sie mich an meinen Taten, nicht an meinen Worten. Hiermit, so waren wir uns einig, könne man vielleicht in einer Großstadt reüssieren, den Wahlkampf in unserem Bundesland aber nicht erfolgreich bestreiten. Ich sagte zu meinen Parteifreunden, dass wir doch nicht in die Landtagswahlen ziehen, um eine Agentur groß zu machen, sondern um ein Wahlergebnis zu bekommen, das uns freut. Mein Instinkt sagte mir, das machen wir so nicht. Ich bin der Spitzenkandidat und entscheide gemeinsam mit der politischen Führung, nicht die Agentur. Die Kampagne wurde geändert, und wir bekamen mit satten 11,5 Prozent sogar ein sehr gutes Wahlergebnis. Die Lehre aus dieser Geschichte: Es gibt Sachen, die darf man einfach nicht machen.

Viel Feind, viel Ehr'

Was bin ich nicht alles schon genannt worden: Querulant des Nordens, Quartalsirrer, Enfant terrible, Paradiesvogel, Knallfrosch, Selbstdarsteller, Egomane, Zyniker, Abzocker, Windei, Schuft. Als verschlagen wurde ich charakterisiert, als frech, destruktiv und intrigant. Natürlich waren manche Formulierungen im Einzelfall verletzend, aber letztlich gibt es kaum etwas, das mich noch beleidigen oder schockieren kann. Ich habe 15 Jahre Ralf Stegner hinter mir, mich kann nichts mehr beleidigen. Was ich toll finde, ist, wenn solche Beschimpfungen auf intelligente Art erfolgen. Wir bekamen mal die Zuschrift eines empörten Bürgers, der schrieb: »Herr Kubicki, wissen Sie was? Anwälte sind halbe Verbrecher, Politiker sind halbe Verbrecher. Sie sind beides.« Das fand ich wirklich intelligent. Man muss das würdigen: Da hat sich doch jemand hingesetzt und sich etwas überlegt. Mir sei die »Schweinegrippe aufs Gehirn geschlagen«, hat CSU-Mann Alexander Dobrindt mal über mich gesagt. Und ich habe ihm geantwortet, da könne man sehen, dass er keine Ahnung habe. Aufs Gehirn schlagen kann nämlich höchstens der Rinderwahn, nicht aber die Schweinegrippe. Zu Dobrindt habe ich mittlerweile eine gute Beziehung.

Es ist auch sehr viel über mich geschrieben worden, auch

sehr viel Negatives. Ich kenne Kollegen, die sammeln wirklich alles, was an Artikeln über sie veröffentlicht wurde. Ich halte das für albern. Denn wem nützt das? Mich rufen gelegentlich Menschen an und fragen: »Haben Sie das und das gelesen?« Und ich sage: »Ja, hat mich aber nicht weiter beeindruckt. Schlecht recherchiert und nicht gut geschrieben.«

Todesangst

Auch wenn ich im Grunde ein lebensfroher Mensch bin, gab es dunkle Phasen in meinem Leben und eine Zeit, in der ich um mein Leben fürchtete. Das war um 1990, als ich gerade Annette, meine jetzige Ehefrau, kennengelernt hatte. Eine unbeschwerte Zeit, eigentlich. Wir arbeiteten als Verteidiger in einem Strafprozess in Lübeck, als ich plötzlich Schwindelanfälle bekam. Wie aus dem Nichts tauchten sie auf, manchmal mehrmals am Tag und sie wurden heftiger. Annette machte sich Sorgen, ich müsse dringend etwas unternehmen, sagte sie. Mittlerweile war es so schlimm geworden, dass ich nicht mehr in die Hauptverhandlung gehen konnte. Wir mussten den Prozesstag absagen und fuhren nach Lübeck in die Uniklinik. Dort untersuchte man mich auf Herz und Nieren, Ultraschall, Blutbild und alles, was dazu gehört. Nach den Tests erklärte mir der Chefarzt: »Herr Kubicki, in Ihrem Kopf ist etwas, das Platz braucht, daher stammen Ihre Schwindelanfälle. Es besteht der Verdacht, dass Sie einen Hirntumor haben.«

Ich war wie gelähmt. Eigentlich fühlte ich mich doch gut, war kerngesund und hatte mit Krankheiten noch nie viel zu tun gehabt. Und jetzt dieser Schock. Ich solle weitere Untersuchungen machen, sagte der Arzt, dafür müsse ich ein MRT machen lassen. Es dauerte fast zwei Wochen, bis ich einen Termin erhielt, in der Endo-Klinik in Hamburg. In dieser Zeit setzten bei mir Panikattacken ein. Sie überfielen mich unvermittelt. Ich war mit dem Auto unterwegs, fuhr an die Ampel und in dem Moment fing mein gesamter Körper an zu zittern. Das war's jetzt, dachte ich. Ich war überzeugt, gleich würde ich kollabieren. Ich versuchte mich zu beruhigen. Vielleicht ist es ja doch kein Tumor, redete ich mir ein, es könnte auch etwas ganz anderes sein. Ich war nicht in der Lage, weiterzufahren. Passanten kamen zu mir an meinen Wagen und fragten, ob sie einen Krankenwagen rufen sollten. Ich sagte, nicht nötig, es geht gleich wieder. Nach ein paar Minuten hörten die Panikattacken auf, genauso plötzlich, wie sie aufgetreten waren. Der Schock blieb mir in den Knochen stecken, diese Erfahrung, dass einem schlagartig, ohne Vorankündigung, der Boden unter den Füßen weggezogen wird. Es war nicht die einzige Panikattacke, die ich in jenen Tagen bekam, bis ich endlich zur Untersuchung nach Hamburg fahren konnte.

Damals befand ich mich in einer schwierigen familiären Phase, auf der einen Seite die Trennung von meiner Frau und somit auch von meinen Kindern, auf der anderen Seite frisch verliebt in Annette. In meiner Verzweiflung fing ich an zu beten und zu Gott zu sprechen. Dann wurde ich untersucht. Der Neurologe schaute sich die MRT-Aufnahmen an und sagte: »Ich will jetzt nicht vorgreifen, wir schicken die Bilder nach Lübeck, aber dass das ein Hirntumor ist, glaube ich nicht. Bleiben Sie ganz ruhig!« Als am nächsten Tag auch die Ärzte in Lübeck die Diagnose bestätigten – kein Hirntumor –, war ich unsagbar erleichtert und feierte das Leben, das ich vor meinem geistigen Auge schon hatte zu Ende gehen sehen. Aber was war die Ursache für meine Schwindelanfälle? Die Ärzte wussten keinen Rat: »Herr Kubicki, wir können organisch nichts feststellen«, hieß es. »Es muss psychosomatisch sein.« Ich bekam ein paar Medikamente und das war's.

Es sollte ein Jahr dauern, bis sich die Ursache meiner rätselhaften Beschwerden aufklärte, und zwar auf kuriose Weise. Ich machte Urlaub in einem kleinen italienischen Dorf und gönnte mir im Hotel eine Massage. Plötzlich, mitten in der Behandlung, meinte die Masseurin zu mir: »Sie müssen doch Schwindelanfälle haben, oder?« Ich sagte: »Ja, das stimmt, wie kommen Sie darauf?« – »Na ja, Sie haben hier einen muskulären Knoten unterhalb Ihres Schulterblatts, der auf einen Nerv drückt.« Unglaublich. Da läuft man durch etliche Kliniken, spricht mit etlichen Ärzten, zahlt viel Geld dafür, und dann sagt einem eine Masseurin im hintersten Winkel Italiens, was Sache ist. Zuhause ließ ich mir diesen Knoten wegmassieren, und die Schwindelanfälle traten nie wieder auf.

IV.
Im Norden zu Hause, in ganz Deutschland unterwegs

Projekt 18

Es gibt unterschiedliche Versionen darüber, wie alles losging. 1999 waren wir bei drei Landtagswahlen in den neuen Bundesländern mit unter zwei Prozent gnadenlos gescheitert, und niemand gab mehr einen Pfifferling auf die Freien Demokraten. Nun standen im Februar 2000 die Wahlen in Schleswig-Holstein an, und ich musste mir etwas überlegen. Ich habe öffentlich erklärt: Unser Wahlziel sind sieben Prozent. Die Idee war, dass mit dieser Ankündigung die problematische Fünf in der öffentlichen Kommunikation in den Hintergrund und die Sieben in den Vordergrund rückte. Der Kollege Jürgen Möllemann, Fraktionschef in Nordrhein-Westfalen, stand drei Monate später vor Landtagswahlen, und er sagte: »Wenn Kubicki behauptet, er macht sieben, dann muss ich sagen, ich mache acht!« In NRW wurde sodann die »Werkstatt 8« ins Leben gerufen, die einen furiosen, sehr selbstbewussten und überaus erfolgreichen Wahlkampf entwickelte. Die dortige FDP war bei den Wahlen 1995 mit vier Prozent aus dem Landtag geflogen, jetzt kam Möllemann mit seiner Kampagne auf fast zehn Prozent. Auch wir waren im Februar erfolgreich gewesen und hatten gut zugelegt – auf immerhin 7,3 Prozent.

Am Tag der NRW-Wahlen, im Mai 2000, war ich in Düsseldorf, erst im Landtag und anschließend mit Möllemann bei einem Italiener. Wir saßen da, hatten schon leicht einen im Tee, frotzelten herum und waren uns – berauscht von unseren Erfolgen – einig, dass wir daraus jetzt bundesweit etwas machen müssten. Mein Vorschlag lautete zunächst scherzhaft: »Für die Bundestagswahl 2002 machen wir aus deiner Kampagne 8 die Kampagne 18. Dann müssen wir bei den ganzen Plakaten und anderen Wahlkampfmitteln nur eine Eins vor die Acht setzen. Fertig, alles andere kann bleiben, wie es ist.« Wir haben uns dann ernsthafter die Frage gestellt: Was kann man mit 18 alles machen? Mit 18 wird man volljährig, darf bei Wahlen über Krieg und Frieden entscheiden, darf Verträge abschließen. Die Zahl allein machte ja keinen Sinn, wir mussten sie mit etwas Inhaltlichem verbinden. Davon sprach Möllemann kurze Zeit später auf dem Parteitag in Nürnberg, und die Partei nahm die Idee begeistert auf. Das Projekt 18 war in der Welt.

Als Nächstes nahm sich Guido Westerwelle als FDP-Chef der Sache an, und bei ihm hat sich die Kampagne verselbstständigt. Plötzlich ging es nur noch um diese Zahl, die 18, und damit begann das Problem. Wenn wir nicht erklärten, warum wir die 18 Prozent bekommen wollten, wurde die Zahl zum Selbstzweck, ohne dass irgendein Sinn dahinter stand. Guido packte die 18 unter seine Schuhsohle, hängte sie überallhin. Bei den Menschen blieb vor allem aber seine Rundfahrt im Guidomobil und sein Besuch beim Trash-Fernsehen, im Big-Brother-Container, im Gedächtnis. Auf einmal war alles nur noch zusammenhanglos und inhaltsleer. Die FDP hatte ihren Ruf als »Spaßpartei« erhalten, und so sehr ich für Spaß bin – auf Dauer war das nicht die richtige Strategie. Wir landeten bei der Bundestagswahl 2002 bei 7,4 Prozent – mehr als vier

Jahre zuvor, aber natürlich weit entfernt von den angestrebten 18 Prozent. So wurde der Stimmenzuwachs zu einer kommunikativen Niederlage. Das mäßige Ergebnis hatte seinen Grund aber nicht nur in der missglückten Kampagne. Es lag vor allem an der unseligen Affäre um Jürgen Möllemann.

Mein Freund Jürgen Möllemann

Kennengelernt hatte ich ihn schon relativ früh in meiner politischen Laufbahn, auf Parteitagen. Ich kann mich an eine Szene erinnern, ich stand an der Bar, unter anderem mit seiner Frau Carola, mit der ich ein bisschen geflirtet hatte. Irgendwann kam er dazu, stellte sich neben mich und erklärte, das sei seine Frau. Ich sagte: »Die Tatsache, dass das Ihre Frau ist, heißt, Sie können kein schlechter Mensch sein!« Was er wiederum lustig fand. Das war der Beginn einer innigen politischen Freundschaft.

So richtig intensiv begegneten wir uns 1990, als ich in den Bundestag kam. Er war damals Landesvorsitzender in NRW, ich in Schleswig-Holstein. Und er wurde Teil meiner Kampfkraft. Wir in unserem kleinen Bundesland stellten relativ wenige Delegierte auf Parteitagen und wenige Abgeordnete, und uns half es sehr, dass wir zu dem großen Landesverband NRW ein gutes Verhältnis pflegten und wir uns austauschen und absprechen konnten. Als 1992 Hans-Dietrich Genscher völlig überraschend als Außenminister zurücktrat und es um seine Nachfolge ging, hatte der damalige Parteichef Otto Graf Lambsdorff sofort entschieden, dass Irmgard Schwaetzer, die Bundesbauministerin und frühere Staatsministerin im Auswärtigen Amt, Genscher nachfolgen sollte. Doch das passte vielen in der Partei nicht. Ich erhielt einen Anruf aus dem Büro

Genscher. Man teilte mir mit, dass Lambsdorffs Entscheidung nicht in Genschers Interesse liege. Auch ich hatte Zweifel daran, ob Irmgard Schwaetzer der Aufgabe gewachsen war. Als dieser Anruf kam, lag ich gerade zu Hause in meiner Badewanne und antwortete: »Okay, ich weiß, was ich tun muss.« Als Nächstes gab ich eine öffentliche Erklärung ab: Ob Frau Schwaetzer Außenministerin werde, das sei noch längst nicht ausgemacht. Das entscheide die Bundestagsfraktion. Wir Abgeordneten trafen uns in Bonn vor der Fraktionssitzung, und Möllemann sagte, er sehe das so ähnlich wie Genscher und ich. Ich führte Gespräche mit einer Reihe von jungen FDP-Abgeordneten und wirkte auf sie ein, Schwaetzers Wahl nicht zu unterstützen. Sie verlor tatsächlich die Abstimmung in der Fraktion. Statt ihrer wurde Klaus Kinkel neuer Außenminister – allerdings gegen den Widerstand Lambsdorffs.

Nach der Abstimmung, bei der Schwaetzer scheiterte, kam es zu folgender Situation: Möllemann und ich saßen uns gegenüber, als Schwaetzer an uns vorbeilief und den berühmten Satz zu ihm rüberzischte: »Du bist ein intrigantes Schwein.« Wir schauten uns mit großen Augen an, und mir entfuhr: »Ich habe selten jemanden getroffen, der einen so komplexen Tatbestand in so wenigen Worten richtig zusammenfassen kann.«

Kurze Zeit später, um den Jahreswechsel 1992/93, wurde Möllemann selbst zum Opfer – wegen der sogenannten Chipaffäre. Möllemann hatte mit dem offiziellen Briefkopf seines Bundeswirtschaftsministeriums mehreren deutschen Handelsketten einen Kunststoffchip empfohlen, der als Pfandmünze bei Einkaufswagen zum Einsatz kommen sollte. Nun hatte aber die Firma eines angeheirateten Cousins Möllemanns diesen Chip vertrieben. Der Aufschrei in der Öffentlichkeit war groß. Und Möllemann hat sich nie verziehen, nicht aus dem Urlaub zurückgekommen zu sein, als der Skandal hochkochte. Denn als er wiederkam, war die Sache zu seinen Lasten gelaufen. Er trat als Minister zurück und wurde auch als FDP-Landeschef abgesägt.

1996, ich war gerade wieder zum Fraktionschef in Schleswig-Holstein gewählt worden, wurde ich als Gastredner zum Landesparteitag in Nordrhein-Westfalen eingeladen. Möllemann wollte es noch einmal wissen und zurück auf den Chefsessel. Es gab aber noch zwei weitere Kandidaten: den amtierenden Landeschef Joachim Schultz-Tornau und einen weiteren Bewerber. Möllemann war so aufgeregt, dass er mir seine Rede vorher zum Durchlesen schickte. Ich schaute sie durch und rief ihn an: »Wenn Sie diese Rede halten, verlieren Sie. Das ist eine rückwärtsgewandte, eine Rechtfertigungsrede. Sie müssen eine perspektivische, eine optimistische Rede halten. Müssen sagen, was wir *wollen*, was die FDP will. Und dass Sie kämpfen wie ein Weltmeister.« Noch am Vorabend des Parteitags formulierte ich einen Text, wie er meiner Meinung nach sein müsste, wenn Möllemann ein Comeback schaffen wollte, und ließ ihn morgens um vier Uhr von meiner Mitarbeiterin abtippen. Gegen sechs Uhr faxten wir die fertige Rede zu Jürgen ins Hotel und machten uns auf den Weg von Kiel nach Hagen. Der Parteitag begann um zehn Uhr. Möllemann musste an diesem Morgen als Erster reden. Er fing an und merkte nach drei Sätzen, dass er gut ankam. Und er lief zu großer Form auf. Er gewann knapp, schlug mir auf die Schulter und sagte etwas Freches, was aber anerkennend gemeint war: »Sie Sausack.« Und da habe ich geantwortet: »Wenn Sie schon Sausack zu mir sagen, dann können wir uns auch duzen.«

Er hatte damals eine unglaubliche Angst, denn wäre er bei dieser Wahl durchgefallen, hätte dies das absolute Ende seiner Karriere bedeutet. Ab diesem Zeitpunkt entstand eine tiefe politische Freundschaft zwischen uns, die deshalb funktionierte, weil wir auf keiner Ebene in Konkurrenz zueinander standen. Eine tiefe persönliche Freundschaft war es nicht, denn dazu gehört, dass man auch privat viel Zeit miteinander verbringt. Dazu kam es nie oder nur sehr selten. Aber wir waren auf einer Wellenlänge.

Jürgen Möllemann war ein *Homo politicus* durch und durch. Er hat immer versucht, die Legende aufrechtzuerhalten, er könne auch etwas anderes im Leben machen, zum Beispiel einen Job in der Wirtschaft. Aber eigentlich wollte er nur Politik machen. Er wollte etwas bewegen. Und er war angewiesen auf öffentliche Resonanz. Jeder von uns ist eitel, davon kann sich kein Politiker, wenn er ehrlich ist, ausnehmen. Aber Jürgen war seine öffentliche Reputation ganz besonders wichtig. Er hat vielen Menschen das Gefühl gegeben: Ich bin einer aus dem Volk für das Volk. Und so kam er auch an. 2002 hat er Wahlkampf mit bis zu drei Fallschirmsprüngen an einem Tag gemacht. Da hat er manchmal mehrere Tausend Menschen an einem Tag erreicht. Die Resonanz war ihm sehr wichtig, weshalb der Verlust seiner Reputation für ihn ebenfalls existenziell war. Und dieser Verlust führte in die Katastrophe.

Möllemann war ein scharfer Kritiker der israelischen Politik und äußerte immer wieder Verständnis für das Verhalten der Palästinenser. Für diese Haltung wurde er zu Beginn des Bundestagswahlkampfs 2002, gegen Anfang des Jahres, öffentlich immer stärker angefeindet. Der Vorwurf des Antisemitismus wurde laut. Nun war Möllemann gewiss kein Antisemit, wurde aber in die antisemitische Ecke gestellt. Und einige FDP-Mitglieder jüdischen Glaubens erklärten, Möllemann müsse weg, andernfalls träten sie aus der Partei aus. Und dann kam die Sache mit dem Flyer. Möllemann überlegte sich als Spitzenkandidat der NRW-FDP kurz vor der Bundestagswahl im September, ein Flugblatt herauszugeben. Unter dem Titel

»Klartext. Mut. Möllemann« warb er für sich und die FDP und erklärte, warum er die israelische Politik kritisiere. Aber nicht nur das. Auf dem Flugblatt prangten Bilder des israelischen Ministerpräsidenten Ariel Scharon und des deutschen Publizisten Michel Friedman, damals Fernsehmoderator und Vizevorsitzender des Zentralrats der Juden in Deutschland. Diese beiden seien Hindernisse auf dem Weg zur Lösung des Nahostkonflikts, behauptete der Text auf dem Flugblatt. Friedman und Möllemann hatten sich im Vorfeld dieser Angelegenheit mehrfach öffentlich angegriffen. Deswegen meinte er wohl, ihn in diesem Flyer förmlich anprangern zu müssen. Ein großer Fehler.

Den Flyer hatte er mir gezeigt, bevor er in Druck ging, allerdings ohne die Fotos. Da saßen wir beim Italiener in der Reinhardtstraße in Berlin, und er fragte mich, ob ich mich an der Flugblattaktion beteiligen wollte. Ich habe ihm geantwortet: »Jürgen, du bist Spitzenkandidat in NRW, du kannst machen, was du willst. Aber was sollen die Leute in Schleswig-Holstein mit der Aufforderung anfangen, Möllemann zu wählen?« Fünf Tage vor der Bundestagswahl wurde der Flyer also in Nordrhein-Westfalen verteilt, an Millionen Haushalte, und danach ging die Antisemitismus-Kampagne gegen Möllemann so richtig los. Die Parteispitze distanzierte sich umgehend von ihm, in den Medien erhob sich ein Sturm der Entrüstung über ihn. Einigen Parteifreunden kam diese Welle zupass.

Schon vor der Veröffentlichung des Flyers gab es im damaligen Dorint-Hotel in Berlin ein Treffen von Führungskräften der FDP, an dem ich teilgenommen habe. Es ging um die Frage, wer Minister werde, wenn wir es denn wieder in die Regierung schafften. Rot-Grün unter Gerhard Schröder war ordentlich am Wanken, und es sah nach den Umfragen durchaus danach aus, dass es zum Regierungswechsel kommen und wir mit der Union um Kanzlerkandidat Edmund Stoiber koalieren könnten. Wir hatten Aussicht auf vier Ministerposten, und es saßen fünf potenzielle Kandidaten am Tisch. Unter anderem Jürgen Möllemann aus dem starken FDP-Landesverband Nordrhein-Westfalen. Jedes Mal, wenn einer rausging, waren die verbliebenen vier die potenziellen Minister. Irgendwann habe ich demjenigen, der ins Zimmer zurückkehrte, scherzhaft gesagt: Du bist jetzt leider raus. Vor diesem Hintergrund kam den übrigen Bewerbern um die Ministerposten die Möllemann-Affäre nicht gerade ungelegen, denn allen war klar: Jetzt haben wir einen, der von vornherein ausfällt.

Bei der Bundestagswahl holten wir nur 7,4 Prozent, und für die Schröder-Regierung reichte es noch mal knapp. Man brauchte uns nicht für die Regierungsbildung. Der Traum einiger Parteifreunde, Minister zu werden, war geplatzt. Damit war klar, was passieren würde, es mussten Schuldige her. Die ganze Partei zeigte mit dem Finger auf Möllemann. Seine Kampagne habe uns den Wahlsieg gekostet, Möllemann sei schuld an allem, Möllemann müsse weg.

Auf der Bundesvorstandssitzung am Morgen nach der Wahl, wieder im Reichstag, sagte Möllemann, er übernehme die Verantwortung für die Niederlage und trete zurück. Er stand auf und ging, und anschließend legten Persönlichkeiten wie Hans-Dietrich Genscher und andere mir nahe, doch mitzugehen.

Ich war perplex und habe geantwortet, Möllemann und ich seien zwar miteinander befreundet, aber ich wisse nicht, was ich mit der Wahlniederlage zu tun hätte. In Schleswig-Holstein hatten wir schließlich relativ gut abgeschnitten. Die Eiseskälte, die im Raum herrschte, und die unerbittlichen Forderungen, man müsse Möllemann aus der Partei ausschließen, waren schon heftig. Ich war damals in den Bundestag gewählt worden, entschied mich aber, dass ich dort nicht bleiben wollte. Es hatte keinen Sinn, dort zu arbeiten, wo man auf eine Mauer aus Ablehnung stieß.

Die Affäre zog weitere Kreise: Nun ging es um die Finanzierung des Flyers. Jürgen erzählte mir, es seien Sympathisanten der FDP gewesen, die den Flyer mit vielen kleinen Spenden finanziert hätten. Er bat mich, ihn im parteiinternen Scharmützel juristisch zu vertreten. Ich setzte zunächst ein paar Schreiben für ihn auf, an Schatzmeister Günther Rexrodt, an die Bundestagsverwaltung und andere. Meine Frau übernahm seine strafrechtliche Verteidigung.

Dann kam der 16. November 2002, ein Samstag, daran kann ich mich noch gut erinnern. Jürgen rief mich an und sagte: »Du musst dringend kommen. Worum es geht, kann ich dir am Telefon nicht sagen.« Ich fuhr also zu ihm nach Münster. Seine Frau Carola war auch da, sie machte noch Brote für uns und ging dann einkaufen. Bis dahin hatte er nicht verraten, warum ich so dringend zu ihm kommen sollte. Er erzählte mir, das Geld für den Flyer, die eine Million Euro, stamme von ihm. Es sei nicht versteuertes Geld von einem Konto in Liechtenstein. Aber das sei nicht das Schlimmste. Carola wisse das noch nicht. Sie habe auch nicht gewollt, dass er überhaupt wieder kandidiere. Sie wollte, dass er sich aus der Politik zurückzog. Ein Sabbatical hatte sie an der Schule, an der sie als Lehrerin tätig war, bereits angemeldet. Und wenn sie nun noch erfahren würde, dass er eine Million Euro eigenes Geld ausgegeben hatte für eine Partei, die so mit ihm umgegangen war, träfe sie der Schlag, dachte ich. Ich stellte mir vor, ich sei in seiner Situation. Diese Lüge wäre für meine Frau der absolute Trennungsgrund, sagte ich zu ihm. »Wenn Carola zurückkommt, musst du unbedingt mit ihr reden. Ihr die ganze Wahrheit sagen. Denn das Schlimmste, was jetzt passieren kann, ist, wenn deine Frau sich von dir trennt. Mit allem anderen werden wir fertig. Wir werden mit der Steuer und mit dem Parteiengesetz fertig. Aber wenn sich deine Frau von dir trennt, hältst du diese Belastung nicht allein durch. Das wäre dein Ende.« Als Carola nach Hause kam, ließ ich die beiden alleine. Danach hat er Carola alles erzählt. Lange gab es zwischen beiden eine Kommunikationsstörung, aber immerhin kam es nicht zur Trennung.

Möllemann hatte dann die glorreiche Idee, eine eigene Partei zu gründen. Er hatte ja durchaus auch weiterhin Zuspruch. Tausende Menschen hätten ihm geschrieben und ihm ihre Unterstützung zugesichert. Als er mich fragte, ob ich mitmachen wolle, habe ich ihm geantwortet: »Jürgen, wenn du jetzt eine eigene Partei gründest, sind wir von der Sekunde an Konkurrenten. Wie soll ich meiner Partei in Schleswig-Holstein, die hinter mir steht wie ein Mann und der ich so viel zu verdanken habe, erklären, dass ich zur Möllemann-Partei überlaufe?« Und darauf hat er allen Ernstes gesagt: »Okay, das machen wir anders. Ich trete mit meiner neuen Partei überall in Deutschland an, nur nicht in Schleswig-Holstein.« Schon schräg, dass er überhaupt an so etwas dachte. Überall sonst sollte eine Möllemann-Partei mit uns konkurrieren, nur in Schleswig-Holstein nicht? Das wäre doch auch technisch gar nicht umsetzbar gewesen. Und so weit kam es ohnehin nicht. Möllemann schrieb ein Buch, das Anfang 2003 erschien, *Klartext*, in dem er mit vielen in der Partei abrechnete. Damals haben wir sehr viel miteinander telefoniert, weil er immer wieder Rückendeckung brauchte, was die gegen ihn laufenden Verfahren anging.

5. Juni 2003. Ich hatte mittlerweile mein Bundestagsmandat zurückgegeben und besuchte mit meiner schleswig-holsteinischen Landtagsfraktion den Bundesrat. Kurz bevor wir eintre-

ten wollten, so gegen zehn Uhr, rief mich Möllemann an. Und der begann das Gespräch mit dem Satz: »Vaclav (so nannte er mich immer, wenn es ihm gut ging und er gute Laune hatte), vor meinem Haus stehen mehrere Autos. Was will mir das sagen?« Ich antwortete: »So wie du das beschreibst, steht die Staatsmacht vor deiner Tür und marschiert demnächst bei dir ein.« Da sagte er: »Das können die doch gar nicht, ich genieße doch Immunität.« Und er bat mich, mich im Deutschen Bundestag zu erkundigen, ob eine Aufhebung seiner Immunität bevorstehe. Er saß damals im Landtag von Nordrhein-Westfalen und im Bundestag, dort allerdings als fraktionsloser Abgeordneter, nachdem die FDP-Fraktion ihn ausgeschlossen hatte. Ich tätigte ein paar Anrufe und konnte Möllemann sicher sagen, dass die Aufhebung der Immunität jedenfalls im Bundestag unmittelbar bevorstehe. Anschließend telefonierte er mit meiner Frau, die ihn anwaltlich vertreten hatte, um eine Erklärung vorzubereiten. Und etwa um Viertel nach elf war eigentlich alles so weit geregelt.

Ich war noch im Abgeordnetenhaus von Berlin, als dort über die Fernsehbildschirme die ersten Meldungen durchgegeben wurden: Möllemann tödlich verunglückt. Ich traute meinen Augen und Ohren nicht. Ich stand unter Schock. Was war passiert? Ich rief sofort meine Frau an und fragte, ob sie Näheres wisse. Sie hatte auch schon versucht, Jürgen anzurufen, ihn aber nicht erreicht. Ich machte mich sofort auf den Weg vom Abgeordnetenhaus zum Reichstag, um im Büro von Jürgen Koppelin in Ruhe telefonieren zu können. Ich weiß noch, dass ich mich auf dem Weg dorthin verlaufen habe, so sehr beschäftigte mich die Todesnachricht, so verwirrt war ich. Noch unterwegs bekam ich einen Anruf des ARD-Hauptstadtstudios, ob ich ins Studio kommen und etwas zum Tod von Möllemann sagen könnte. »Sind Sie noch ganz richtig im Kopf«, fragte ich.

»Ich muss erst einmal das Ganze verarbeiten, mit seiner Frau sprechen und, und, und ...« Ich telefonierte mit Carola, die völlig aufgelöst war und einfach nicht glauben konnte, was passiert war. Zwischenzeitlich hatten wir erfahren, dass er beim Fallschirmspringen tödlich verunglückt war – was schon deshalb ungewöhnlich klang, weil niemand von uns wusste, dass er an jenem Vormittag zum Fallschirmspringen wollte. Auch meine Frau nicht. Auch seine Tochter nicht. Was war geschehen, nachdem ich mit ihm das letzte Telefonat geführt hatte? Seine Immunität war inzwischen aufgehoben worden und die Staatsanwaltschaft in Möllemanns Haus eingerückt. Carola war in der Schule, die Tochter alleine zu Hause. Meine Frau sprach mit dem Staatsanwalt, der die Durchsuchung sofort abbrechen ließ und die Familie schützte, was man ihm sehr hoch anrechnen muss. Staatsanwaltschaft und Polizei verhinderten, dass Presse und Fernsehen das Grundstück betraten.

Meine Frau weinte am Telefon. Und ich war völlig durch den Wind. Guido Westerwelle bat mich in sein Büro. Wir haben uns in den Armen gelegen, wobei er sagte: »Das ist fürchterlich, das wünscht man niemandem.« Wir haben uns eine Stunde sehr intensiv unterhalten. Ich merkte, dass Guido auch ein bisschen den Druck, der auf ihm lastete, abzuarbeiten versuchte. Die Überlegung machte ihm sehr zu schaffen: »Trage ich Mitverantwortung? Habe ich Mitschuld?« Ich war abends in der Sendung von Sandra Maischberger ebenso wie Genscher. Und er fragte mich tatsächlich, ob ich eine Vermutung hätte, wer Möllemann umgebracht haben könnte. Ich habe geantwortet, dass ich keine Ahnung hätte und auch nicht wisse, ob er überhaupt umgebracht wurde. Ich wusste nur, dass bei mir zu Hause im Safe ein Umschlag lag, den er mir ein paar Wochen zuvor gegeben hatte und den ich öffnen sollte, wenn ihm irgendetwas zustoßen würde. »Ich fahre jetzt nach Hause«, sagte ich zu Genscher, »öffne den Umschlag, und dann sehen wir weiter.«

Kurz vor Mitternacht kam ich in Strande an. Ich ging zum Safe und holte den Umschlag heraus, öffnete ihn, las das Schreiben, das darin lag, und dachte nur: Was bist du für ein Idiot. Nichts hast du geregelt! Schreibst, du hättest großes Vertrauen, dass ich mich um deine Familie kümmere und ich das schon hinkriegen werde. Schreibst, dass du von einem Herrn W. noch eine Million Euro kriegst, die ich jetzt besorgen solle. Schreibst aber nicht, wer dieser Herr W. ist und woraus sich dieser Anspruch gegen ihn ergeben könnte. Drei Kontoauszüge lagen dem Schreiben bei, die völlig nichtssagend waren. Und das war's. Da habe ich gedacht: Was ist das denn für eine schräge Nummer? Ich hatte vermutet, es würde vielleicht drin stehen, dass er sich bedroht fühlte und wer ihm nach dem Leben trachtete. Irgendeine Erklärung. Stattdessen: nichts. Er hinterließ nichts, das irgendwie Aufschluss über das Geschehen und seine Motive hätte geben können.

Ich kann mich noch gut erinnern, wenige Monate zuvor, am 30. April, als er mich anrief und sehr dringend bat, nach Hamburg zu kommen. Ganz aufgeregt hatte er mir erzählt, er sei auf der Autobahn verfolgt worden, und dass ihm etwas zustoßen könne. Es könne einen Unfall geben, der aber nur so aussähe, in Wahrheit wäre es kein Unfall. Wir trafen uns in Hamburg, im Hotel Elysée. Unser Gespräch war kurz. Er sagte nur: »Hier hast du einen Umschlag, wenn etwas passiert, egal was, dann mach ihn auf. Darin findest du alles, was du brauchst.« Ich habe gedacht, na ja, vielleicht ein bisschen übertrieben das Ganze. Aber wenn ihn das beruhigt, bitte!

Genscher wollte unbedingt zu seiner Beerdigung gehen. Möllemann war sein politischer Ziehsohn gewesen und hatte seine Karriere auch ihm zu verdanken. Möllemanns Frau Carola wollte aber partout nicht, dass Genscher zur Beerdigung erschien. Sie wollte überhaupt niemanden von der Bundes-FDP dabeihaben, so wie man ihrem Mann mitgespielt hatte. Ich konnte sie letztlich davon überzeugen, dass wenigstens Hans-Dietrich Genscher kommen durfte. Über allen Streit hinweg war Genscher für Jürgen immer ein Vorbild geblieben.

Daraufhin bat sie mich, sie ein wenig zu unterstützen und die Trauerrede zu halten. Dann folgte der Tag der Beerdigung. Tausende von Menschen waren zum Münsteraner Friedhof gekommen, Möllemann war trotz der Briefbogenaffäre, der Flugblattaktion und seiner Positionierung im Nahostkonflikt, sehr beliebt gewesen. In der Kapelle, wo ein großes Porträt von Möllemann ausgestellt war, wurde »Nessun dorma« aus Puccinis Oper *Turandot* gespielt. Gewöhnlich bin ich wirklich hart im Nehmen und habe auch bei sehr guten Freunden, die gestorben sind, Trauerreden gehalten. Aber als ich das Wort ergreifen musste, war ich emotional überwältigt. Mir schossen die Tränen in die Augen. Meine Stimme kippte fast, als ich sagte: »Ich möchte deutlich machen, dass Jürgen Möllemann mehr für das Gemeinwesen und die FDP geleistet hat als jene, die heute seine persönliche Integrität in Zweifel ziehen.« Ich weiß heute nicht mehr, wie ich diese Rede zu Ende geführt habe. Anschließend wurde Jürgen zum Grab getragen, daneben standen seine Frau und seine Töchter. Als Letzter kondolierte ihnen Genscher. Auf einem Foto ist zu sehen, wie er anschließend allein durch eine Baumallee zu seinem Wagen ging. Ein Bild, das ich nie vergessen werde. Genscher war sehr betroffen vom Tod Möllemanns, und für ihn war es extrem wichtig, an der Beerdigung zugegen zu sein.

Nach der Beerdigung gab es viel zu organisieren: Ich half bei der Abwicklung der Erbangelegenheit, so gut ich konnte.

Heute, Jahre später, geht es Carola Möllemann wieder gut. Wir treffen uns oder telefonieren gelegentlich. Natürlich hat sich die Parteiführung der FDP in der Causa Möllemann nicht mit Ruhm bekleckert. Solidarität war in der FDP bis 2013 auf Bundesebene nicht besonders verbreitet, das hat sich erst danach geändert. Ich kann verstehen, dass Menschen, die sich sicher waren, dass es eine schwarz-gelbe Koalition gibt und sie dann Minister werden können, wenn sie jäh aus diesen Träumen gerissen werden, aus ihrer Enttäuschung keinen Hehl machen und mit dem Finger auf jemanden zeigen, der daran vermeintlich schuld sei. Und ich verstehe auch, dass eine Parteiführung Riesenprobleme damit hat, wenn der Partei Spenden zufließen, die illegal sind. Das hat die FDP bis heute in erhebliche finanzielle Schwierigkeiten gebracht, Strafzahlungen in Millionenhöhe sind fällig geworden. Dass man über all das nicht glücklich ist, kann ich nachvollziehen. Aber wie man mit Möllemann umgegangen ist, wie man ihn hat fallen lassen, ohne seine Verdienste zu würdigen, die er zweifelsohne um die Partei erworben hatte, war menschlich eine große Enttäuschung.

Immer wieder habe ich mich gefragt, ob ich diese Tragödie an irgendeiner Stelle hätte verhindern können. Zum Beispiel, als Möllemann mir das Flugblatt zeigte. In dem Moment war mir die Brisanz nicht bewusst, sonst hätte ich sicherlich eingegriffen. Ich kannte nur die Textstellen, die ich zu jenem Zeitpunkt als unproblematisch einschätzte. Wäre mir aber das fertige Flugblatt vorgelegt worden, hätte ich wahrscheinlich anders reagiert. Seine Bedeutung bekam das Flugblatt erst durch die Bilder und die Bildunterschriften, wie ein Steckbrief aufgemacht, die eine entsprechende Interpretation möglich machten. Später habe ich mich gefragt, warum mir das nicht aufgefallen ist. Warum ich dafür nicht sensibel genug war. Tatsächlich war ich mit meinen Gedanken in Schleswig-Holstein.

Ich war damals, nur ein paar Tage vor der Wahl, darauf konzentriert, bei uns im Norden ein gutes Ergebnis zu erzielen. Denn es spielte natürlich auch im innerparteilichen Ranking eine Rolle, welcher Landesverband wie gut bei einer Bundestagswahl abschneidet. Meine Frau und ich haben auch lange nachgedacht, welche Phasen es bis zu Möllemanns Tod am 5. Juni 2003 gab, in denen wir möglicherweise etwas übersehen haben. Wenn sich jemand das Leben nimmt, fragt man sich immer wieder: Gab es dafür irgendwann Anhaltspunkte? Hätte man es merken können oder gar müssen? Ich hätte Möllemann überhaupt nicht zugetraut, er könne Selbstmord begehen. Er war damals 57 Jahre alt und hatte sich mit seiner Frau darauf verständigt, dass er sich aus der Politik zurückziehen und sie ihren gemeinsamen Lebensabend auf Gran Canaria verbringen würden. Im Nachhinein ist es allerdings unvorstellbar, dass er in einem Straßencafé gesessen, die Zeitung gelesen und gesagt hätte: Gott sei Dank bin ich auf Gran Canaria. Das wäre überhaupt nicht seine Welt gewesen.

Jürgen war ein Typ, der immer parallel Sachen dachte und machte und am Laufen hatte. Die Option, ich mache etwas Neues, war stets auch Realität für ihn. Ihm war es wichtig, verschiedene Optionen zu durchdenken. Und so ähnlich ist das wahrscheinlich auch mit seinem Freitod gewesen. Er hat beides parallel gedacht. Weitermachen – oder auch nicht. Und dann hing die Entscheidung vermutlich von einem Zufall ab. Das Wetter war schön an jenem 5. Juni, die Rapsfelder blühten. Vielleicht war sein Gedanke: Wenn gehen, dann jetzt. Hätte es geregnet oder wären an Bord des Flugzeugs gute Freunde gewesen, hätte er die Entscheidung möglicherweise verschoben. Es hängt manchmal tatsächlich von solchen merkwürdigen Umständen ab. Meine Frau und ich haben an dem Morgen zweimal mit ihm gesprochen, und er wirkte völlig normal.

Wahrscheinlich hat er sich gedacht: Jetzt wieder eine große Hausdurchsuchung und die ganze Nummer geht von vorne los. Wieder wird das wochenlang jeden Tag durch alle Gazetten gehen und über jeden Bildschirm flimmern. Die Lage hatte sich gerade erst etwas beruhigt. Insgesamt wirkte er sogar ruhig und gelöst. Ärzte haben mir danach erklärt, dass es oft so ist: Wenn man sich entschieden hat, aus dem Leben scheiden zu wollen, dann gibt es eine solche Phase, in der man vollkommen ruhig wird.

Am Tag der Beisetzung war ich gemeinsam mit meiner Frau abends noch zu Gast bei Radio Bremen. Dort trafen wir Möllemanns Fallschirmspringerkollegen aus dem Klub. Und sie bestätigten uns: »Das war definitiv Selbstmord, ohne jeden Zweifel. Weil er uns gezeigt hat, dass er aus dem Leben scheiden will. Denn wenn es kein Freitod ist, sondern sich versehentlich der Schirm nicht geöffnet hätte, würde ein Mensch versuchen, sich immer möglichst klein zu machen, bevor er aufprallt.« Möllemann war aber so, wie er mit dem Fallschirm abgesprungen war, auf dem Boden aufgekommen. Das muss eine erhebliche Willensleistung gewesen sein. Und damit, sagten die Fallschirmspringer, habe er seinen Springerkameraden gezeigt: Es ist kein technisches Versagen. Man könne untersuchen, was man wolle. Aber welcher Springer kommt auf die Idee, den automatischen Reservefallschirm auszuschalten?

Für mich war dieses Ereignis eine Zäsur. Die 14 Tage nach Möllemanns Tod waren mental die schwierigste Zeit meines Lebens. Meine Frau und ich haben oft zusammengesessen, viel geweint und uns überlegt: Was ist falsch gelaufen? Wir haben uns Vorwürfe gemacht: Haben wir versagt, hätten wir das vielleicht verhindern können? Was wäre gewesen, wenn du am 5. Juni hingefahren wärst? Wenn du am Morgen am Telefon nicht zu ihm gesagt hättest: Ich bin in Berlin. Sondern:

Bleib ruhig, ich setze mich in den Zug und komme nach Münster. Dann wäre es vielleicht anders gelaufen.

Irgendwann im Sommer haben wir selbst angefangen, uns zu sagen: Was nützen all diese Fragen, auf die wir nie eine Antwort geben können? Das Beste ist, man akzeptiert es so, wie es ist. Es war Stephan Lamby, der Dokumentarfilmer, der mir sehr geholfen hat, als er mir bei einer Aufzeichnung sehr einfühlsam riet: »Hören Sie auf, sich darüber Gedanken zu machen. Sie werden darauf nie eine Antwort finden.«

Das Schlimmste an der ganzen Geschichte war und ist, dass die Familie Möllemann so im Ungewissen gelassen wurde. Die Tochter saß morgens noch mit ihrem Vater beim Frühstück. Sie unterhielten sich, sie merkte nichts. Er verabschiedete sich noch nett von ihr. Fuhr zum Flugplatz, stieg in die Maschine und sprang. Und eine Stunde später hörte sie: Mein Vater ist tot. Dass er das seiner Frau und Töchtern angetan hat, ohne ein Wort aus dem Leben zu scheiden, möchten meine Frau und ich verstehen. Ich habe zwischendurch gedacht: Wenn du jetzt hier wärst, würde ich dir eine aufs Maul hauen. Du lässt deine Frau ohne eine Antwort zurück. Du regelst überhaupt nichts für deine Familie. Du setzt darauf, dass ich mich jetzt um alles kümmere, was nicht nur eine große Bürde ist, sondern einfach unverfroren. Es war eine sehr ambivalente Gemütslage. Man trauerte, machte ihm aber auch Vorwürfe, dass er so von uns gegangen war. Man wird wütend, aber die Wut kann sich gegen niemanden richten. Die Geschichte beschäftigt uns auch heute noch, am Todestag allemal. Auch zwischendurch manchmal. Man sieht dann immer wieder einzelne Situationen aus jener Zeit vor seinem geistigen Auge.

Die Möllemann-Affäre sagt viel über Politik und den Politikertypus im Allgemeinen aus. Das Ganze wäre nach meiner Überzeugung auch nicht passiert, wenn er sich nicht im Wahlkampf so massiv engagiert hätte. Denn was geht in Wahlkämpfen vor? Man ist den ganzen Tag unterwegs, man bewegt sich wie in einem Hamsterrad. Alles, was außerhalb liegt, wird nicht wahrgenommen. Man nimmt auch keine Risiken mehr wahr, sondern kämpft einfach. Möllemann hat im Wahlkampf bis zu drei Absprünge am Tag gemacht, was nicht nur für einen Menschen über fünfzig eine echte Herausforderung ist. Der Zuspruch bei diesen Veranstaltungen war überwältigend. Wenn man aber so viel Zuspruch von außen bekommt, reduziert sich die eigene Kritikfähigkeit. Das macht einen im Kopf bedeutender, als man in Wahrheit ist. Deshalb traut man sich irgendwann auch, einen Kampf aufzunehmen, der eigentlich völlig sinnlos ist. Warum legte sich Möllemann mit Israel an und warum mit Michel Friedman? Was hatte dieser Kampf mit der FDP zu tun? Gar nichts. Er hat sich im Landtag von NRW einmal entschuldigt für seine Äußerungen, und als Journalisten ihn hinterher fragten, ob die Entschuldigung auch für Michel Friedman gelte, hat er gesagt: Nein. Dafür fehlte mir jegliches Verständnis.

Ich war selbst siebenmal in Folge Spitzenkandidat bei einer Landtagswahl. In den Wahlkampfzeiten ist man nur noch auf das Ergebnis fokussiert und steht enorm unter Stress. Man macht alles, von dem man glaubt, dass es dem Ergebnis dient. Und alles, von dem man annimmt, dass es einem guten Ergebnis hinderlich ist, wird ausgeklammert. Und wenn man niemanden an seiner Seite hat, der einem auch mal ins Kreuz tritt und sagt: »So nicht!«, dann passiert das eben. Jürgen war sehr dominant. In seinem unmittelbaren Umfeld gab es niemanden, der sich getraut hätte, Nein zu sagen. Wenn ich Mitglied seines Wahlkampfteams gewesen wäre, hätte ich ihm meine Meinung gesagt. Aber wir sahen uns während des Wahlkampfs nur drei- oder viermal auf gemeinsamen Veranstaltungen. Ich hatte in meinem Umfeld immer Menschen, die mich im Zweifel warnten und mir das Stoppschild zeigten. Zum Beispiel meine langjährige Mitarbeiterin Marion Ramm, die mein halbes Leben an meiner Seite ist. Wenn sie sagt: »Das geht nicht!«, fange ich an nachzudenken. Meistens, in 95 Prozent der Fälle, liegt sie mit ihrer Einschätzung richtig. Wenn ich etwas formuliere, und Marion Ramm versteht nicht, was ich sagen möchte, muss ich es umformulieren. Ich sage zu ihr immer: Du bist *Vox populi* für mich. Ein entsprechendes Korrektiv hätte ich Jürgen auch gewünscht.

Politik ist ein brutales Geschäft

An der Geschichte von Jürgen Möllemann kann man beispielhaft erkennen, wie brutal Politik manchmal sein kann. Ich habe mir in diesem Zusammenhang die Frage gestellt, ob ich selbst in der öffentlichen Auseinandersetzung Grenzen überschritten und Menschen verletzt habe. Meine Konsequenz seitdem war, viel achtsamer in die Debatte zu gehen. Anders als vorher würde ich mich heute viel schneller vor jemanden stellen, der bereits am Boden liegt, egal aus welcher Partei er kommt – um dafür zu sorgen, dass seine Persönlichkeit nicht beeinträchtigt wird. Denn ich glaube, dass das jedem von uns passieren kann. Seit der Schönberg-Affäre, als ich selbst betroffen war, bin ich auch bei der Beurteilung von Sachverhalten sehr vorsichtig geworden. Während der Affäre um den damaligen Bundespräsidenten Christian Wulff habe ich immer öffentlich erklärt, dass auch für einen Bundespräsidenten bis zum Beweis des Gegenteils die Unschuldsvermutung gilt. Und nach allem, was öffentlich bekannt war, konnte ich mir nicht vorstellen, dass jemand darauf eine Anklage aufbauen würde.

Jedenfalls hielt ich es für ausgeschlossen, dass es zu einer Verurteilung kommen würde. Die Überlegung, dass man den Bundespräsidenten mit einem Bobby Car bestechen kann, ist so abstrus, dass es einem die Schuhe auszieht. Eine völlig hysterische Diskussion. Nun hatte Wulff auch nicht immer klug agiert in diesem Zusammenhang, aber dass die Vorwürfe strafrechtlich irrelevant waren, konnte eigentlich jeder sehen, der auch nur ein bisschen davon verstand. Wulff hat sich bei mir einmal dafür bedankt, dass ich einer der wenigen gewesen sei, die sich öffentlich entsprechend geäußert hätten. Viele andere seien über ihn hergefallen wie die Hyänen. Wir sind eben alle sehr schnell bereit, ohne Hintergrundwissen Urteile über andere zu fällen, nicht zuletzt um unsere Vorurteile zu bedienen. Warum leben so viele Publikationsorgane im Prinzip von der Neugier der Menschen und vom Blick durchs Schlüsselloch? Warum haben wir so große Schlagzeilen auf den Titelseiten der auflagenstarken Zeitungen? Weil die Menschen ein gewisses Bedürfnis nach Voyeurismus haben. Und viele sich wenig darum scheren, wenn sie andere dadurch sozial diskreditieren. Wir neigen dazu, sehr schnell über andere den Stab zu brechen, weil es in dem Moment auch unser eigenes Selbstwertgefühl steigert.

Um im politischen Geschäft langfristig mitspielen zu können, braucht man persönliche und existenzielle Unabhängigkeit. Man muss sagen können: Ich bin nicht hier, um etwas zu werden, sondern um etwas zu bewirken, und ich versuche, mich auch gegen Widerstände durchzusetzen. Der Sinn von Meinungsbildung in Parteien besteht doch darin zu versuchen, für Mehrheiten zu werben und sie im Zweifel auch durchzusetzen. Man braucht aber auch eine existenzielle Unabhängigkeit. Man darf nie davon abhängig sein, dass man ein Mandat innehat oder die Partei einem einen Posten verschafft. Das ist der Denkfehler, der hinter selbst ernannten Transparenzorganisationen wie Abgeordnetenwatch oder Lobbycontrol steckt. Deren moralisches Wertemodell gibt ja vor, dass sich politische Abhängigkeit genau andersherum bemisst – also dass eine berufliche Tätigkeit neben dem Mandat die Abhängigkeit erhöhe. Das Gegenteil ist aber der Fall: Wer nur durch und von der Politik lebt, der ist immer vom Goodwill seiner Parteifreunde abhängig. Der hat immer im Hinterkopf: Nützt mir diese Haltung oder schadet sie mir?

Vor Landtagswahlen in Schleswig-Holstein habe ich häufiger die Frage von Journalisten gehört: »Herr Kubicki, was machen Sie, wenn Sie nicht in den Landtag gewählt werden?« Ich habe stets geantwortet: »Dann gehe ich wie immer Montagfrüh in meine Kanzlei.« Das ist doch beruhigend. Zu wissen, das Einzige, was passieren kann, ist, dass drei Tage lang hämische Kommentare über eine Wahlniederlage kommen. Das aber bedroht nicht meine Existenz.

Es gibt Menschen, die mit Intrigen Politik gemacht haben und damit auch partiell erfolgreich waren, also indem jemand im Hintergrund über jemanden etwas behauptet, um ihn zu diskreditieren. Auch in meiner eigenen Bundespartei war das lange Zeit sehr stark verbreitet. Seit dem Auszug aus dem Bundestag im Jahr 2013 ist aber eine deutliche Änderung eingetreten. Seitdem ist es in meiner Partei nicht mehr üblich, dass man mit Intrigen Politik gestalten kann. Christian Lindner und ich haben uns noch am erschütternden Wahlsonntag im September 2013 in die Hand versprochen, dass wir alles unternehmen werden, damit in der FDP nie wieder durch Intrigen Mehrheiten organisiert werden können. Sich offen miteinander auseinandersetzen: ja, selbstverständlich. Aber nie mehr hinter dem Rücken, mit falschen Erklärungen und Behauptungen.

Dass Intrigen nicht mehr en vogue sind, nicht nur in der

FDP, sondern auch in anderen Parteien, ist aber auch eine Frage der Zeit, weil es deutlich mehr Transparenz gibt als früher. Jeder kann heute über seine Social Media Accounts jederzeit und in Sekundenschnelle agieren, reagieren und klarstellen, anders als früher. Da hätte man erst einmal eine Reihe von Personen abtelefonieren müssen, um eine Intrige aus der Welt zu schaffen – eine kaum zu bewältigende Herausforderung. Heute stellt man eine Nachricht in seine WhatsApp-Gruppe, und damit ist das geklärt.

Das bedeutet aber nicht, dass es keine Intrigen mehr gibt. Intrigen haben immer etwas mit Fake News zu tun, damit fängt es an. Und so, wie man jetzt schnell Dinge richtigzustellen vermag, kann man falsche Behauptungen viel schneller und intensiver verbreiten als früher. Manche bekommt man bedauerlicherweise überhaupt nicht wieder aus der Welt. Die blöde, dauernd wieder hervorgeholte Behauptung, Claudia Roth habe in Hannover an einer Demonstration teilgenommen, bei der sie die Parole »Deutschland, du mieses Stück Scheiße« skandiert habe, stimmt einfach nicht. Aber die Geschichte hält sich, weil das irgendwann einmal behauptet wurde und nun immer wieder hervorgekramt wird. Aus welchen Gründen auch immer ist Claudia Roth damals nicht rechtlich dagegen vorgegangen. Oftmals ist es sinnvoll, das zu tun. Wenn man nicht sofort gegen falsche Behauptungen einschreitet, gilt manches als zugestanden und damit als wahr. Ich wurde in meinem politischen Leben häufiger mit Intrigen konfrontiert. Ich habe gelernt, dass man unterschiedlich damit umgehen kann. Ich stellte mir die Frage: Nimmst du das jetzt ernst? Wirst du böse? Oder machst du dich darüber lustig? Es kommt immer darauf an – aber es gilt im Grundsatz: Je größer die Intrige, umso schärfer muss die öffentliche Reaktion sein.

Ich gehe mit dem Begriff Freundschaft sehr restriktiv um, und das gilt erst recht für den politischen Bereich. Denn da heißt es: aufpassen! Es haben sich oft genug Menschen um mich herumgetummelt, nur weil ich bestimmte Funktionen oder Ämter innehatte. Und die sich sofort vom Acker machten, sobald ich diese Funktionen nicht mehr ausübte. Ohne Funktion ist man ganz schnell nicht mehr gefragt. Diejenigen, die vorher einen mit dir trinken wollten, sind plötzlich nicht mehr auf der Agenda. Das ist der natürliche Flow.

Aufstieg und jäher Fall einer Partei

Die Bundestagswahl 2009 war für meine Partei ein Triumph. 14,6 Prozent, das beste Wahlergebnis aller Zeiten. Fast jeder Sechste hatte sein Kreuz bei der FDP gemacht. Wir hatten es geschafft, uns vom Image der kalten Neoliberalen zu befreien, und waren plötzlich für breite Schichten wählbar. Es war fast schon hip, für die FDP zu stimmen. In Schleswig-Holstein war die Große Koalition zerbrochen, und so fanden am Tag der Bundestagswahl 2009 auch vorgezogene Landtagswahlen statt, und diesmal war das unser großes Glück. Wir holten ein noch besseres Ergebnis als die FDP im Bund und landeten mit dem Rückenwind des Bundestrends bei 14,9 Prozent. Für uns ging ein Traum in Erfüllung, denn zum ersten Mal seit 38 Jahren konnten wir wieder mitregieren, in einer schwarz-gelben Koalition unter der Führung von CDU-Ministerpräsident Peter Harry Carstensen. Die Partei war wie berauscht in jenen Septembertagen 2009.

Das Stimmungshoch sollte aber nicht allzu lange anhalten. Innerhalb weniger Monate folgte der beispiellose Absturz, nicht so sehr in Schleswig-Holstein, aber in der Bundes-FDP.

Schnell wurde klar, dass sich die FDP-Mitglieder im Bundeskabinett untereinander nicht grün waren. Ich habe das mehrfach bei Bundesvorstands- und später auch Präsidiumssitzungen miterlebt. Manche Vorstandsmitglieder sagten hinterher zu mir: Wir fahren nicht wieder nach Berlin, wenn wir weiterhin diese Stimmung erleben müssen. Wenn aber eine Parteiführung nicht in der Lage ist, miteinander anständig zu kommunizieren, sondern die Akteure sich andauernd gegenseitig schlechtmachen, kann es nicht funktionieren. Schon gar nicht, wenn die Partei in einer Regierungskoalition ist.

Am Wahlabend 2009 hatten wir erlebt, wie der damalige Unionsfraktionschef Volker Kauder erklärte, die FDP sei nur so stark geworden, weil viele CDU-Wähler sie gewählt hätten. Und diese werde man sich jetzt zurückholen. Auf diese Aussage hätte die FDP sofort reagieren müssen. Viele in unserer Partei meinten aber leider nach wie vor, die Union sei unser natürlicher Koalitionspartner. Ich glaube hingegen, dass sie unser größter Wettbewerber im Wählermarkt ist. Gleich bei der Regierungsbildung kam es zu einem folgenschweren Kommunikationsfehler. Die FDP hatte im Wahlkampf gefordert, das Außenministerium mit dem Entwicklungsministerium zu einem Ressort zusammenzulegen. Daraus wurde dann nichts. Stattdessen wurden beide Ministerien mit FDP-Vertretern besetzt. Wie sollte man das rechtfertigen?

Dann ist uns von vornherein auf die Füße gefallen, dass die Union unterschwellig homophob agiert hat. Regelmäßig wurden auch innerhalb der CDU und CSU Scherze gemacht über den neuen Außenminister Guido Westerwelle. Kann er jetzt mit seinem Partner nach Saudi-Arabien fahren? Einige Medien haben dieses Geraune bereitwillig aufgenommen. Tatsächlich begann bald der Einstieg in eine große öffentliche Diskussion: Können wir uns einen homosexuellen Außenminister leisten?

Ich sagte dazu: Wenn die Kanzlerin nach Saudi-Arabien fährt, stellen wir doch auch nicht die Frage, ob eine Frau als Bundeskanzlerin nach Saudi-Arabien fahren kann. Viele Vorwürfe gegenüber Westerwelle waren sehr subtil. Er selbst war sehr betroffen von diesen homophoben Tendenzen, darüber hat er häufig mit mir gesprochen. Wir waren uns einig, dass entgegen allen anderslautenden Erklärungen unsere Gesellschaft noch nicht so weit sei, etwas für selbstverständlich zu halten, was selbstverständlich ist.

Dann kamen bedauerlicherweise seine Äußerungen über die spätrömische Dekadenz hinzu. Wer dem Volk anstrengungslosen Wohlstand verspreche, lade zu spätrömischer Dekadenz ein, sagte er in einem Zeitungsinterview mit Blick auf Hartz-IV-Empfänger. Keine kluge Äußerung, zeigte sie doch vermeintlich wieder das kalte Herz einer neoliberalen Partei, die nur für die wirtschaftlich ohnehin schon starken Menschen eintritt. Als Nächstes die sogenannte Mövenpick-Steuer, gegen die ich persönlich heftig opponiert habe. Die FDP hatte sich neben der CSU sehr stark gemacht für eine Senkung der Mehrwertsteuer im Hotelgewerbe. Wir als gerade frisch ins Amt gekommene Landesregierung in Schleswig-Holstein sprachen uns klar dagegen aus. Nicht nur aus ordnungspolitischen Gründen, weil es keinen Sinn macht, Steuervereinfachungen zu fordern und dann – kaum an der Regierung – erst einmal zu einer Steuerverkomplizierung beizutragen. Sondern vor allem, weil das damalige Haushaltsnotlageland Schleswig-Holstein auf diese Einnahmen kaum verzichten konnte. Das Problem konnten wir zwar am Ende im Kanzleramt regeln. Aber dabei haben wir feststellen müssen, dass die Spannungen innerhalb der FDP schon unmittelbar nach dem historischen Wahlerfolg größer wurden. Und wir standen ein weiteres Mal als die Partei da, die ausschließlich Unternehmerinteressen vertritt. In kürzester Zeit stürzten unsere Umfragewerte in den Keller. Im Juni 2010 war unser bundesweiter Wert von fast 15 auf fünf Prozent gesunken, innerhalb nur eines Dreivierteljahres. Danach wurde es noch schlimmer, und wir fielen dauerhaft unter die Fünf-Prozent-Hürde.

Es dauerte nicht lange, bis man Parteichef Westerwelle für das Desaster verantwortlich machte und an seinem Stuhl zu sägen begann. Tatsächlich hatte er auch Fehler gemacht, aber die Tatsache, dass meine eigene Partei seine Reise nach China Anfang 2011 nutzte, um hinter seinem Rücken seinen Sturz als Parteivorsitzenden vorzubereiten, war schon starker Tobak. Als Guido aus China zurückkam, wurde er gebeten zu erklären, dass er auf dem Bundesparteitag nicht wieder kandidiere. Und es wurde gleichzeitig sein Sturz als Außenminister initiiert. Auf einer gemeinsamen Sitzung von Bundestagsfraktion und Bundesvorstand sagte ich damals zum Erstaunen aller, dass wir uns nicht von draußen vorschreiben lassen dürften, wer bei uns etwas zu sagen habe und wer nicht. Wenn wir zuließen, dass die Presse jetzt erkläre, wer Außenminister sein darf und wer nicht, könnten wir uns gleich verabschieden. Ich habe vehement dafür plädiert, dass Guido Westerwelle Außenminister bleibe, was dann ja auch bis zum Ende der Legislaturperiode der Fall war.

Der Abstieg der FDP in den Meinungsumfragen, die Verluste bei Landtagswahlen – all das machte man Westerwelle zum Vorwurf. Und er hatte kein Rezept gegen diesen Niedergang. Über Monate war er öffentlich angezählt, und am Ende fand er in der Partei keine Unterstützung mehr, um sich im Amt zu halten. Eine schmerzhafte Erkenntnis, wenn man zuvor ein sehr erfolgreicher Parteivorsitzender gewesen ist und binnen kurzer Zeit viele derjenigen plötzlich verschwunden sind, auf die man sich verlassen zu können glaubte. Da sah man es wieder: Nichts ist flüchtiger als politische Freundschaften.

Ende 2010 habe ich in einem *Spiegel*-Interview die Situation der Liberalen mit der Spätphase der DDR verglichen und gesagt, mir komme die Führung der FDP in Berlin so vor wie das ehemalige Zentralkomitee der SED. Darauf folgte ein großer Aufschrei in meiner Partei, ich sei illoyal und betreibe das Geschäft unserer politischen Gegner. Es sollte aber nur ein Weckruf sein, weil es so mit der FDP nun wirklich nicht weitergehen konnte.

Meine Parteichefs

Guido Westerwelle hatte ich Ende der Neunzigerjahre näher kennengelernt, als er Generalsekretär der FDP wurde. Ich merkte sofort, was für ein großes politisches Talent in ihm steckte. So war ich neben Jürgen Möllemann auch maßgeblich daran beteiligt, dass Westerwelle 2001 Parteivorsitzender wurde. Seit sechs Jahren hatte Wolfgang Gerhardt die Partei geführt, und in der FDP wurde der Unmut über seine Amtsführung immer lauter. Gerhardt war nicht länger dazu geeignet, der FDP die nötigen Impulse zu geben. Und er schien wohl auch ohnehin amtsmüde. So wurde Gerhardt abgewählt und Guido Westerwelle sein Nachfolger als FDP-Vorsitzender. Schon damals spielte die Frage seiner Homosexualität eine Rolle. Er telefonierte vor seiner Wahl zum Parteichef mit Jürgen Möllemann und mir und sagte, er sei homosexuell und dass das seiner Ansicht nach doch eine Rolle spielen könnte. Möllemann und ich versicherten ihm, darüber müsse er sich keine Gedanken machen: Wann immer das passiere, würden wir ihn verteidigen. Innerhalb der FDP war es auch tatsächlich kein Problem. Das ist das Besondere an meiner Partei, was ich wirklich sehr schätze, die Selbstverständlichkeit, mit der man mit Lesben und Schwulen umgeht. Das war bei uns immer schon anders als in anderen Parteien.

Mein Verhältnis zu Guido Westerwelle wurde über die Jahre immer vertrauensvoller. Michael Mronz, sein Lebenspartner, meine Frau und ich hatten in späteren Zeiten ein sehr gutes Verhältnis zueinander. Guido besuchte uns mindestens zweimal im Jahr in Strande. Und ich habe immer gesagt, dass unser persönliches Verhältnis nichts damit zu tun hatte, dass ich manche seiner Auffassungen nicht geteilt habe. Die Art seines Abgangs als Parteichef 2011 wird dem, was er über Jahre für die Partei geleistet hat, nicht gerecht. Seine Amtszeit steht für die größten Erfolge der FDP – leider aber auch für schwere Stunden. Aber wie sein Sturz in die Wege geleitet wurde, war für ihn selbst, der immer ehrgeizig und ein Erfolgsmensch war, äußerst schmerzlich.

Und dann kam die verdammte Krankheit. Westerwelle war ursprünglich nur wegen einer Kniegeschichte in der Klinik gewesen, und dort stellten die Ärzte bei einem Bluttest fest, dass er an Leukämie erkrankt war. Damit ging das ganze elende Auf und Ab los, das Krebspatienten erleben. Immer wieder gab es Rückschläge, dann neue Hoffnungen. Mal ging es ihm besser, und er war voller Optimismus. Dann wieder waren die Prognosen düster, und er war niedergeschlagen und verzweifelt. Zum letzten Mal haben wir ihn im Oktober 2015 auf Mallorca getroffen, kurz bevor er in Köln in die Klinik gegangen ist. Beim Essen in Palma hat er uns von seinen Hoffnungen, seinen Kämpfen, seinen Ängsten erzählt. Aber eigentlich war er ganz guten Mutes.

Alles, was man selbst in einer solchen Situation sagt, klingt ziemlich schal und hohl. Ich habe mich selbst beim Reden gefragt: Was sind das denn jetzt für Sätze? Sie sollten Mut machen, kamen mir aber einfach nur phrasenhaft vor. Ich habe gelernt, nicht nur in diesem Fall, dass man offensiv mit dem Thema umgehen sollte, also zum Beispiel ruhig sagen, dass das Sterben zum Leben dazugehört. Denn Angst wird man nur durch Kommunikation los, indem man darüber redet. Guido Westerwelle hatte zwischenzeitlich große Hoffnung, weil im Krankenhaus auf seinem Flur eine Patientin lag, die die gleiche Diagnose hatte wie er und die genauso behandelt wurde. Die beiden haben sich gegenseitig aufgebaut, und daraus schöpfte er Kraft und Zuversicht. Als die Frau aber starb, war das für ihn eine Zäsur. Das Schlimme ist, wenn man sieht, wie schnell ein Mensch körperlich verfällt, wenn er von dieser Krankheit heimgesucht wird. Man kann noch so fit gewesen sein, es dauert nur wenige Wochen, und man ist körperlich total geschwächt.

Meine Frau und ich fuhren im März 2016 in den Urlaub nach Südafrika. Als wir am Tag unserer Ankunft nachmittags gerade im Hafenviertel, in der Waterfront in Kapstadt, waren, erhielt ich einen Anruf vom Deutschlandfunk. Ob ich den Tod von Guido Westerwelle kommentieren könne, fragte man. Ich war schockiert. Bis zu dem Zeitpunkt wusste ich nicht, dass er gestorben war. Obwohl ich mitbekommen hatte, dass sich sein Gesundheitszustand zuletzt verschlechtert hatte, traf mich die Nachricht wie ein Schlag. Ich entschied mich, das Interview nicht zu führen und teilte dem Sender mit, dass ich mich erst sammeln müsse. Etwas später habe ich einen Nachruf geschrieben und darin Guido als großen Liberalen, leidenschaftlichen Parlamentarier, begnadeten Kommunikator und – nicht zuletzt – als großartigen Menschen gewürdigt. Denn das war er wirklich.

2016 war ein tragisches, schmerzhaftes Jahr, und unser Urlaub in Südafrika stand unter keinem guten Stern. Denn keine zwei Wochen nach Guido Westerwelle starb mit Hans-Dietrich Genscher ein weiterer Großer der FDP. Als wir von einer Golfrunde zurück ins Hotel kamen, hatte ich schon einen Anruf bekommen und gehört, dass Genscher gestorben war. Im Hoteleingang trafen wir eine Reisegruppe aus Deutschland. Die Menschen hatten Tränen in den Augen und drückten mir ihr Beileid aus. Was für ein großartiger Mann ist von uns gegangen!

Neben Westerwelle und Genscher haben die Liberalen mit Walter Scheel und Klaus Kinkel vier Außenminister gestellt, und alle vier haben unserem Land in bemerkenswerter Weise ihren Stempel aufgedrückt und sich um Deutschland verdient gemacht. Genscher war einer der Größten. Nach seiner Flucht aus der DDR war es sein großes Lebensziel, dass es zur Wiedervereinigung käme, an die Ende der Achtzigerjahre niemand mehr geglaubt hatte. Ich kann mich noch erinnern, dass Schwerin vor dem Mauerfall für mich weiter weg war als Amsterdam oder Brüssel. Was da drüben passierte, hat viele im Westen auch nicht sonderlich interessiert.

Mit Genscher hatte ich eine Reihe von Begegnungen, Gespräche vor allem, die beeindruckend waren. Genscher hat Anfang Oktober 1990 auf Betreiben seines Büroleiters Frank Elbe, der zu einem wirklichen Freund und bis heute meinem wichtigsten politischen Berater wurde, den Kollegen Conrad-Michael Lehment aus Mecklenburg-Vorpommern und mich nach New York mitgenommen. Zur UNO-Vollversammlung, wo er der Weltgemeinschaft den Vollzug der Deutschen Einheit verkünden wollte. Es war ein historischer Moment, und ich schätzte mich glücklich, dabei sein zu dürfen. Ich weiß noch, dass im großen Saal des UNO-Hauptquartiers am East River die westdeutsche Delegation saß und direkt davor die ostdeutsche. Die DDR-Delegationsmitglieder aber grüßten uns nicht einmal, als kämen wir aus zwei verschiedenen Welten. Obwohl sie doch wussten, dass Genscher einen Tag später ihr oberster Chef sein würde. Das war schon bemerkenswert. Dann sah Genscher auf den Gängen den sowjetischen Außenminister Eduard Schewardnadse und sagte zu Lehment und mir: »Kommen Sie mal mit!« Er begrüßte Schewardnadse und versuchte, ihm zu erklären, dass neben ihm einer aus dem Osten Deutschlands und einer aus dem Westen stünden. Und jetzt seien wir wiedervereint! Schewardnadse lächelte freundlich und nickte. Ich weiß bis heute nicht, ob er verstanden hat, was Genscher ihm damit sagen wollte. Dass da nämlich gerade etwas ganz Besonderes passierte.

Ich erinnere mich an eine weitere Begebenheit auf dieser New-York-Reise, an eine Geste, an der man die ganze Größe Genschers ermessen kann. Zur UNO-Generalversammlung hatte die DDR in Vertretung des letzten Ministerpräsidenten Lothar de Maizière ihren Bildungsminister Hans-Joachim Meyer geschickt. Er war mit der DDR-Fluggesellschaft Interflug nach New York geflogen. Um null Uhr hörte die DDR nun allerdings auf zu existieren. Und so hatte er am nächsten Tag Schwierigkeiten, wieder nach Hause zu kommen. Da hat Genscher gesagt: »Den nehmen wir mit.« Er war aber nun kein Minister mehr, und so hat Genscher noch in der Nacht den Staatssekretär aus seiner Koje hinauskomplimentiert und gesagt: »Wir behandeln den Herrn Minister als Staatsgast, wie sich das gehört, bis wir ihn zu Hause abgeliefert haben.« Der Staatssekretär hat ein bisschen herumgemault, weil er aus dem Schlaf gerissen wurde. Genscher nahm keine Rücksicht darauf, er insistierte, das sei jetzt immer noch der Herr Minister. Es ging um die Frage des Stils, wie man miteinander umgeht.

Genscher war einfach so froh in jenen Tagen. Er hat sich gefreut wie ein kleines Kind, dass sein Lebenstraum endlich in Erfüllung ging. Später hat er mich des Öfteren angerufen, vor allem wegen Fragen der Russland-Politik. Das Thema hat ihn extrem umgetrieben, merkte er doch, wie sich die Fronten zwischen Russland und dem Westen mehr und mehr verhärteten. Genscher hat immer darauf hingewiesen, unsere Aufgabe bestehe nicht darin, Spannungen aufzubauen, sondern sie abzubauen. Die Distanz zwischen dem Roten Knopf der Atomraketen und dem Daumen zu vergrößern und nicht zu verkleinern. »Herr Kubicki, bleiben Sie bei Ihrer Position, dass wir mit Russland reden müssen«, hat er gesagt, »egal was der Rest der Partei sagt.«

Unmittelbar bevor meine Frau und ich nach Südafrika geflogen sind, hatte er mich noch angerufen und gefragt, ob wir nicht mal wieder länger miteinander reden könnten. »Wenn ich in drei Wochen aus Südafrika zurück bin, sehr gerne«, habe ich geantwortet. Und dann standen wir also auf dem Golfplatz bei Loch acht, und ich bekam die Nachricht von seinem Tod. Ich habe mich seither immer wieder gefragt: Was hast du versäumt mit diesem letzten Gespräch, das nicht mehr stattfinden konnte?

Christian Lindner ist jetzt der neunte Parteivorsitzende, den ich als FDP-Mitglied erlebe. Manche von ihnen haben die FDP weniger geprägt, andere mehr, wie natürlich vor allem Genscher und Westerwelle. Nach dessen erzwungenem Rücktritt 2011 kam Philipp Rösler an die Spitze, und seine Amtszeit blieb doch eine Episode und war keine Erfolgsgeschichte. Dabei verstanden Rösler und ich uns zunächst ziemlich gut, und ich sah in ihm ein politisches Talent mit großer Zukunft in der FDP. Wir waren beide Fraktionschefs, er in Niedersachsen, ich in Schleswig-Holstein, und wir kannten uns von den Fraktionsvorsitzenden-Konferenzen. Unser Verhältnis veränderte sich ab dem Tag seiner Wahl zum Bundesvorsitzenden. Schon als er auf dem Parteitag in Rostock gewählt wurde, im Mai 2011, wurde seine Attitüde plötzlich eine andere. Mit der Aussage »Ab heute wird geliefert« hat er gleich zwei Fehler auf einmal gemacht. Erstens hat er damit gesagt, dass wir in der Vergangenheit *nicht* geliefert hatten, was in der öffentlichen Kommunikation verheerend war. Denn eine solche Äußerung war ein massiver Affront nicht nur gegen den scheidenden Vorsitzenden, sondern gegen alle, die in der Partei Verantwortung trugen. Zweitens begab er sich so in die Hand des politischen Mitbewerbers, nämlich des Koalitionspartners CDU/CSU. Denn in einer Koalition hat man keine Gestaltungsmacht, sondern nur eine Verhinderungsmacht. Man kann Nein sagen, und dann passiert irgendetwas eben nicht. Man kann den Koalitionspartner aber nicht gegen seinen Willen zwingen, etwas zu tun. Dann heißt es nur: Machen wir nicht. Rösler hatte also etwas versprochen, was er nicht unbedingt halten konnte. Ein großer strategischer Fehler.

Der nächste Fehler war die Geschichte mit dem Frosch. Rösler war in seiner Parteitagsrede dem Eindruck vom »netten Herrn Rösler« mit dem Bild entgegengetreten, wenn man einen Frosch in kaltes Wasser werfe und die Temperatur langsam erhöhe, merke dieser das erst, wenn es zu spät sei. Das allein war noch ganz lustig und gut. Aber dass er ein paar Monate später das Zitat in der Talkshow von Markus Lanz in Richtung Angela Merkel drehte, dass also praktisch die Kanzlerin der Frosch sein sollte, den er ins Wasser geworfen haben wollte, das war erkennbar zu viel. Rösler war mit großer Unterstützung der Partei und mit großen Hoffnungen gestartet. Und schon innerhalb kurzer Zeit hatte er sie enttäuscht. Es ging auch nicht wieder aufwärts mit der FDP, im Gegenteil.

Es schien, als wären wir auf einer Talsohle angelangt, aus der es so schnell kein Entrinnen geben würde.

Der Kubicki-Effekt

Das Selbstbewusstsein der FDP wurde in dieser Zeit nicht von unserer tatsächlichen Stärke im Bundestag bestimmt, sondern von den miserablen Umfragedaten. Und die waren einfach schlecht. Dabei waren wir immerhin an der Regierung und deutlich besser als unser Ruf. Wir verloren aber Landtagswahl um Landtagswahl – Baden-Württemberg, Rheinland-Pfalz, Sachsen-Anhalt –, und mir wurde angst und bange, denn bei uns in Schleswig-Holstein standen am 6. Mai 2012 ebenfalls Wahlen an. Bei Bundestags-Wahlumfragen, die die FDP bei drei Prozent sahen, wusste jeder genau: Rückenwind sah anders aus. Es hatten sich quasi alle von uns verabschiedet. Der leider schon verstorbene SPD-Kollege Bernd Schröder hat damals in der letzten Landtagssitzung vor der Wahl, halb im Scherz, gefordert, die Fünf-Prozent-Klausel aufzuheben, nur für Kubicki. Denn einen Landtag ohne Kubicki könne und möge man sich nicht vorstellen. Daran merkte man wieder, wie menschlich es manchmal bei uns im kleinen Schleswig-Holstein zugeht, unabhängig davon, welcher Partei man angehört.

Um den Abwärtstrend abzuwenden, mussten wir endlich das Ruder herumreißen: Leute, wir müssen Profil gewinnen! Wir dürfen bei der Union nicht betteln gehen! Macht euch nicht klein, denn: Klein wird nicht gewählt! Gegen den Trend Wahlen zu gewinnen, das war mein Auftrag. Deshalb wollten wir auch im Wahlkampf eigentlich keinen Spitzenpolitiker aus Berlin dabeihaben. Das wollten und mussten wir ganz allein schaffen. Ursprünglich hatte ich meiner Frau 2009 versprochen, nach der Legislaturperiode aufzuhören. Doch als feststand, dass wir 2012 nach einem Urteil des Landesverfassungsgerichts vorzeitig wählen mussten, sagte ich zu ihr: »Ich kann jetzt nicht aufhören.« Sie sah das nicht ein. »Du hast alles erreicht, was du dir vorgenommen hast«, gab sie zurück. »Du hast die Partei nach über 30 Jahren an die Regierung geführt, das beste Ergebnis seit Bestehen des Landes erzielt, was willst du mehr?«

Doch ich konnte meine Freunde nicht im Stich lassen. Da hat meine Frau gesagt: »Das wird nichts, damit zerstörst du dein Lebenswerk.« Aber gerade das ist etwas, was mich anspornt – scheinbar aussichtslose Situationen zu meistern. Wahrscheinlich ist diese Haltung darin begründet, dass ich in meinem Leben immer der Jüngste und Kleinste war und mich deshalb immer beweisen musste. Mein Motto lautet: Auf jeden Fall muss man es wenigstens *versuchen*. Menschen, die jeder Herausforderung aus dem Weg gehen, kann ich nicht verstehen. Das Entscheidende ist nicht, dass man zu Boden geht, sondern dass man dann wieder aufsteht.

Es ging also jetzt darum, wieder aufzustehen, und das gelang uns tatsächlich. Wir verloren zwar 2012 im Vergleich zur letzten Landtagswahl kräftig, zogen aber doch mit vergleichsweise stolzen 8,2 Prozent wieder in den Landtag ein – obwohl uns Meinungsforscher noch zwei Monate vor der Wahl mit zwei Prozent ein Scheitern an der Fünf-Prozent-Hürde prophezeit hatten. Daher war die Überraschung am Ende groß – man sprach plötzlich vom »Kubicki-Effekt«.

Ich erinnere mich an diesen Wahlkampf als eine extrem spannende, aber auch sehr angespannte Zeit. Wenn man Spitzenkandidat einer Partei ist, und die Umfragen rutschen immer tiefer in den Keller, dann ist man in großer Sorge, das, was man sich vorgenommen hat, nicht einlösen zu können. Man bekommt Schweißperlen auf der Stirn, wenn man hört, dass die eigenen Mitarbeiter von der Landtagsverwaltung gebeten werden, sich vorsorglich beim Arbeitsamt anzumelden. Man müsse davon ausgehen, dass die FDP-Fraktion nach der Wahl nicht mehr bestehe. Mir war klar, dass ich auch bei meinen Mitarbeitern eine große Motivationsleistung zu erbringen hatte. Ich durfte mir nicht nur nicht anmerken lassen, dass ich selbst in Sorge war. Ich musste Mut zusprechen, immer wieder deutlich machen, dass wir es trotzdem schaffen würden, wenn wir nur wollten. Mir war klar, dass viele Hoffnungen auf mir ruhten.

Es war für viele ein Schlag ins Kontor, als wir zwei Monate vor unserer Wahl bei nur zwei Prozent ausgewiesen wurden. Und wäre das schon nicht Ballast genug, bekamen wir bei den Wahlen im Saarland wenige Wochen später mächtig auf die Ohren. Wir flogen mit Pauken und Trompeten aus dem dortigen Landtag. Damals hatte ich viele unruhige Nächte. Ich habe in Schleswig-Holstein wie ein Löwe gekämpft, das Land im Wortsinn umgepflügt. Und plötzlich bewegte sich etwas: Von Woche zu Woche stiegen die Umfragewerte langsam wieder. In der Nacht vor der Wahl konnte ich kaum schlafen, obwohl ich mir eigentlich sicher war, dass wir es schaffen würden. Trotzdem beschlich mich eine irrationale Angst: Was würde ich meinen Parteifreunden sagen, wenn es wider Erwarten doch nicht klappte? In jener Nacht bin ich immer wieder weggedämmert, dann wieder aufgewacht, und mir fiel einfach nicht ein, was ich sagen sollte. Am nächsten Morgen war ich völlig gerädert.

An jedem Wahltag ist es ein lieb gewordenes Ritual, dass ich mittags, nach einem ausgiebigen Frühstück, mit meinem Freund Vaddi in die Sauna gehe, um zur Ruhe zu kommen und mich zu entspannen. Gewöhnlich bekomme ich im Laufe des Nachmittags die ersten Nachrichten über die Tendenz bei der Wahl. Dieses Mal war es nicht so. Erst spät erhielt ich eine SMS, dass es gut aussehe für die FDP. Ich tippte zurück: »Was heißt gut? 5, 6 oder 7?« Minutenlang keine Antwort. Dann doch: »Mehr.« Ich: »Wie mehr?« Antwort: »Mehr als acht.« In dem Moment sagte ich: »Komm Vaddi, wir machen 'ne Flasche Wein auf.« Die ganze Anspannung der letzten Monate entlud sich in diesem Moment. Wir hatten es geschafft!

Üblicherweise fährt man als Spitzenkandidat bei einer Landtagswahl am nächsten Tag nach Berlin. Es ist die gängige Praxis, dass der Parteivorsitzende mit Blumen gratuliert und man sich der versammelten Hauptstadtpresse stellt. Ich aber fuhr an diesem Montag nicht nach Berlin, denn ich hatte bis morgens um vier gefeiert und unseren Landesvorsitzenden Jürgen Koppelin gebeten, den Blumenstrauß entgegenzunehmen. Er fragte mich: »Und was soll ich denen sagen, warum du nicht hier bist?« – »Dann sagst du einfach: Der schläft seinen Rausch aus.« Genauso hat er's auch gemacht.

Die bundesweiten Umfragewerte stiegen in den nächsten Monaten leider nicht an. Da die Bundestagswahl im folgenden Jahr anstand, drängte ich auf eine Strategieänderung. Diese Änderung konnte ich aber nur anstoßen, wenn ich auch im Präsidium der Partei sitzen würde. Beflügelt durch meinen Wahlerfolg 2012 dachte ich mir: Diesen Kampf nimmst du jetzt auch noch auf! Im März 2013 gab ich also meine Kandidatur fürs FDP-Präsidium bekannt. Für die Position kandidierte neben mir auch der damalige Bundesminister für wirtschaftliche Zusammenarbeit und Entwicklung Dirk Niebel. Zu ihm hatte ich ein gutes Verhältnis. Er sagte mir, er könne nach meinem Wahlsieg verstehen, dass ich antrete. Dann meldete aber noch Daniel Bahr seine Kandidatur an, seines Zeichens

Gesundheitsminister, was Dirk Niebel als unangemessen empfand und mit boshaften Angriffen auf seinen Kabinettskollegen quittierte. *Zwei* Minister traten gegeneinander an zur Wahl für *eine* Position, ohne vorher etwas abgesprochen zu haben – das war einfach ein unfreundlicher Akt. Daniel Bahr rief auch mich ganz demonstrativ an und sagte: »Ich kandidiere.« Klammer auf, in der Erwartung, dass Sie jetzt zurückziehen, Klammer zu. Da konnte ich ihm nur antworten: »Das ist toll, wir sind doch eine Partei des Wettbewerbs. Es kann nichts Schöneres geben, als wenn Posten in einem wunderbaren Austausch und fairen Wettbewerb verteilt werden. Und einer von uns wird am Ende gewinnen. Das wird ein lustiger Parteitag.«

Wurde es auch. Von Anfang an zeichnete sich ab, dass Dirk Niebel den ersten Wahlgang nicht überstehen würde. Er hatte im Vorfeld öffentlich Kritik an Parteichef Rösler geübt. Das kam gar nicht gut an. Aber wo würden seine Stimmen im zweiten Wahlgang bleiben, bei Bahr oder bei mir? Als ich zum Podium ging, um meine Bewerbungsrede zu halten, wusste ich nur in groben Umrissen, was ich sagen wollte. Entscheidend ist jedoch immer der Einstieg. Ich fing so an: Ich bin vor 42 Jahren in die FDP eingetreten, nicht um etwas zu werden, sondern um etwas zu bewirken. Und ich kandidiere jetzt wieder nicht, um etwas zu werden, sondern um etwas zu bewirken ... Im Weiteren ging es um politische Inhalte, immer wieder unterbrochen durch Beifall für bestimmte Sequenzen. Man spürt ja schnell, wie der Saal reagiert, und diesmal lief es richtig gut. Die Jungen Liberalen hatten kurz zuvor öffentlich erklärt, man dürfe mich nicht wählen, weil ich nicht teamfähig sei. Da habe ich gesagt: »Hier im Saal sitzen viele, die in der Kommunalpolitik unterwegs sind. Ich selbst bin seit über 20 Jahren Fraktionsvorsitzender in Schleswig-Holstein. Glauben Sie ernsthaft, dass man so lange in der Position bleiben kann, wenn man nicht teamfähig ist?« Spontan fielen mir die Sätze ein: Wir müssen vor den Sozialdemokraten keine Angst haben. Im Gegenteil: Wir können sie bekämpfen und schlagen. Und dann hatte ich mitbekommen, dass Laura Himmelreich im Saal war, die Journalistin, die den Artikel über Rainer Brüderle und das Dirndl geschrieben und damit die große Debatte über Sexismus ausgelöst hatte. Ich habe also gesagt: »Liebe Freunde, ich muss es betonen, Frau Himmelreich ist im Saal: Wir müssen sie schlagen.« Das war natürlich argumentativ gemeint, nicht physisch. Da brach ein Riesenjubel los, für viele löste sich auch in diesem Moment die Frustration über den schlimmen Artikel über Brüderle. Es gingen La-Ola-Wellen durch die Halle. Tatsächlich war es die beste Rede meines Lebens.

Als das Ergebnis des ersten Wahlgangs aufgerufen wurde, traute ich meinen Ohren nicht. Ich hatte fast schon im ersten Anlauf die erforderliche Mehrheit erreicht. Gegen zwei Bundesminister aus den stärksten Landesverbänden. Dirk Niebel hatte die geringste Stimmenzahl und schied für den zweiten Gang aus. Ich war mir immer noch nicht sicher, ob es gegen Daniel Bahr aus dem großen Nordrhein-Westfalen am Ende reichen würde. Im zweiten Wahlgang erhielt ich jedoch mehr als zwei Drittel der Stimmen. Es war unglaublich.

Kaum jemand hätte am Anfang auf mich gewettet. In den Delegiertenbesprechungen der Landesverbände hatte man kurz vor der Abstimmung noch die Parole ausgegeben, wählt auf keinen Fall den Kubicki. Im Saal hat das aber niemanden mehr interessiert. Zum ersten Mal seit langer Zeit erlebte ich an diesem Tag, wie sich die Partei befreite. Dass die Parteimitglieder sagten, wir folgen jetzt nicht irgendwelchen Ratschlägen und Weisungen, sondern lediglich unserem Empfinden. Das konnte man spüren. Ich war auf früheren Parteitagen mehrfach durchgefallen bei der Wahl zum Bundesvorstand oder musste in den zweiten oder dritten Wahlgang. Kubicki nicht wählen, den Querulanten, der sich nichts sagen lässt – das hatte bis dahin funktioniert. Aber diesmal konnte ich im Saal erleben, dass sich die Parteimitglieder damit nicht mehr abfinden wollten. Die Idee, eine Partei hat einen Vorsitzenden und was der sagt, ist Gesetz, war in meinen Augen schon immer wenig demokratisch. Die Wertigkeit eines Vorsitzenden ist genauso groß wie die Wertigkeit eines einzelnen Mitglieds. Und gerade die FDP muss Meinungsfreiheit und Meinungsvielfalt nach außen und nach innen hochhalten. Lange Zeit hielten sich die Sympathien für meine Person in der Partei in sehr engen Grenzen. Von 2012 an, mit der gewonnenen Wahl in Schleswig-Holstein, wurde das aber anders. Plötzlich wurde es als positiv angesehen, dass ich meine Meinung offen kundgetan habe.

Wiederaufbauarbeiten

Ich persönlich erlebte also eine gute Zeit in den Jahren 2012/13. Mit dem sensationellen Wahlergebnis in Schleswig-Holstein und meiner überraschenden Wahl ins Präsidium schaute man auch aus dem fernen Berlin häufiger nach Kiel. Für meine Partei hingegen ging es weiter bergab, bis die Katastrophe kam: Die Bundestagswahlen 2013 gingen mit Pauken und Trompeten verloren. Wir flogen aus dem Parlament. Keine vier Jahre hatte es gedauert vom Höhenflug 2009 bis zur absoluten Bankrotterklärung mit kläglichen 4,8 Prozent der Stimmen. Zum ersten Mal in der Geschichte der Bundesrepublik würden die Freien Demokraten nicht mehr im Bundestag vertreten sein. Der Wahlkampf war grausam, vor allem in den letzten

Wochen, als sich abzeichnete, dass ein Scheitern nicht auszuschließen war. Grausam und demütigend. In ihrer Verzweiflung biederte sich die Parteispitze bei der Union an. Kurz vorher waren wir auch in Bayern aus dem Landtag geflogen, und nun bettelte man förmlich um Wählerstimmen. Ohne Erörterung im Präsidium wurde öffentlich erklärt, dass sich die FDP-Kandidaten doch mit der Union absprechen sollten: Wir würden den Kandidaten von CDU und CSU bei der Erststimme unterstützen, und die sollten im Gegenzug dafür werben, dass wir die Zweitstimmen bekämen. Wir in Schleswig-Holstein entschieden sofort, dass wir da nicht mitmachten. Wir konnten doch nicht Direktkandidaten, die viel Zeit, Geld und Engagement für die Freien Demokraten investiert hatten, zuerst in den Wahlkampf schicken, um dann eine Woche vor Toresschluss zu sagen: Wir brauchen euch nicht mehr. Das ging gar nicht. Am Ende landeten wir in Schleswig-Holstein bei über fünf Prozent, lagen also über dem Bundesschnitt. Vielleicht gerade weil wir uns der Zweitstimmen-Kampagne verweigert hatten.

Viel Zeit zum Trauern gab es nicht. Denn nun mussten wir so schnell wie möglich die Frage beantworten: Was nun, FDP? Wie geht's jetzt weiter? Am Wahlabend war ich bei Schließung der Wahllokale um 18 Uhr zunächst in Kiel, auf der Wahlparty der Landespartei, und sagte meinen Parteifreunden: »Ich habe zwei Nachrichten für euch, eine gute und eine schlechte. Ich fange mit der schlechten an: Wir sind aus dem Bundestag geflogen. Und jetzt kommt die gute: Weil ich nicht nach Berlin gehe, bleibe ich euch erhalten.« Da brandete ein solcher Beifall auf, dass sich die versammelten Journalisten fragten, was bei der FDP Schleswig-Holstein denn los sei. Mit Jubel im Angesicht der Niederlage hatte nun wirklich niemand gerechnet.

Ich entschied mich, nachts noch nach Berlin zu fahren und

die Dinge in die Hand zu nehmen. Ich verabredete mich mit Christian Lindner, und wir trafen uns um Mitternacht im Hotel Savoy in Charlottenburg. Die Stimmung war miserabel. Und dann haben Christian und ich angefangen zu reden. Es war klar, dass am nächsten Morgen die gesamte FDP-Führung zurücktreten würde. Man konnte aber die Partei jetzt nicht führungslos lassen, schnell musste es eine neue, eine klare Perspektive geben. Die Partei hätte eine lange Zeit der Ungewissheit über ihre Zukunft mit Sicherheit zerrissen. Wir erörterten verschiedene Modelle. Zunächst sprachen wir darüber, wer neuer Parteichef werden solle. Ich sagte zu Christian: »Du bist der ideale Mann, denn du bist die Zukunft, ich bin die Vergangenheit.« Und er fragte mich – nach meiner Erinnerung –, ob ich denn sein Generalsekretär werden wolle. Ich lehnte sofort ab und erklärte, ich würde als sein erster Stellvertreter kandidieren.

Aber ich versicherte Christian Lindner, dass ich alles tun würde, was in meiner Macht stehe, um die FDP 2017 mit ihm gemeinsam wieder in den Bundestag zu führen. Und auf eines werde er sich verlassen können: dass es keine öffentliche Äußerung von mir geben werde, die ihn infrage stelle, ihn kritisiere. Es sei denn, wir hätten vorher darüber gesprochen. Wann immer eine Grenze erreicht sei und nach meiner Einschätzung etwas in die falsche Richtung laufe, würde ich erst mit ihm sprechen. Und es werde auch keine Hintergrundgespräche geben, in denen ich irgendwelche Sottisen über ihn ablassen würde. Wir hatten beide miterlebt, wohin es führt, wenn die Führungspersönlichkeiten der Partei gegeneinander arbeiteten. Das konnten wir uns in der außerparlamentarischen Opposition noch viel weniger leisten.

Im Laufe der vergangenen vier Jahre ist aus diesem Pakt ein tiefes Vertrauensverhältnis entstanden. Damals, zur Mitternachtsstunde im Savoy, war das auf Vorschuss. Wir kannten uns eher aus der Ferne und hatten bislang relativ wenige Berührungspunkte. Danach ging es sofort los. Wir als FDP mussten wieder aufstehen und hatten keine Zeit zu verlieren. Wir besuchten jede kleinere und größere Veranstaltung. Wir ließen kein Interview aus, waren bei zahllosen Verbänden und tingelten durch die Republik, um die FDP bei den Wählerinnen und Wählern in Erinnerung zu halten, das ramponierte Image wieder aufzupolieren und sie wieder wählbar zu machen. Diese vier Jahre zwischen 2013 und 2017 waren so intensiv, dass ich am Ende sagte: Ein zweites Mal geht das nicht. Diese Jahre haben nicht nur mich an den Rand meiner Leistungsfähigkeit gebracht, haben mir extrem viel abverlangt. Auch meine Frau und meine Freunde haben mich immer weniger zu Gesicht bekommen. Und ohne das Engagement der vielen Mitglieder, die stolz und aufrecht für die Partei in der APO weitergekämpft haben, die Mitarbeiter der Partei, die sich noch engagierter für den Erfolg reingehängt haben, wäre es nicht gelungen. Wer in diesen Jahren für die FDP gestritten hat, war in einer Schicksalsgemeinschaft. Denn für uns alle war klar: Wenn wir es jetzt nicht schaffen, dann nie. Dann ist die Partei ermattet und dem Tod geweiht.

Als wir an jenem Abend im Savoy um zwei oder halb drei auseinandergingen, hatten wir uns noch versprochen, dass wir uns am Wahlsonntag 2017 zur selben Zeit am selben Ort wiedertreffen würden. Wir waren fest entschlossen, uns dann in die Arme zu fallen und zu sagen: Wir haben es geschafft. Und wir würden den gleichen Wein trinken, Christian Lindner würde wieder Zigarren rauchen. Genauso kam es: Wir trafen uns tatsächlich am Wahlabend 2017 kurz nach Mitternacht im Savoy wieder. Es war der Abschluss einer unglaublichen Aufholjagd und einer Wiederbelebung der Freien Demokraten. Nie habe ich Lindner so gelöst gesehen wie an diesem Abend.

Nun gab es ein neues Ziel: Wir wollten die Aufwärtsbewegung verstetigen. Wir haben uns vorgenommen, die FDP dauerhaft bei zehn Prozent plus zu stabilisieren. Wir waren und sind uns im Klaren, dass dieses Ziel ambitioniert ist. Aber ich bin mir sicher, auch das werden wir noch schaffen.

V.
Jamaika

Karibische Gefühle an Förde und der Spree

So kamen wir also 2017 zurück in den Bundestag, mit stolzen 10,7 Prozent. Ich selbst wurde zum Vizepräsidenten des Bundestags gewählt. Und für unsere Partei erschien verheißungsvoll eine mögliche Regierungsbeteiligung am Horizont: Jamaika! Zwar war auch eine Wiederauflage der Großen Koalition rechnerisch möglich, zu der es bekanntlich letztlich kam, denkbar war aber auch ein Bündnis von Union, FDP und Grünen. Und tatsächlich ging ich frohen Mutes in diese Gespräche, hatten wir doch gerade im Frühsommer nach der Landtagswahl in Schleswig-Holstein mit Daniel Günther (CDU) und Robert Habeck (Grüne) eine entsprechende Konstellation eingetütet.

Die Anbahnung der Koalition in Kiel war auch schon nicht ganz einfach. Und klar war auch: Dies konnte aus verschiedenen Gründen keine Blaupause für den Bund sein. Bevor die Verhandlungen in Kiel beginnen konnten, wollten wir das Ergebnis aus Nordrhein-Westfalen, wo eine Woche nach uns gewählt werden sollte, nicht nur abwarten. Wir mussten im Hintergrund auch Vorkehrungen für eine entsprechende Koalition treffen. Die Grünen kamen aus einer Koalition mit Sozialdemokraten und dem Südschleswigschen Wählerverband (SSW) und hätten nun erklären müssen, warum sie ihre Politik mit CDU und FDP besser umsetzen konnten. Sie standen bei der SPD eigentlich im Wort, möglich wäre eine weitere rot-grüne Zusammenarbeit aber nur mit den Freien Demokraten in einer Ampelkoalition.

Für uns war wiederum klar, dass eine Ampel bei den eigenen Mitgliedern schwer vermittelbar gewesen wäre. Torsten Albig hatte kurz vor der Wahl mit einem peinlichen *Bunte*-Interview die Niederlage der SPD mit verursacht, war also klarer Wahlverlierer. Sein Landesvorsitzender Ralf Stegner war zudem für meine Landespartei ein rotes Tuch. Stegner hatte über Jahre gegen die »Egoisten« und »reichen Erben« der FDP polemisiert, und dann sollten wir mit ihm koalieren? Das war ausgeschlossen. Ich habe später scherzhaft erklärt, selbst meine Macht sei nicht groß genug, um meine Parteifreunde von einer Koalition mit Stegner zu überzeugen. Die Ampel schied also für uns aus.

Uns kam gelegen, dass Torsten Albig seine Niederlage nicht einsehen wollte und einen harten Kurs auf ein rot-gelb-grünes Bündnis nahm. Wir erklärten, eine Ampel sei nicht unmöglich, aber mit dem Wahlverlierer Albig ausgeschlossen. Mit ihm sei definitiv kein Neuanfang zu gestalten. Als Albig auch noch einen Tag nach der krachenden SPD-Niederlage in Düsseldorf an dieser Position festhielt, stieg der Druck auf uns. »Ihr müsst jetzt die Ampel definitiv ausknipsen«, hieß es. »Denn dann können die Grünen auch in Richtung Jamaika springen.« Am kommenden Tag, Dienstag den 16. Mai 2017, hörten wir morgens gegen halb elf aus einer zuverlässigen Quelle, dass Torsten Albig um 12 Uhr eine Presseerklärung abgeben wollte. Dort würde er erklären, dass er für eine weitere Amtszeit nicht zur Verfügung stehe. Die Sozialdemokraten hofften, dass der Weg für die Ampel damit freigeräumt wäre. Um die Jamaika-Option nicht zu gefährden, mussten wir also schnell handeln und vor zwölf den Sack zumachen. Ich rief bei der Deutschen Presseagentur an und erklärte: Bei der FDP ist die Entscheidung gefallen. Die Ampel scheidet aus.

Stegner kochte. Hätten wir kurz nach zwölf unseren Verzicht auf die Ampel erklärt, wäre eines unserer Hauptargumente gegen die Ampel entfallen. Uns wurde berichtet, dass Stegner rasend vor Wut durch die Gänge des Landeshauses lief. Er hatte sich in dieser Situation offensichtlich verhoben.

Die Sondierungsgespräche mit den Grünen gestalteten sich überraschend gut gelaunt. Bei unserem ersten Treffen, das einen Tag vor unserer Ampel-Absage stattfand, waren beide Seiten zunächst extrem angespannt. Die Grünen standen ja immer noch im Wort bei der SPD, sich auch um die Ampel zu bemühen. Intern hatten wir schon sehr deutlich gemacht, dass für uns die Ampel grundsätzlich nicht infrage käme. Nach draußen kommunizierten wir das selbstverständlich noch nicht. Solange noch alle Optionen möglich waren, so unser Kalkül, wären die Schwarzen eher zu Kompromissen geneigt, weil sie unbedingt an die Regierung wollten. Nach dieser ersten angespannten halben Stunde mit den Grünen lockerte sich die Stimmung unter uns Emissären. Und zwar so sehr, dass wir sagten, wir können jetzt nicht rausgehen zu den vielen wartenden Journalisten und sagen, wir hätten ein tolles Gespräch gehabt, sondern wir müssen noch mindestens eine halbe Stunde lang so tun, als würden wir hart und intensiv diskutieren. Die Fraktionsvorsitzende der Grünen, Eka von Kalben, sagte schließlich, jetzt, wo es doch überraschend nett zugehe, könne man doch eine Flasche Wein öffnen. Darauf sagte ich: »Aber nur, wenn es kein Bio-Wein ist.« Sie: »Natürlich, ich trinke auch anderen guten Wein.«

Wolfgang Kubicki, zwei Jahre alt,
auf der Großen Straße in Lehndorf.

Mit Tante Mia in Lehndorf, 1953

Wolfgang Kubickis Eltern mit Enkelkindern

Mit Tante Elli vor dem Haus in Lehndorf

Mit Onkel Kurt auf dem Hof, um 1956

Grundschule erste Klasse, 1958

Wolfgang Kubicki auf dem Hof vor der Hundehütte

Kubicki (untere Reihe, 2 v. li.) bei der B-Jugend Eintracht Braunschweig

Wolfgang Kubicki beim FC Landtag Mitte 1990er Jahre

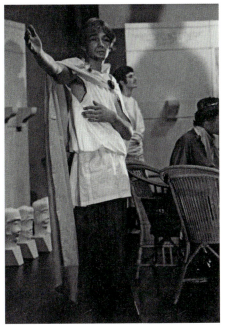

Wolfgang Kubicki als römischer Senator in der Theater-AG der Hoffmann-von-Fallersleben-Schule

Auf dem Abschlussball der Tanzstunde 1967 mit einer unbekannten Schönheit

Wolfgang Kubicki mit seinen Geschwistern, um 2000

Wolfgang Kubicki mit seinen Töchtern und Hund „Puma", 1995

Mit Ehefrau Annette Marberth-Kubicki, 2017

Am Tag der Vereidigung zum Anwalt, 1985

Kubicki mit Wolf-Dieter Zumpfort (Mitte) und Rolf Spindelhirn (links) auf der Delegiertenkonferenz der Jungdemokraten, 1974 in Kiel

Landesparteitag der FDP Schleswig Holstein 1976 in Segeberg. Mit Jürgen Koppelin (li.), Heiner Bremer (re.) und dessen Ehefrau Christl Rehmenklau-Bremer

Wolfgang Kubicki und Jürgen Möllemann, Ende 1990er Jahre

Möllemann und Kubicki nach einem Tandemfallschirmsprung in Altendorf bei Kiel.
Im Hintergrund Jürgen Koppelin, Landesvorsitzender der FDP Schleswig-Holstein

Mit SPD-Politiker Ralf Stegner beim Tag der offenen Tür im Landtag von Schleswig-Holstein beim gemeinsamem E-Sport-Spiel, 2007

Wolfgang Kubicki nach der 18-Uhr-Prognose bei der LTW 2012 in Schleswig-Holstein

Hermann Otto Solm, Christian Lindner und Wolfgang Kubicki bei der Sitzung des FDP-Präsidiums 2017

Info-Wehrübung 2001 – hier auf einer Fregatte

Auf dem Motorrad, 2009

Wahlkampf 1992

Wahlkampf 2012

Nach weiteren Gesprächen mit der CDU empfahlen wir schließlich die Aufnahme von Koalitionsverhandlungen.

Der weite Weg nach Jamaika

Viel mühsamer waren die Verhandlungen im Bund. Die SPD hatte die Neuauflage der Großen Koalition zunächst kategorisch ausgeschlossen, und so richteten sich alle Augen auf Jamaika. Rein rechnerisch war dies das einzige Bündnis, das einigermaßen realistisch erschien. So begannen vier Wochen nach der Bundestagswahl, am 24. Oktober, die Sondierungsgespräche. Wir alle sind mit dem Gefühl gestartet: Ja, das kann was werden. Aber schon nach den ersten zwei Runden zeigte sich, dass die Hindernisse sehr hoch waren – und im weiteren Verlauf immer höher wurden. Bei bestimmten und ganz wesentlichen Punkten lagen wir meilenweit auseinander. Und was noch entscheidender war: Die Bundeskanzlerin, damals noch CDU-Chefin, konnte weder Christian Lindner noch mich richtig einschätzen. Dazu kam ihr Dauerstreit mit Horst Seehofer in der Flüchtlingsfrage. Man könnte auch sagen, es saßen für Angela Merkel zu viele Leute am Tisch. Zu viele Unwägbarkeiten im Spiel der Kanzlerin. Und weder Grüne noch Schwarze hatten die FDP nach vier Jahren außerparlamentarischer Opposition überhaupt auf dem Schirm. Sie hatten die Veränderungen in der Partei zwischen 2013 und 2017 nicht mitbekommen, sondern uns genauso eingestuft, wie sie die Partei bis 2013 gesehen hatten. Sie dachten: Die FDP wird am Ende sowieso immer springen. Die Liberalen wollen unbedingt in die Regierung.

Schwarz-Grün war sich dagegen untereinander eigentlich schon einig, sie hatten vorher miteinander geredet. Es war faszinierend zu beobachten, wie beispielsweise Peter Altmaier mit führenden Grünen bereits Einigungen getroffen hatte. Die übergroße Mehrheit der Hauptstadtjournalisten war der Auffassung, nun sei es an der FDP, Schwarz-Grün zur Mehrheit zu verhelfen. War es aber nicht. Weder Christian Lindner noch ich selbst strebten mit Macht in ein Ministeramt. Für mich war das deshalb wenig interessant, weil ich eigentlich meinen Anwaltsberuf weiter ausüben wollte. Und Lindner wollte nicht Minister werden, weil er zutreffend davon ausging, dass die Einbindung ins Kabinett ihn in seinen Entfaltungsmöglichkeiten beschränken würde. Deshalb war für ihn viel wichtiger, Beinfreiheit als Fraktionsvorsitzender zu haben. So blieb ihm die Möglichkeit, zu allem etwas sagen und so auch die Partei positionieren zu können.

Bei unserem ersten kleinen Treffen im Kanzleramt, zu dem Angela Merkel die acht wesentlichen Personen eingeladen hatte, sagte ich: »Frau Bundeskanzlerin, gehen Sie davon aus, dass es Christian Lindner und mir vor allen Dingen darum geht, die FDP bei zehn Prozent plus zu stabilisieren. Diesem Ziel werden wir alles andere unterordnen.« Sie wirkte überrascht, das glaubte sie mir wohl nicht, sondern sie ging wie alle anderen auch davon aus, dass es reichen würde, wenn wir drei oder vier Ministerien und dazu noch Staatssekretäre bekämen. Sie kam offensichtlich nicht auf den Gedanken, dass wir uns in der Verpflichtung sahen, auch Dinge umzusetzen, für die wir gewählt worden waren. Wir hatten uns also so aufgestellt, dass es für uns bestimmte unverrückbare Punkte gab, die erreicht werden mussten. Sonst machte es keinen Sinn, dass wir uns an der Regierung beteiligten. Weil die Menschen, die uns ihre Stimme und ihr Vertrauen gegeben hatten, sonst daran zweifeln würden, dass wir es wirklich ernst meinten. Wir wollten die Fehler von 2009 auf keinen Fall wiederholen und unsere Glaubwürdigkeit aufs Spiel setzen.

Während der Sondierung stellten wir schon bald fest, dass unser potenzieller Koalitionspartner uns von vorne bis hinten belog. 14,7 Milliarden Euro seien im Topf für die kommenden vier Jahre, hatte Peter Altmaier, damals geschäftsführender Finanzminister, zu Beginn gesagt, mit denen könnten wir etwas gestalten. Mein Kollege Volker Wissing und ich sahen uns daraufhin die mittelfristige Finanzplanung und die Haushaltsplanung genauer an und stellten fest, dass es eigentlich doch um eine weit höhere Summe gehen müsste – um mehr als 30 Milliarden Euro. 14 Tage später wiederum gab es ein nettes kleines Gespräch zwischen Jens Spahn, damals Finanzstaatssekretär, und mir. Er rief mich am nächsten Morgen an und sagte: »Herr Kubicki, tatsächlich sind es sogar 47 Milliarden Euro.« Wie bitte?, dachte ich. Was ist das denn für eine Nummer? Innerhalb von drei Wochen stieg die Summe, die im Topf lag, von 14,7 auf 47 Milliarden Euro. Zum Schluss waren es sogar 54 Milliarden, und als nach dem Jamaika-Aus die Große Koalition startete, waren es sage und schreibe 64 Milliarden Euro. Wer auf solchen Unwahrheiten eine Vertrauensbasis für vier Jahre aufbauen will, macht auf jeden Fall etwas falsch.

Manche Diskussionen waren regelrecht skurril. Wir sagten zum Beispiel, wir brauchen unbedingt zwölf Milliarden Euro für die Digitalisierung der Schulen, für WLAN und Tablets für Schülerinnen und Schüler, aber auch für die Lehrerausbildung und Weiteres mehr. Zu tun gibt es in diesem Bereich leider eine ganze Menge. Hier ist der Nachholbedarf riesig. Die Kanzlerin antwortete, das sei zu viel Geld, so viel sei nicht vorhanden. Außerdem habe sie keine Lust, sich schon zu Beginn ihrer Regierungszeit Ärger mit den Ministerpräsidenten Kretschmann, Bouffier und Seehofer einzuhandeln. Man müsste ja für diese Milliarden-Finanzspritze des Bundes die Verfassung ändern, Schule sei Ländersache, und die drei Ministerpräsidenten sagten unisono, sie ließen sich nicht in den Föderalismus hineinregieren. Als Nächstes kam der grüne Kollege Jürgen Trittin. Er wiederum sagte, das mit den zwölf Milliarden finde er ganz toll. Aber er brauche noch weitere zwölf Milliarden für »faire Wärme«. Was das denn sei, fragte ich ihn. Wisse er auch nicht, sagte er, aber es sei ihm von seinen Leuten so aufgetragen worden. Auf diesem Niveau wurde verhandelt.

Die Sondierungsgespräche fanden auf drei Ebenen statt. Es gab die ganz große Ebene mit mehr als 50 Teilnehmern, unter Beteiligung der CDU-Ministerpräsidenten, einigen Ministern und anderen mehr. In dieser Riesenrunde trafen wir uns ganz zu Anfang und taten im Grunde nichts anderes, als uns erst einmal mehrere Stunden lang unsere jeweiligen Wahlprogramme vorzulesen. Die Kanzlerin meinte offenbar aus mir unerfindlichen Gründen, dass dies sinnvoll sei. Tatsächlich fingen wir nicht an, über die Gemeinsamkeiten, sondern über die Unterschiede, das Trennende zu reden. Zwar langsam, aber zuverlässig verbreitete sich bei allen Beteiligten das Gefühl: Das wird hier nichts. Dann gab es, als weitere Ebene, die Arbeitsgruppen zu den jeweiligen Themenbereichen wie Außenpolitik, Sicherheitspolitik, Wirtschaftspolitik, Energie und so weiter.

Ich nahm unter anderem an der Arbeitsgruppe Finanzen teil. Für uns war klar, wir wollten das Finanzministerium bekommen. Das war einer unserer unverrückbaren Punkte. Und dieses Ministerium sollte durch mich besetzt werden. Christian Lindner hatte mich wenige Wochen vorher in einem längeren Gespräch darum gebeten, diese Verantwortung zu übernehmen. Ich sagte, dass ich eigentlich auch Fraktionsvorsitzender zu werden wünschte, aber für das Wohl der Partei würde ich dafür antreten. Und zu guter Letzt gab es eine kleine

Runde, die aus Seehofer und Dobrindt, Merkel und Kauder, manchmal auch Altmaier, Göring-Eckardt und Özdemir, Lindner und mir bestand. Diese Runde war sozusagen die Gruppe, die am Ende den Knoten durchschlagen sollte. Nach etwa 14 Tagen hatte sich mein anfänglich positives Gefühl ins Gegenteil gewandelt. Ich schrieb an Daniel Günther und Robert Habeck, mit denen ich Jamaika in Kiel verhandelt hatte: »Das wird nichts! Wir kommen hier nicht zusammen.« Die beiden waren der gleichen Meinung. Habeck hat später selbst zugegeben, insgesamt ein Dutzend Mal seien die Grünen vor dem Absprung gewesen, so ginge es nicht weiter, das funktioniere einfach nicht. Wir brachen die Sondierungen dennoch nicht ab, machten weiter, bis die Bremsen immer stärker griffen. Viereinhalb quälende Wochen lang versuchten wir es, am Ende ohne Erfolg.

Was uns während dieser ganzen Zeit wirklich unheimlich ärgerte, war die Außenkommunikation. Permanent wurde aus den internen Gesprächen sofort alles gleich nach außen gegeben, und was nach außen kommuniziert wurde, galt als abgehakt und von allen Beteiligten als zugestanden. Die Grünen hatten selbst immer erklärt, nichts ist geeint, bevor nicht alles geeint ist. Aber wenn in einer Arbeitsgruppe ein Streitpunkt so weit geklärt war, dass er für die Grünen positiv war, lasen wir plötzlich: Dies oder das ist geeint und damit unverrückbar. Eine interessante Taktik – und alles andere als vertrauensbildend. Für Cem Özdemir und Katrin Göring-Eckardt wäre Jamaika die letzte Chance gewesen, ein Ministeramt zu bekommen. Das führte dazu, dass sie in den Arbeitsgruppen zu sehr viel mehr Kompromissen bereit waren als ihre eigene Partei. Nach Rücksprache mit der Partei kamen sie manchmal zurück und teilten uns nur schulterzuckend mit, dass sie einen Rückzieher machen müssten: Unsere Leute haben gesagt, das geht doch nicht. Irgendwann platzte mir der Kragen, und ich sagte, ich wolle jetzt mal die Leute sprechen, die bei den Grünen in Wirklichkeit entscheiden. »Auf diese Weise machen die Sondierungen doch keinen Sinn, dass wir stundenlang reden und sagen, so und so packen wir es an. Und anschließend kommt ihr am nächsten Tag und sagt: Geht doch nicht.«

Der Eindruck verfestigte sich, dass wir scheitern würden. Und trotzdem machten wir weiter. Denn – es ist ein großes Wort, aber es stimmt – wir hatten eine historische Verantwortung. Mit dem Scheitern von Jamaika hätte die Republik nämlich erst einmal als anscheinend unregierbar dagestanden. Und ich hatte ja in Schleswig-Holstein erfahren, dass es klappen kann mit Jamaika. Dort hatten nicht nur die Koalitionsverhandlungen relativ reibungslos funktioniert, auch das Regieren klappte mittlerweile schon ganz gut.

Aber Kiel taugte eben nicht als Vorbild für Berlin. Wenn man bei bestimmten Fragen über seinen eigenen Schatten springen und diesen Kompromiss anschließend öffentlich kommunizieren muss, ist es immer hilfreich, wenn die anderen einem zur Seite stehen. In Schleswig-Holstein hatte es zu keinem Zeitpunkt eine Situation gegeben, in der etwa die FDP nachgegeben hat und die Grünen hinterher sagten, sie hätten uns gerade über den Tisch gezogen. Und umgekehrt auch nicht. Wenn man kein Vertrauen in die andere Seite entwickelt, geht es am Ende nicht mehr um ein gemeinsames politisches Ziel, um Problemlösung, sondern um parteipolitische Geländegewinne, egoistische Interessen. Das wollten wir in Kiel nicht und haben uns entsprechend verhalten. In Berlin sah das ganz anders aus. Hier wurde dauernd kommuniziert, wie gut die einen und wie schlecht die anderen sind.

Nach einer kurzen Honeymoon-Phase waren die Sondierungen größtenteils von Misstrauen getragen. Wir waren misstrauisch, weil wir davon ausgingen, Schwarz-Grün habe sich in wesentlichen Punkten vorher schon geeinigt. Und die FDP wurde jetzt nur noch als Mehrheitsbeschafferin ohne eigene politische Agenda gebraucht. Ein Beispiel: Peter Altmaier hatte mir versprochen, mir die Zahlen aus dem Finanzministerium vorzulegen. Plötzlich hieß es aber, das gehe nicht, weil wir noch nicht in der Regierung seien. Aus diesem Grund dürfe er uns die Zahlen nicht zeigen. Als ich eines Tages aus dem Finanzministerium kam, traf ich Jürgen Trittin, der sich auf dem Weg ins Gebäude befand. Er gehe gerade ein paar Zahlen abholen, sagte er mir ganz offen. Die habe er angefordert, und die bekomme er jetzt.

Aber Peter Altmaier hatte nie aus seinem Herzen eine Mördergrube gemacht und bestritten, dass er unbedingt für Schwarz-Grün war. Ein solches Handeln mit zweierlei Maß schaffte aber keine vernünftige Diskussionsebene. Am Donnerstag, drei Tage vor dem endgültigen Scheitern der Sondierungen, saßen wir noch einmal bis morgens um vier Uhr in der Parlamentarischen Gesellschaft zusammen und versuchten, bei einigen Big Points so etwas wie eine Einigung zu erzielen. Die später kolportierte Behauptung, dass die CSU und die Grünen sich an diesem Abend über eine Obergrenze für Flüchtlinge geeinigt hätten, ist übrigens falsch. Sie waren sich überhaupt nicht einig. Mit den Ansätzen in der Flüchtlingspolitik der CSU auf der einen und der Grünen auf der anderen Seite ließ sich kein gemeinsamer Nenner finden, ohne dass einer von beiden mit Gesichtsverlust herausgegangen wäre. Den Kompromiss hätte man vielleicht an anderer Stelle kompensieren können, doch es existierte kein Thema, das gleichwertig gewesen wäre. Morgens um vier, ich war völlig übermüdet und zermürbt, kündigte ich an, ich würde jetzt nach Hause gehen, duschen und nicht wiederkommen. Christian Lindner aber hielt mich zurück und redete auf mich ein, das könne ich nicht machen. »Wenn du jetzt nicht wiederkommst«, sagte er, »ist die Veranstaltung zu Ende.« Auch die Kanzlerin erinnerte mich daran, ich hätte doch in einem Interview gesagt, auf zwei, drei Tage mehr oder weniger komme es nicht an, dann könne man doch auch bis Sonntag weitermachen. An jenem Freitagmorgen hatte ich im sedierenden Halbschlaf auf die Frage eines Journalisten nach meinem größten Problem geantwortet: Dass ich keine weißen Hemden mehr hätte, nur noch bis heute. Weil ich dachte, wir würden am Ende der Woche nach Hause fahren. Mein Büro hat sofort reagiert und erst mal neue Hemden eingekauft.

Und dann kam das entscheidende Wochenende: Trittin gab *Bild am Sonntag* ein Interview, und ich erhielt am Samstagabend, relativ früh gegen 20 Uhr, eine Vorabinformation. Ich saß mit Andi Scheuer von der CSU im Hotel de Rome, zeigte ihm die Nachricht und sagte: Wenn meine Leute das hier lesen, sind die Gespräche beendet. Denn erstens sagte Trittin in dem Interview, wir, die FDP, entwickelten uns zu Europafeinden. Außerdem würden wir im Bereich der Migration eine menschenfeindliche Politik vertreten. Eine wirklich interessante Idee, so den letzten Tag der Sondierungsgespräche zu beginnen. Am Sonntagmorgen kam Christian Lindner demonstrativ mit der *BamS* unterm Arm zu den Verhandlungen. Mir wurde bewusst: Dieser Tag wird nicht gut enden. Wir trafen uns zunächst in kleiner Runde ohne die Grünen, und Lindner sagte zur Bundeskanzlerin: »Frau Dr. Merkel – er redete sie als CDU-Chefin an, ich als Regierungschefin mit Frau Bundeskanzlerin, das fand ich höflicher –, nach unserer Einschätzung kommen wir auch heute nicht zu einem Punkt, an dem wir unserer Partei empfehlen können, in Koalitionsverhandlungen einzutreten. Im Übrigen ist es geradezu ein unfreundlicher Akt der Grünen, am letzten Tag unserer Sondierungen öffentlich zu dokumentieren, dass die FDP eine Partei sei, der man Unmoral bescheinige.« Die Kanzlerin entgegnete: »Aber wir können es doch noch mal versuchen, Herr Lindner.« Und Volker Kauder sekundierte, wir hätten doch noch genug Zeit. Die hatten wir tatsächlich. Eigentlich war 18 Uhr als Deadline vereinbart, ich hatte aber irgendwann den Journalisten gesagt: »Wir haben Jamaika-Zeit vereinbart, das wäre also um 24 Uhr.« Alexander Dobrindt wies noch einmal ausdrücklich darauf hin, dass, wenn es zu Ende sei, es *gemeinsam* zu Ende sei, dass also alle vier beteiligten Parteien eine gemeinsame Erklärung abgeben würden. Damit waren wir einverstanden.

Also versuchten wir es noch einmal. So saßen wir erneut zusammen, und am frühen Nachmittag meinte die Kanzlerin, sie wolle jetzt genau wissen, was für uns wichtig sei – nach viereinhalb Wochen! Christian Lindner hatte neun oder zehn Punkte handschriftlich aufgeschrieben, unter anderem die vollständige Abschaffung des Solidaritätszuschlags, wesentlich mehr Geld für die Bildung (zwar nicht mehr die ursprünglich geforderten zwölf Milliarden Euro, aber deutlich mehr als die vier eingeplanten Milliarden) und Abschiednehmen von den nationalen Klimazielen 2020, weil diese in zwei Jahren ohnehin niemals zu erreichen sein würden. Die Kanzlerin las die Punkte und sagte: »Ja, das kann man machen, da kommen wir zusammen.« Christian und ich schauten uns an und dachten nur: Wir sitzen hier viereinhalb Wochen zusammen, und nichts geht – und auf einmal doch? Aber gut, das war wahrscheinlich dieser typische Merkel-Stil zu verhandeln. Erst alles abblocken und dann wird in der Nacht der langen Messer der Knoten durchgeschlagen.

Wir verließen den Raum und gingen nach unten zu unserer Truppe. Christian Lindner trug vor, was wir soeben mit der

Kanzlerin besprochen hatten. Und man war einhellig der Meinung, wenn das jetzt erreicht werde, könnten wir nicht mehr sagen, es mache keinen Sinn in Koalitionsverhandlungen einzutreten. Denn damit hätten wir die Ergebnisse erzielt, die wir brauchten. Wir könnten rausgehen und sagen: Wir sind zwar noch nicht ganz fertig, aber auf einem guten Weg. Gegen 18 Uhr schienen wir also kurz vor der Einigung zu stehen, und unsere Stimmung war nach den mühevollen und kräftezehrenden Wochen fast schon euphorisch. Zu diesem Zeitpunkt erklärten Nicola Beer und Johannes Vogel in Fernsehinterviews, ja, es könne klappen. Auch ich hegte kaum einen Zweifel mehr, war froh, dass mich mein Instinkt dieses Mal getrogen zu haben schien. Ich dachte mir, das alles passte doch genau zum Regierungsstil der Kanzlerin. Sie war bekannt dafür, sich auch bei Verhandlungen in Brüssel gern bis zum Schluss alles offenzuhalten, um beim Finale doch noch eine nicht mehr für möglich gehaltene Einigung aus dem Hut zu zaubern.

Plötzlich war wieder so etwas wie Euphorie vorhanden. Der Glaube, dass es funktionieren könne. Man sitzt ja nicht viereinhalb Wochen zusammen mit dem Ziel, dass es nicht funktioniert. Jetzt schien die Einigung tatsächlich greifbar nah. Doch schnell stellte sich heraus: Wir hatten uns gründlich getäuscht. Wir gingen zurück nach oben, trafen wieder die Kanzlerin, die sich unsere Liste vornahm und anfing, jeden Punkt ein weiteres Mal durchzugehen. Wie gesagt, kurz zuvor hatte sie alles für kompromissfähig befunden. Jetzt hieß es: Machen wir nicht. Nein. Machen wir nicht. Geht nicht. Und so weiter. Bei jedem einzelnen Punkt, sodass wir am Ende von den neun Punkten keinen einzigen mehr auf dem Zettel hatten. Die FDP sollte offenbar keinen Anspruch darauf haben, in einer Regierung auch eigene Projekte umzusetzen. Alexander Dobrindt sagte später öffentlich, dass er unsere Entscheidung verstehen konnte, an dem Abend hätten die Liberalen wirklich nichts auf dem Zettel gehabt. Alle anderen schon, aber die FDP nichts.

Ich beobachtete, wie bei Christian Lindner die Ader an seiner Schläfe anschwoll. Erneut verließen wir den Raum, mittlerweile war es gegen 21 Uhr, und erklärten unseren Mitstreitern, dass von den Ergebnissen am Nachmittag nichts mehr übrig sei. Nach einem kurzen Schock stieg die Wut in allen Beteiligten hoch. Alle waren wir uns nun einig: Das war's! Niemand sagte mehr, wir sollten weitermachen. Um Viertel vor elf gingen Christian Lindner und ich wieder nach oben. Die Grünen waren noch nicht zurück. Und die Kanzlerin fragte: »Wie sieht's aus?« Christian Lindner antwortete: »Wir würden gern auf die Grünen warten, aber wir können jetzt schon sagen, dass wir so nicht in Koalitionsgespräche eintreten werden. Für uns sind die Sondierungsgespräche zu Ende.«

Der Kanzlerin entglitten die Gesichtszüge. Damit hatte sie nicht gerechnet. Als die Grünen hinzukamen, teilten wir auch ihnen unsere Entscheidung mit. Und Horst Seehofer sagte diesen Satz: »Es ist 23 Uhr und irgendwas« – so genau weiß ich das nicht mehr. Und wir: »Horst, was soll diese Feststellung?« Und er: »Das ist ein historisches Datum, das wird nicht nur Deutschland, nicht nur Europa, sondern die ganze Welt erschüttern.« Und deshalb müsse man die Uhrzeit festhalten. Einige sahen Seehofer irritiert an.

Christian Lindner und ich standen vom Tisch auf. Zunächst herrschte eine seltsame Stille, die keiner richtig überbrücken konnte. Wir gingen um den Tisch herum, verabschiedeten uns bei allen persönlich und bedankten uns für die freundliche Gesprächsatmosphäre. Persönlich war es zwischen uns allen einigermaßen manierlich abgelaufen. Wir gingen zur Tür in der Annahme, dass wir jetzt alle gemeinsam rausgehen und vor der versammelten Presse bekannt geben würden: »Die Sondierungsgespräche sind gescheitert.« Als wir die Tür öffneten, hörten wir Seehofer sagen: »Bleibt noch mal hier.« Daraufhin drehten wir uns um, doch er meinte: »Nicht ihr! Sondern die anderen!« Die Tür wurde hinter uns geschlossen, und Lindner und ich standen draußen. Gefühlte fünf Minuten lang, wahrscheinlich waren es nur anderthalb. Er schaute mich an und fragte: »Was machen wir jetzt?« Da standen wir also wie Schulkinder, die man aus der Klasse geworfen hatte. Wir gingen nach unten zu unserer Gruppe. Immer noch dachten wir, die anderen kommen auch gleich runter, und wir stellen uns gemeinsam den Fragen der Presse. Doch nichts geschah, eine Viertelstunde oder 20 Minuten lang. Dann wurde es uns zu bunt, und wir entschieden: Wir gehen jetzt raus vor die Tür. Wir müssen der Presse etwas mitteilen.

Christian Lindner hatte zuvor ein paar Sätze aufgeschrieben. Und wer ihn kennt, der sieht schon allein daran, dass die Behauptung, das Jamaika-Aus wäre von langer Hand geplant gewesen, völlig absurd war. Denn dann hätte er sich hingestellt und vier oder fünf Sätze frei gesprochen. Wir haben noch überlegt, ob man einzelne Punkte nennen sollte, an denen es gescheitert war. Letztlich haben wir uns dagegen entschieden und nur gesagt, dass es insgesamt nicht gepasst habe. Christian Lindner sagte vor der versammelten Presse den berühmten Satz: »Lieber nicht regieren als falsch regieren.« Es ist ein wahrer Satz, den ich auch jetzt immer wieder unterschreiben würde. Im Nachhinein wäre es allerdings besser gewesen, drei oder vier Big Points zu nennen, an denen die Gespräche gescheitert waren. Denn so war den Menschen nicht vermittelbar, warum wir die Sondierungen beendet hatten. Wir alle waren aber völlig fertig und nicht mehr in der Lage, rational, geschweige denn strategisch zu denken.

Kommunikativ war es ein mittelprächtiger Supergau für uns. Wir überließen den kommunikativen Raum der Union und den Grünen, die nun mit dem Finger auf uns zeigen konnten und uns die alleinige Schuld am Scheitern von Jamaika gaben. Christian Lindner fuhr mich anschließend nach Hause. Ich habe noch ein paar Telefonate mit Parteifreunden geführt und über die Frage gesprochen: War das richtig so? Es ist ja immer so, dass man solch wichtige Entscheidungen danach hinterfragt. Aber wir waren uns alle sicher, ohne Ausnahme, und auch mit ein wenig Abstand: Es war die richtige Entscheidung, und das stehen wir auch durch!

Wir waren uns vorher einig, dass wir nicht in eine Regierung eintreten, wenn wir bestimmte Punkte nicht durchsetzen können. Weil das Denunziationspotenzial viel zu groß gewesen wäre. Es wäre wieder das Narrativ entstanden, die FDP denkt nur an die Dienstwagen; die wollen nur ihre Posten, und wenn es in der Sache um etwas geht, sind sie zu allen Schandtaten bereit. In der Union dachte man immer noch, FDP-Wähler seien eigentlich CDU-Wähler, die die CDU sich nur zurückzuholen brauchte. Diese kommunizierenden Röhren gab es früher mal, heute aber nicht mehr. Es gibt kaum einen unmittelbaren Wähleraustausch zwischen FDP und CDU – keine »Leihstimmen«. Was bei Merkel an jenem Sonntagabend zum Umdenken geführt hat – uns erst Zusagen zu machen, die sie kurz danach wieder kassierte –, weiß ich bis heute nicht.

Peter Altmaier sagte mir später: »Wenn wir gewusst hätten, dass Sie anschließend nicht in den Meinungsumfragen einbrechen, hätten wir uns anders verhalten.« Die Union dachte, dass allein der FDP die Schuld zugewiesen werde und wir in den Umfragen von zehn auf vier Prozent abrutschen würden. Aber genau das ist nicht passiert. Laut einer Allensbach-Umfrage unter unseren Wählern, einige Wochen nach dem Jamaika-Aus, befürworteten etwa 90 Prozent unsere Entscheidung. Nur rund zehn Prozent fanden sie schlecht oder hatten keine Meinung. Unsere Wählerinnen und Wähler waren also von dem Ergebnis nicht sehr erschüttert, während diejenigen, die sich Schwarz-Grün erhofft hatten, fassungslos waren, dass es nicht zu Schwarz-Grün plus FDP gekommen war.

Auch ich wurde in den Tagen und Wochen nach dem 20. November 2017 von vielen beschimpft, aber nicht von unseren Wählern. Und es ist auch nicht so, dass niemand unsere Entscheidung nachvollziehen konnte. Alexander Dobrindt konnte es, Robert Habeck konnte es auch – und beide sagten das auch öffentlich. Ich war mir mit Habeck einig, dass schon der Einstieg in die Sondierungen unsinnig abgelaufen war. Man kann solche Gespräche nicht in einer Riesenrunde beginnen. Da muss man sich erst einmal im kleinen Kreis treffen und markieren, was aus der jeweiligen Sicht der Verhandlungsparteien definitiv nicht geht. Nicht als Drohung, aber um Verständnis zu entwickeln. Wir haben uns damals in Schleswig-Holstein auch erst einmal über Privates unterhalten und ein wenig über die Probleme in den eigenen Parteien gesprochen. Und dann zu den Grünen gesagt: Eure Aufgabe ist es aufzupassen, dass die Schwarzen uns nicht über den Tisch ziehen. Unsere Aufgabe ist aufzupassen, dass sie euch nicht über den Tisch ziehen. Wir dürfen uns nicht von der Union gegenseitig ausspielen lassen. Wenn wir uns einig sind, wird die Union immer zustimmen. Diese Strategie hat wunderbar funktioniert.

Die viereinhalb Wochen Sondierung in Berlin waren eine anstrengende, aber auch spannende Zeit und eine lehrreiche Erfahrung. Schon faszinierend: Man sitzt wochenlang zusammen, zwölf bis 14 Stunden, fast jeden Tag, um dann festzustellen, dass man immer noch an dem Punkt ist, an dem man

Wochen zuvor angefangen hat. Wir haben uns die ganze Zeit im Kreis gedreht. Und am Ende hieß es: Die FDP sei schuld. Sie habe Angst zu regieren. Wer dabei war, wusste genau, dass das nicht stimmte.

Es ist nicht unwahrscheinlich, dass Angela Merkel diese Koalition einfach nicht wollte. Es waren ihr zu viele Beteiligte am Tisch, die sie zum Teil nicht richtig einschätzen konnte. Vor allem die Vertreter der FDP, Christian Lindner und mich. Vielleicht hätte sie am liebsten von Anfang an die Große Koalition fortgesetzt. Bei der wusste sie, woran sie war. Merkels Union stolperte erstaunlich planlos in diese Sondierungen. Man hatte bei den Gesprächen nie das Gefühl, dass sie Punkte vertrat, die für sie unverrückbar waren. Und nach wochenlangem Gewürge kam es so, wie Angela Merkel es wohl gleich hatte haben wollen. Zur Neuauflage der Großen Koalition.

Jamaika reloaded?

Auch wenn die Verhandlungen im Herbst 2017 scheiterten: Heute mehr denn je halte ich ein Jamaika-Bündnis im Bund für ein zeitgemäßes Modell der politischen Gestaltung – und für das Beste, was Deutschland im Moment passieren könnte, zumal die SPD auf absehbare Zeit ausfallen wird. Wir befinden uns in einer Phase struktureller gesellschaftlicher Umbrüche, man denke beispielsweise nur an die Digitalisierung oder den demografischen Wandel. Und viele Menschen haben das Empfinden, unabhängig davon, ob es richtig oder falsch ist, sie werden abgehängt und ihnen werde nicht genügend Aufmerksamkeit zuteil. Ganze Gruppen innerhalb unserer Gesellschaft stehen sich sprach- und verständnislos gegenüber. Eine gefährliche Entwicklung. Wenn aber in einer Gesellschaft nicht mehr miteinander kommuniziert wird, gibt es irgendwann nur noch die eine Lösung, die da lautet: Wer ist der Stärkere? Wer setzt sich gegen die anderen durch? Ein breites Bündnis, wofür eine Jamaika-Koalition stünde, könnte nach meiner Überzeugung helfen, diese Gräben zu überwinden und die auseinanderdriftenden Gruppen innerhalb der Gesellschaft wieder miteinander ins Gespräch zu bringen.

Diese Erfahrung machen wir beispielhaft in Schleswig-Holstein, wo die Jamaika-Koalition seit 2017 erfolgreich arbeitet. Dieses Modell wirkt auf die Menschen überzeugend, was sich in den Umfragen durch hohe Zustimmungsraten niederschlägt. Die Wirtschaft freut sich, dass sie Ansprechpartner hat, und das Gleiche gilt für Umweltverbände und andere Interessensvertreter. Die Regierung in Kiel findet bei Problemen in aller Regel eine pragmatische Lösung, weil das Bündnis darauf ausgerichtet ist, zu einem Ergebnis zu kommen. Wenn es ruckelt, was natürlich vorkommen kann, werden die Meinungsverschiedenheiten diskutiert, bis irgendwann eine vernünftige Lösung gefunden wird. Allein darauf kommt es den Bürgern an. Sie sind der Streitereien um ihrer selbst willen überdrüssig, sie verlangen zu Recht, dass die Politik ihre Probleme erkennt, anpackt und löst. Wenn eine Regierung den Menschen das Gefühl vermittelt, alle Teile der Gesellschaft gleichermaßen wahrzunehmen, ihre Ansichten und Positionen ausgewogen zu erörtern, seien sie auch noch so unterschiedlich und einander widersprechend, können am Ende alle mit einem Ergebnis gut leben, das nicht hundertprozentig der eigenen Auffassung entspricht.

Heute wären die Chancen, dass es mit Jamaika im Bund klappt, ungleich größer als kurz nach der Bundestagswahl 2017. Das liegt nicht zuletzt daran, dass wir, also die handelnden Personen, uns immer besser einschätzen können, je länger wir uns kennen. Meine These lautet: Hätten Robert Habeck, Daniel Günther und ich – also das Schleswig-Holstein-Team – die Verhandlungen im Bund geführt, dann hätte es auch in Berlin mit Jamaika geklappt. Natürlich hätten auch wir unsere inhaltlichen Differenzen gehabt, hätten diese aber an bestimmten Punkten akzeptiert. Nur auf diese Weise kann man sich auf Schritte einigen, die man anschließend gemeinsam geht. Und ich weiß, es hätte von uns dreien auch keiner den Versuch unternommen, den anderen schlecht aussehen zu lassen, um selbst zu glänzen. Dieser Umgang miteinander zeichnete damals die Verhandlungen in Kiel aus und führte sie zum Erfolg. Genau daran mangelte es aber in den Sondierungsgesprächen auf Bundesebene.

Was ist jetzt anders? Heute finden sich in Berlin in fast allen wichtigen Funktionen neue handelnde Personen wieder. Allein das spricht dafür, dass sich ein weiterer Versuch mit einer Jamaika-Koalition lohnen würde. Bei keiner bzw. keinem sehe ich einen grundlegenden Vorbehalt, warum man sich nicht auf eine Koalition einigen könnte. Markus Söder von der CSU mag vielleicht gewöhnungsbedürftig sein, aber am Ende ist er doch gesprächsfähig. Mit CDU-Chefin Annegret Kramp-Karrenbauer haben die Liberalen ja ihre eigenen Erfahrungen gesammelt, als sie am Tag des traditionellen Dreikönigstreffens 2012 ihre Jamaika-Koalition in Saarbrücken platzen ließ. Vom Stil her war das zwar nicht die feine Art, aber inhaltlich fand ich diese Entscheidung damals durchaus verständlich, hatten sich die dortigen Freien Demokraten intern und öffentlich selbst demontiert. Mit der Union der Nach-Merkel-Zeit wäre also dennoch ein neuer Anfang möglich.

Man muss jedoch die Ergebnisse der nächsten Wahl abwarten, denn ohne Neuwahlen wird es ein solches Bündnis ohnehin nicht geben. Danach wird man sehen, wie Union, FDP und Grüne zusammenkommen könnten. Eine wesentliche Voraussetzung ist jedenfalls, dass wir Liberale und die Grünen uns jetzt besser kennen, dadurch dass wir im Bundestag in den Fraktionen viel miteinander zu tun haben und gemeinsam Oppositionsarbeit betreiben. Das Verhältnis entspannt sich zunehmend, auch wenn wir in einigen Sachfragen meilenweit auseinanderliegen. Zudem können wir auf Kontakte aus alten Zeiten zurückgreifen: Dass Grünen-Chef Robert Habeck und ich gut miteinander auskommen, ist kein Geheimnis. Und die grüne Co-Vorsitzende Annalena Baerbock halte ich für ein großes politisches Talent.

Mit ihr hatte ich ein amüsantes Erlebnis während der Sondierungsgespräche. Damals redete sie stundenlang auf mich ein, über die Gleichberechtigung der Frau und über Gender-Politik, bis ich irgendwann zu ihr sagte: Wir können aufhören, liebe Frau Baerbock. Ich werde, auch wenn wir die ganze Nacht weiterreden, kein Grüner. Um zwei Uhr nachts beendeten wir die Gespräche. Zu dieser Uhrzeit hatte der Fahrdienst des Bundestages seine Arbeit bereits eingestellt. Draußen regnete es in Strömen, und wir standen mit rund 15 Menschen vor dem Ausgang Dorotheenstraße 100 und warteten auf unsere Taxis. Endlich fuhr eines vor, der Taxifahrer öffnete die Tür und rief: »Herr Kubicki, Ihr Wagen!« Nun wollte ich nicht losrennen. Männer laufen ja nicht, wenn es regnet. Sie schreiten. In der Sekunde sprang aber Frau Baerbock an mir vorbei und stürzte in den Wagen. Ich rief noch: »Frau Baerbock, das ist aber mein Taxi!« Und sie: »Nein, Herr Kubicki, das ist meins!« Daraufhin der Taxifahrer: »Das ist das Taxi von Herrn Kubicki.« Nun saß sie aber schon drin, schaute mich mit großen Augen an und sagte: »Herr Kubicki, Sie werden doch wohl eine Frau nicht im Regen stehen lassen!« Machte die Tür zu – und rauschte davon. Ich war perplex. Die anderen Wartenden lachten über diese skurrile Situation, denn ich war mittlerweile völlig durchnässt. Und dachte mir nur: Na, das kann ja noch was werden. Eine solche Schlagfertigkeit, diese Chuzpe – das mag ich.

Ich bin mir sicher, dass die nächsten Jamaika-Verhandlungen deutlich anders geführt würden als die im Herbst 2017. Wichtig wäre, dass wir zunächst Einzelgespräche führen, statt sich gleich in großen Gruppen zu treffen. Denn nur so lässt sich eine Vertrauensgrundlage schaffen, die Voraussetzung für alles Weitere ist. Wenn aus diesen anfänglichen Einzelgesprächen keine Details an die Öffentlichkeit dringen, ich also am nächsten Morgen, wenn ich die Zeitung aufschlage, nicht lesen muss, was dieser oder jener gesagt oder getan hat, spricht schon einmal viel dafür, dass man sich vertrauen kann. Solches Vertrauen ist essenziell, damit der potenzielle Partner weiß, dass man sich im Zweifel aufeinander verlassen kann.

Über alle inhaltlichen Erwägungen hinaus sprechen auch pragmatische, rechnerische Gründe für eine Jamaika-Koalition. Zweier-Regierungsbündnisse werden auf absehbare Zeit sehr unwahrscheinlich, allein schon weil die bisherigen Volksparteien immer mehr an Zustimmung verlieren. Die Wahrscheinlichkeit von Dreierkonstellationen wird also zunehmen, und wenn man das weiß, sollte man sich bemühen, mit potenziellen künftigen Gesprächspartnern eine vernünftige Umgangsform und Gesprächsebene zu finden. Das steht an erster Stelle, wenn man sich jetzt Gedanken darüber macht, wer Deutschland künftig regieren könnte.

VI.
Die Freiheit in Person

Politik wird von Menschen gemacht

Letztlich haben die Jamaika-Verhandlungen in Berlin gezeigt, dass es immer auch an den Personen hängt. Das *Scheitern* von Jamaika in Berlin hatte ebenso mit den handelnden Personen zu tun wie das *Gelingen* von Jamaika in Kiel. Eines habe ich in meinem politischen Leben wirklich gelernt: Entweder verstehen sich Menschen, und es funktioniert, oder sie kommen nicht miteinander aus, und dann funktioniert es schlecht oder überhaupt nicht. In Schleswig-Holstein platzte eine Große Koalition vor allem an den Animositäten zwischen Peter Harry Carstensen und Ralf Stegner. Die inhaltlichen Differenzen waren nicht unüberbrückbar, die menschlichen auf Dauer schon.

Es gibt auch andere Beispiele in der Geschichte: Wenn Ungarns damaliger Außenminister Gyula Horn und Hans-Dietrich Genscher sich nicht so gut verstanden hätten, hätten wir 1989 keine Grenzöffnung in Ungarn erlebt. Und wenn der sowjetische Außenminister Eduard Schewardnadse und Genscher nicht einen so guten Draht zueinander gehabt hätten, wäre die Ausreise der DDR-Bürger, die in der Deutschen Botschaft in Prag Zuflucht gesucht hatten, wohl nicht möglich gewesen. Beide Politiker kannten sich lange, und sie kannten sich gut. Genscher war bei der UNO-Vollversammlung in New York. Ihn erreichte ein Anruf von Staatssekretär Lautenschlager, dass die Situation in der Prager Botschaft kritisch würde. Es bestünde die Gefahr des Einsturzes des Gebäudes und von Epidemien. Genscher fuhr sofort in die Residenz des sowjettischen Botschafters in New York, in der sich Schewardnadse aufhielt. Er sprach mit ihm über die Situation. Schwewardnadse fragte, sind Kinder in der Botschaft? Genscher antwortete wie aus der Pistole geschossen: 2000. Schewardnadse sagte, ich rufe Moskau an, und ich werde mich um den Fall kümmern. Zwei Tage später erklärte die DDR-Regierung ihr Einverständnis zur Ausreise.

Am Ende geht es in der Politik wie im normalen Leben darum, dass Menschen einen guten Draht zueinander haben. Auch die persönlichen Beziehungen, die Angela Merkel zu einer Vielzahl von Politikern weltweit aufgebaut hat, sind von großer Bedeutung. Auch dank dieser vielen, guten Kontakte hat die Kanzlerin einiges für Deutschland erreicht.

In meiner politischen Karriere habe ich viele Menschen kennengelernt, und es hat sicherlich nicht geschadet, dass ich offen und vorurteilsfrei auf andere zugehen kann. Ich liebe Diskussionen, nicht nur über Politik. Und ich denke, ich habe ein gutes Gespür dafür, wenn Menschen hinter meinem Rücken Intrigen spinnen. Man muss das Gras rechtzeitig wachsen hören. Und wenn ich es nicht hören würde, schon bevor es gesät wird, wäre ich nicht seit fast drei Jahrzehnten in Spitzenpositionen der FDP. Was nicht bedeutet, dass mein Gespür mich nicht auch manchmal trügen würde, dass ich mich in einem Menschen gründlich getäuscht und enttäuschende Erfahrungen gemacht habe – wie es bei der Schönberg-Affäre der Fall war. Ich habe einige wenige, sehr große Enttäuschungen erlebt. Menschen, die mich vorher als Freund bezeichneten, ließen mich wie eine heiße Kartoffel fallen, weil der Kontakt zu mir ihrer Karriere zu schaden drohte. Daraus habe ich viel gelernt.

Ich duze mich mit sehr vielen Kollegen, und dabei spielt es für mich keine Rolle, welcher Partei jemand angehört. Freundschaftliche Beziehungen habe ich allerdings in der Politik nur wenige geknüpft und in der eigenen Partei in der Regel nur dann, wenn man nicht miteinander in Konkurrenz trat. Das war nur sehr selten der Fall. Im Grunde stehen wir stets miteinander im Wettbewerb, persönlich und auch politisch. Echte Freundschaft bedeutet, dass man ein wenig vom Leben des anderen teilen muss. Und man braucht das Grundgefühl, dass man sich, egal was passiert, auf den anderen verlassen kann.

Jemand, den ich aus dem Bereich des Politischen als wirklichen Freund bezeichnen würde, ist Hans-Jörn Arp, der Parlamentarische Geschäftsführer der CDU-Landtagsfraktion in Kiel. Mein kleiner Zwillingsbruder wird er auch genannt, weil wir uns zwar nicht körperlich, aber sonst in vielem ähnlich sind und gern Zeit miteinander verbringen. Diese Beziehung trägt auch durch schwierige Zeiten. Aber, man darf nicht vergessen: Er gehört zu einer konkurrierenden Partei, der CDU, und da hat man natürlich auch bestimmte Dinge zu beachten. »Arpi« ist seines Zeichens Gastronom im kleinen schleswig-holsteinischen Dorf Wacken, wo das legendäre Heavy-Metal-Festival stattfindet. Ich versuche jedes Jahr dorthin zu fahren. Mich begeistert nicht das musikalische Festival an sich, es ist aber faszinierend, wenn Zehntausende Menschen für mehrere Tage ein ganzes Dorf regelrecht besetzen – und alle sind vergnügt und machen Party. Auch wenn viel Alkohol fließt, kommt es fast nie zu Schlägereien. Aus polizeilicher Sicht ist Wacken ein Phänomen. Das Gemisch der Besucher ist einzigartig. Hier trifft man auch auf Vorstandsmitglieder von Banken, Politiker, Staatsanwälte, Richter. Für mich ist Wacken ein wunderbares Beispiel für leben und leben lassen.

Vor die Frage gestellt, wer mir ein wahrer Freund ist, stelle ich mir gerne die Gegenfrage: Wer wäre bereit, sein eigenes Leben oder seine Freiheit aufs Spiel zu setzen, um mir in der Not zu helfen? Das ist für mich das Kriterium wahrer Freundschaft. Außerdem braucht man, wie gesagt, das gemeinsame Erleben, damit man weiß, wie der andere tickt, wie er lebt, was ihn ausmacht. So sind es am Ende drei Menschen, die ich wirklich als meine Freunde bezeichnen würde. Sie alle stammen aus meinem sozialen Umfeld in Strande und in Kiel und begleiten mich seit Jahrzehnten: Jürgen Nehm, aktuell mein Weinlieferant, der mir mit seiner liebevollen Fürsorge immer wieder hilft; Joachim Stange, mein Steuerberater, der mich seit 40 Jahren begleitet und mir bei allen Wendungen des Lebens immer Rückendeckung gab; und mein Anarcho-Freund Uli Kauffmann, der mich bei persönlichen Angriffen im wahrsten Wortsinn immer raushauen würde – mit über zwei Metern Körpergröße eine echte Herausforderung.

Der Spitzenpolitiker, den ich am längsten kenne, ist Peer Steinbrück, ehemaliger Bundesfinanzminister und SPD-Kanzlerkandidat. Er war zur selben Zeit wie ich VWL-Student in Kiel, damals begegneten wir uns zum ersten Mal. Steinbrück war Sprecher der Fachschaft und ich sein Stellvertreter, persönlich wirklich näher gekommen sind wir uns seinerzeit allerdings nicht. Dazu kam es erst, als er in Kiel Staatssekretär in der Regierung Simonis wurde. Er hatte schon damals ein – vorsichtig formuliert – ausbaufähiges Verhältnis zu seinen eigenen Genossen. Und so waren wir von der FDP häufig die Einzigen, die bei seinen späteren Reden als Minister im Landtag applaudierten. Ich würde fast so weit gehen zu sagen, dass er sich bei uns viel wohler fühlte als bei seinen Parteigenossen.

In seiner Ministerzeit in Kiel saß er des Öfteren bei mir im Büro auf dem Sofa. Wir verstanden uns gut, tranken das ein oder andere Glas zusammen. Die kolportierte Geschichte, wir hätten versucht, Schnapsgläser aus dem Fenster meines Büros im Landeshaus zu werfen, ist aber ein Märchen. Steinbrück hat gern behauptet, er habe das bessere Examen gemacht als ich. Das lassen wir an dieser Stelle einfach mal so stehen. Er ist jemand, der Lebensfreude vielleicht nicht auf den ersten Blick ausstrahlt. Tatsächlich aber ist er ein Mensch, der zu genießen versteht.

Auch mit Kollegen, von denen mich politisch Welten trennen, verstehe ich mich auf persönlicher Ebene gut. Ich durfte zum Beispiel die Laudatio zum 60. Geburtstag von Dietmar Bartsch halten, dem Fraktionschef der Linken im Bundestag, zu dem ich seit vielen Jahren ein gutes Verhältnis habe. Jedes Mal, wenn ich irgendwelche Nostalgika aus der ehemaligen DDR brauchte, habe ich bei Dietmar Bartsch angerufen: »Kannst du mir ein FDJ-Hemd besorgen oder den Orden Held der Arbeit?« Meistens klappte es.

Die Einzigen, die uns Liberalen kondoliert haben, als wir 2013 aus dem Bundestag flogen, und die sich ehrlich freuten, als wir 2017 wieder ins Parlament gewählt wurden, waren nicht etwa die Kollegen von der CDU, sondern die Linken. Auch Dietmar Bartsch.

Mit wem es auch immer wieder Freude macht zu debattieren, ist Gregor Gysi. Wir waren mal zu Gast auf einer Karnevalsveranstaltung in Recklinghausen. Eine Stunde standen wir zusammen auf der Bühne und warfen uns die Bälle zu. Danach standen die Zuschauer auf, applaudierten und verlangten eine Zugabe. Der Vorsitzende des Karnevalsvereins meinte hinterher, wenn es mehr Politiker wie uns und Wolfgang Bosbach gäbe, unabhängig von der Parteizugehörigkeit, würden die Menschen die Übertragungen aus dem Bundestag auch wieder einschalten.

Gregor Gysi sagte einmal zu mir: »Du bist der einzige Bourgeois, den ich duze.« Als er mir dann freudestrahlend erzählte, er habe sich jetzt eine Eigentumswohnung in Venedig gekauft, entgegnete ich: »Gysi, du bist ein typischer Kommunist. Du investierst in den Untergang.«

Als die AfD angekündigt hat, sie wolle mich wegen einer Äußerung anzeigen und verklagen, rief Gysi mich an: Sollte ich einen Verteidiger benötigen, stünde er zur Verfügung. Was wäre das für eine Schlagzeile gewesen: Gysi verteidigt Kubicki. Da habe ich nur gesagt: »Gysi, wenn ich dich als Verteidiger brauche, hätte ich ein ernsthaftes Problem. Das schaffe ich schon alleine.«

Politisch tausche ich mich natürlich gerne regelmäßig mit meinem Vorsitzenden Christian Lindner aus, weil er ein rhetorisch brillanter Kopf ist und auch einen tieferen Sinn für Humor besitzt, für Formulierungen im Grenzbereich zwischen Bösewerden und Lachen. Davon gibt es nicht so viele. Mit wem ich auch gerne diskutiere, ist Sigmar Gabriel. Eine SPD, die auf Sigmar Gabriel verzichtet, ist mit dem Klammerbeutel gepudert. Und es ist bedauerlich, dass er mit Ablauf der Legislaturperiode aus dem Bundestag ausscheiden möchte. Gabriel ist ein Menschenfänger, eine große politische Kapazität. Ich hoffe sehr, dass er für die Politik noch nicht ganz verloren ist.

Es macht mir eine Riesenfreude, wenn ich auf jemanden treffe, der gut und mit Hintersinn formulieren kann. Wenn ich mich mit jemandem auf hohem Niveau messen kann, selbst wenn ich unterliege. Spontane Kommunikation, Situationskomik, die man oft gar nicht nacherzählen kann – das ist etwas, was ich schätze. Mit Wolfgang Bosbach von der CDU klappt das zum Beispiel hervorragend. Wenn man uns auf eine Bühne stellt, ist das fast ein bisschen wie Comedy mit ernsthaftem Hintergrund. Nur wenige Politiker sind in der Lage bzw. dazu bereit, sich in gewissen Situationen selbst infrage zu stellen. Auch das ist eine Erfahrung, die ich gemacht habe: Zum einen sollte man sich selbst nie zu ernst nehmen, und zum anderen kann man die schlimmsten Beleidigungen ausstoßen, wenn man dabei lächelt.

Die meisten glauben, Kommunikation habe nur etwas mit Verbalisierung zu tun, mit Wörtern und Sprechen. Das stimmt aber nicht ganz. Ein Großteil der Kommunikation läuft vor allem nonverbal ab. Mit ein bisschen Charme und Witz macht man sich das Leben leichter, und lächelt man jemanden an, registriert das mein Gegenüber: Dieser Mensch meint es nicht schlecht. Ich kann sagen, was ich möchte, der andere wird es mir nicht übel nehmen. Gerade böse Sottisen lassen sich durch ein Lächeln charmant verpacken, es funktioniert fast immer. Zum Beispiel als ich auf einer Veranstaltung zu Landwirtschaftsministerin Julia Klöckner sagte: »Sie haben eine brillante Rede gehalten. Und ich wäre als Vizepräsident des Bundestags froh und dankbar, Sie würden solche Reden auch im Bundestag halten.« Das Publikum amüsierte sich köstlich über diese kleine Spitze, und ich denke, Frau Klöckner selbst auch, zumindest ließ sie sich nichts anmerken.

Dann gibt es natürlich auch Zeitgenossen, die man nicht sonderlich mag oder mit denen man einfach nicht viel anfangen kann. Nach den gescheiterten Sondierungsgesprächen in Berlin sagte ich in einem Interview mit »ZEIT Verbrechen«, dass ich es am liebsten vermeide, mit dem Grünen-Fraktionschef Anton Hofreiter in einem Raum zu sein. Weil er mich zu Dingen verleiten könnte, die ich eigentlich nicht mag: ihm zum Beispiel eine knallen. Hofreiter wurde in einer Fernsehsendung mit dieser Schlagzeile konfrontiert und bekam das verständlicherweise in den falschen Hals. Er war überrascht und sichtlich getroffen. Wieder einmal gab es einen großen Aufschrei in den Medien. Was fällt dem Kubicki ein? Einige Chefredakteure schrieben mir allerdings auch anerkennende Zeilen für dieses Interview. Die hatten es auch richtig gelesen. Denn ich hatte gar nicht behauptet, ich *würde* ihm gerne eine knallen, sondern dass er eben ein Mensch sei, der mich biochemisch vor Herausforderungen stelle und mich aggressiv mache. Und da kämen bei mir Gedanken auf, die ich so nicht haben wolle. Dass es zu Taten kommen könnte, schließe ich allerdings ganz klar aus. Wer kennt das aber nicht: Man trifft Menschen, von denen man gleich weiß, dass man sie nicht mag.

Ein paar Monate später haben Anton Hofreiter und ich uns ausgesprochen. Ich traf mich mit ihm in einem italienischen Restaurant in Berlin, und wir tranken den von mir als Versöhnungsangebot versprochenen Wein. An sich war es ein netter Abend, zumal ich eine neue Seite an Anton Hofreiter feststellen konnte. Er ist ein Genussmensch, der etwas vom Essen und Trinken versteht. Privat werden wir uns allerdings kaum wiedersehen, dazu kommen wir doch zu sehr von verschiedenen Planeten.

In den Medien

Obwohl ich ziemlichen Gegenwind bekam und einige Journalisten und Kollegen empört aufschrien – bereut habe ich meine Interview-Äußerungen über Anton Hofreiter nicht, zumal sie im Nachhinein verzerrt wiedergegeben wurden. Wenn ich jedes Mal Rücksicht darauf nehmen würde, was die Presse denkt und anschließend interpretiert, wäre ich heute nicht da, wo ich bin. Ich möchte nicht in eine billige Medienschelte verfallen, aber kritisieren möchte ich Folgendes: Viele Journalisten glauben immer noch, sie wären der Nabel der Welt. Was qualifiziert sie aber zu sagen, was richtig und was falsch ist? Wir wissen, dass man in der Lausitz oder in der Norddeutschen Tiefebene andere Sorgen hat als in den Berliner Salons. Sobald man die Stadtgrenze passiert, interessiert sich schon keiner mehr dafür, was in Berlin-Mitte bei Cappuccino und Prosecco debattiert wird. Die Meinung der Menschen im Land wird längst nicht mehr nur geprägt durch das, was die Hauptstadtjournalisten schreiben, sondern sie wird von vielen Dingen beeinflusst, nicht zuletzt von den sozialen Medien.

Christoph Hickmann, der *Spiegel*-Autor, der mich für ein Porträt – unter der Überschrift »Der Letzte seiner Art« – monatelang begleitete, schrieb damals, möglicherweise repräsentiere Kubicki stärker die Mehrheit der Deutschen, als manche es für möglich hielten. Ich überrasche die Menschen gerne und finde es gut, wenn sie sich von ihren Vorurteilen lösen. Mich jedenfalls kann kein Journalist mehr beeindrucken. Drohungen wie »Ich schreibe Sie runter« oder Verheißungen wie »Ich schreibe Sie rauf« habe ich in meinem Leben oft genug aus dem Mund von Reportern und Redakteuren gehört. Als Herr Hickmann auf mich zukam, sagte ich ihm unverblümt: »Ich kann die Geschichte jetzt schon selbst schreiben. Das wird Brüderle II, eine Story über einen arroganten, schnöseligen Typen, der in seinem Verhältnis zu Frauen im letzten Jahrhundert stecken geblieben ist, alle diese Klischees.«

Hickmann war dann über einen längeren Zeitraum immer wieder mit mir unterwegs, in Washington, in der Ukraine, bei Veranstaltungen in Schleswig-Holstein oder Nordrhein-Westfalen. Und er hat mir irgendwann erzählt, dass er niemanden gefunden habe, auch nicht bei meinen politischen Mitbewerbern, der schlecht über mich geredet hätte. So etwas habe er in seinem Job noch nie erlebt. Ich konnte mir nicht verkneifen anzumerken: »Vielleicht liegt es daran, dass ich bei allen Vorurteilen, die es über mich gibt, doch kein so schlechter Mensch bin.« Es wurde ein überraschend positiver Artikel.

Ein bisschen mehr Selbstkritik stünde manchen Journalisten gut zu Gesicht, was sie von uns Politikern ja auch – zu Recht – immer wieder einfordern. Wenn das, was die Presse denkt, richtig wäre, stünde heute die AfD nicht da, wo sie steht. Ich kenne niemanden, weder in den Leit- noch in kleineren Medien, der diese Partei in irgendeiner Form unterstützt hätte. Trotzdem ist sie groß geworden. Ich habe einmal drei Stunden lang mit Georg Mascolo, dem ehemaligen *Spiegel*-Chefredakteur und derzeitigen Leiter des Rechercheverbunds des WDR, NDR und der *Süddeutschen Zeitung*, über Ethik in den Medien diskutiert, und ihm vorgeworfen, dass sich die Zunft der Journalisten selbst überhöhe. Die wenigsten Journalisten haben etwas Ethisches im Sinn, wenn sie schreiben. Sie denken eher daran, dass sie vielleicht Preise gewinnen oder dazu beitragen könnten, die Auflage ihres Mediums zu steigern. Vielen Journalisten möchte ich, wie Politikern übrigens auch, zurufen: Seid weniger moralisierend.

Der Bedeutungsverlust trifft die meisten Journalisten allerdings tief. Nach den gescheiterten Sondierungsgesprächen konnte man dies beobachten. Es gab kein einziges freundliches Wort über die Freien Demokraten, weder von linksliberalen noch eher konservativen Medien. Trotzdem sackten wir in den Umfragen nicht ab. Was folgt daraus? Man darf das eigene politische Handeln nicht nach dem ausrichten, was geschrieben und gesendet wird. Als damals teilweise gehässig über die FDP berichtet wurde, sagte ich zu Christian Lindner:

»Wir sind in den Bundestag gekommen, ohne dass wir Ratschläge von Journalisten befolgt haben. Warum sollten wir jetzt damit anfangen?« Während wir medial als die Buhmänner der Nation galten, entwickelten sich die Grünen zu den Lieblingen der Medien. Sie legten in den Umfragen massiv zu, aber ich warne davor, sich darauf zu verlassen. Ganz schnell kann es wieder bergab gehen. Jede Persönlichkeit, die mit dem Aufstieg verbunden wird, wird dann auch mit dem Abstieg verbunden werden. Martin Schulz kann davon ein trauriges Lied singen.

Fragt man mich, was Journalisten und Politiker unterscheidet, lautet meine Antwort: Journalisten sind Tagdenker. Als Politiker muss ich mir nicht nur über die Umsetzung unserer politischen Agenda, sondern auch darüber Gedanken machen, was bis zur nächsten Wahl passieren muss, damit wir wiedergewählt werden. Aber zuallererst bedeutet das für mich: Welche Weichen müssen wir jetzt stellen, damit es unserem Land in ein paar Jahren besser geht und Deutschland wirtschaftlich nicht den Anschluss verpasst? Journalisten hingegen müssen darüber nachdenken, wie sie das Blatt des nächsten Tages füllen. Wenn man verfolgt, wie viele auch gute Journalisten mittlerweile den Job wechseln, erkennt man die Entwicklung. Sie werden Pressesprecher in Ministerien, wechseln zu Parteien oder Fraktionen, zu Verbänden. Weil sie erfahren, dass das tradierte Medium in Zeiten von Social Media, YouTube, Facebook und Blogs langsam aber sicher zugrunde geht. Die Filterfunktion eines seriösen Journalismus lässt immer mehr nach. Alles was passiert, passiert zeitgleich. Ich kann mir Informationen just in time beschaffen, was dazu führen wird, dass gedruckte Zeitungen auf Dauer keine Überlebenschancen haben. Wer will noch bis zum nächsten Tag warten, bis man die Zeitung bekommt?

Auch mein Leseverhalten hat sich verändert. Die gedruckte Zeitung möchte ich persönlich dennoch nicht missen, aber wenn ich mich schnell informieren will, gehe ich ins Netz. Kommunikation ist in den vergangenen Jahren aber nicht nur einfacher geworden, vieles war früher deutlich entspannter. Wenn ich jetzt zum Beispiel eine SMS-Mitteilung erhalte und darauf nicht innerhalb von einer Dreiviertelstunde reagiere, fühlt sich der Absender ganz schnell schlecht behandelt. Und dann bekomme ich die nächste Nachricht: »Herr Kubicki, wir warten auf Ihre Antwort!« Ich bin lange im Geschäft und lasse mich davon nicht beeindrucken. Aber ich kann mir vorstellen, dass jemand, der mit 40 mitten in seinem Berufsleben steht, das Gefühl hat, seine ständige Erreichbarkeit sicherstellen zu müssen. Ich versuche gelegentlich, völlig abzuschalten. Die Erfahrung zeigt, vieles kann warten. Wenn wir in den Urlaub fahren, sage ich zu meiner Frau: »In den ersten beiden Tagen schalten wir das Handy aus.« Und meistens halten wir sogar durch. Das mache ich auch zum Selbstschutz, denn ich muss zugeben, das Smartphone dominiert das alltägliche Leben schon stark. Wenn ich »rückfällig« werde, schaut mich meine Frau an: »Du machst ja schon wieder das Handy an.« Und ich: »Aber ich muss doch wissen, ob was passiert ist.« Aber muss man immer alles sofort wissen? Mal ehrlich, eigentlich nicht. An eine eiserne Regel im Umgang mit dem Smartphone halte ich mich streng: Zum ersten Mal aufs Smartphone schaue ich morgens immer erst *nach* dem Frühstück. Es muss nicht sein, dass ich mir den Start in den Tag durch etwas verderbe, worüber ich mich ärgern muss.

Wenn ich über Facebook eine Aussage verbreite, kann ich auf einen Schlag mehrere Hunderttausend User erreichen. Welches Printmedium kann das von sich sagen? Unsere Social-Media-Fachleute haben mich zwar davor gewarnt, aber auf meinem Account veröffentliche ich auch längere Beiträge, was unüblich für dieses Medium ist. Dennoch werden sie gelesen und geliked. Die User, zumindest die, die mir folgen, haben sich daran gewöhnt. Wir machen in meinem Büro gerne mit beim Wettbewerb um die griffigsten Zitate. Denn in der Schnelle ist die Kommunikation insgesamt hektischer und ruppiger geworden. Man muss sich etwas einfallen lassen, um aus der Flut der veröffentlichten Meinungen herauszuragen. Manchmal gehen dabei die Pferde mit mir durch, was auch der Grund dafür ist, weshalb ich nicht twittere. Meine Mitarbeiter haben es mir untersagt. Das Twittern ist kein geeignetes Medium für mich. Dies habe ich mit Robert Habeck gemein – mit dem Unterschied, dass ich gar nicht erst damit angefangen habe. Wir wussten vorher schon, wie Twitter funktioniert.

Wie man Menschen überzeugt

Die Lust zu kommunizieren, auf Menschen zuzugehen, wird genetisch bedingt sein, ist aber mit Sicherheit auch auf meine Erziehung zurückzuführen, vor allem auf die von Tante Elli und Onkel Kurt. Meine Frau behauptet jedoch, ich sei schlagfertig, weil sie mich täglich trainiere.

Ich liebe das Spiel mit Worten. Viele aus der jungen Generation verlernen leider zunehmend, mit der Sprache zu jonglieren, weil die Kommunikation über Messenger-Dienste eine andere ist. So sitzen sich manche schweigend gegenüber und schieben sich nur noch Kurznachrichten hin und her.

Wenn ich öffentlich auftrete, werde ich oft gefragt, wie ich es anstelle, das Publikum durch eine Rede zu gewinnen, und was eine gute Rede eigentlich ausmacht. In meinem Leben habe ich gelernt, sehr schnell zu adaptieren, Sachverhalte unmittelbar aufzunehmen und wiederzugeben. So kann ich heute völlig problemlos zwischen einer Minute und einer Stunde reden, ohne mein Publikum zu langweilen. Und zwar punktgenau, ohne dass ich eine Uhr trage. Dies hat mit meinem Beruf zu tun und natürlich mit sehr viel Erfahrung.

Ich bin seit 1971 Mitglied der FDP und seit 1990 Parlamentarier. Meine Frau fragt mich manchmal, wie ich das bloß mache, ohne Manuskript, ohne Notizen oder einen Spickzettel. Wenn ich bei einer Rede mal den Faden verliere oder hängen bleibe, erzähle ich einfach einen Schwank aus meinem Leben. Am besten ein Erlebnis mit ihr, so wie der Komiker Mario Barth das immer macht. Vieles entwickelt sich bei meinen Reden spontan. Einmal wurde ich gebeten, vor einer Versammlung noch ein paar Worte zu sprechen, und ich fing einfach mit dem schönen Satz von Muhammad Ali an: »Ich weiß nicht immer, wovon ich rede. Aber ich weiß, dass ich recht habe.« Und währenddessen fiel mir ein, dass sich noch keiner beim Personal des Hotels bedankt hatte, was ich daraufhin nachholte. Die meisten Themen kann man plastisch in einer Rede transportieren, indem man Geschichten aus dem eigenen Leben erzählt. Persönliche Geschichten, die in etwa so geschehen sind, die man aber auch gerne ein bisschen ausschmücken kann. So berichte ich zum Beispiel vom Wunsch meiner Frau, mit mir über Facetime zu telefonieren, wenn ich berufs- oder mandatsbedingt nicht zu Hause übernachten kann. Ich sage dann immer: »Engel, du willst doch nicht mich sehen, sondern nur, wo ich gerade bin.«

Die Kunst der freien Rede wurde mir nicht in die Wiege gelegt, sondern sie ist eine Frage der Erfahrung, des Trainings und nicht zuletzt meines Berufs. Man lernt als Strafverteidiger, das Plädoyer nicht abzulesen. Denn damit würde man keine

Wirkung bei denen erzielen, die man beeindrucken möchte. Es ist zwar eine Illusion zu glauben, man könne in einem Strafprozess durch ein Plädoyer eine vorläufige Meinung etwa des Richters oder der Schöffen umdrehen, aber man kann immerhin zum Nachdenken anregen – und genau das ist Ziel jeder Rede. Wichtig ist es also immer, eine Rede möglichst frei zu halten. Wenn ich sie vorlese, kann ich auch gleich sagen: Lesen Sie mal selbst.

Auf der politischen Bühne läuft sehr vieles ähnlich ab wie im Gerichtssaal. Hier wie dort geht es darum, Wirkung zu erzielen, so zu argumentieren, dass am Ende das Urteil zu deinen Gunsten ausfällt. Aus anwaltlicher Erfahrung weiß ich, wie Entwicklungen ihren Lauf nehmen können, die niemand in dieser Form so gewollt hatte. Man kommt relativ schnell in Situationen, in denen man nur eine Tausendstelsekunde Zeit hat, um eine Entscheidung zu treffen, und man muss oft blitzschnell umdenken können. Wie leicht entscheidet man sich dann aber falsch. Deshalb sollte man mit dem Vorwurf, jemand habe eine falsche Entscheidung getroffen, sehr vorsichtig sein. Denn nur allzu leicht gerät man in dieselbe Situation. Sowohl als Anwalt als auch in der Politik gibt es eine Grundvoraussetzung für jedes Handeln: Zunächst muss man *verstehen*, was abläuft. Man muss nichts billigen, sondern nur verstehen. Und in der Politik gilt: Erst wenn ich einen Sachverhalt durchdrungen habe, kann ich ordentlich damit umgehen. Auch wenn man eine Forderung auf den ersten Blick für unsinnig hält, sollte man versuchen, sie zu verstehen, um sie anschließend entsprechend beurteilen und entscheiden zu können.

Doch noch einmal zurück zur Kunst der Rede: Die besten Ideen für meine Reden kommen mir in den ungewöhnlichsten Situationen. Manchmal wache ich nachts auf, und wenn ich nicht wieder einschlafen kann, schaue ich noch ein wenig fern, und plötzlich fällt mir etwas ein. Ich habe im Laufe meines Lebens auch gelernt, keine Angst davor zu haben, mich zu blamieren. Innere Aufregung vor Veranstaltungen, vor Auftritten ist bei mir relativ selten geworden. Das war früher anders. Ich weiß noch, dass ich vor meinem ersten Plädoyer im Gerichtssaal vor Aufregung kaum schlafen konnte. Auch vor den ersten großen Reden im Parlament war ich sehr nervös, oder vor Fernsehauftritten. Wenn jemand sagte, dir schauen in diesem Moment Millionen Menschen am Bildschirm zu, dann ging im Kopf etwas los. Natürlich kam es vor, dass ich mein Publikum überhaupt nicht erreichte. Auch gibt es eine ganze Reihe schlechter Reden von mir. Es ist eine Frage der Tagesform und des Themas. Muss ich über einen Bereich sprechen, in dem ich mich nicht zu Hause fühle, kann es zum Problem werden. Dann ist es schon vorgekommen, dass das Publikum spürt: Der Redner schwimmt, der fühlt sich unwohl.

Manchmal gibt es noch neue echte Herausforderungen: Vor fünf Jahren hielt ich die erste Büttenrede meines Lebens, in Aachen, beim Orden »Wider den tierischen Ernst«. Eine besondere Form der Kommunikation. Wo setze ich welche Pointen? Wie reagieren die Leute, die den Karneval schätzen, mit dem ich als Norddeutscher mich aber wenig auskenne? Bei Auftritten auf solch ungewohntem Terrain habe ich immer einen Einstiegssatz im Repertoire: »Wir Männer aus dem Norden können auch ohne Alkohol fröhlich sein. Aber heute gehe ich auf Nummer sicher ...« Wenn man zu Beginn einer Rede eine Pointe zündet, läuft es wie von selbst. Man redet und die Stimmung im Saal wird besser, man wird vom Auditorium getragen. Wenn es sich einrichten lässt, bleibe ich nach Veranstaltungen noch eine Weile vor Ort, gehe von Tisch zu Tisch, wechsle hier und da ein paar Worte. Die Menschen wissen zwar zwei Tage später nicht mehr unbedingt, worum es in meiner Rede ging, aber sie sagen: Es war gut. Auf die Wirkung kommt es an. Das ist das »Geheimnis« einer guten Rede.

Metamorphosen

Wie die Menschen mich wahrnehmen, hat sich im Laufe der Jahre und Jahrzehnte sehr verändert. Früher habe ich, ohne es darauf anzulegen, eine Aura der Unnahbarkeit um mich herum verbreitet, was mir oft als Arroganz ausgelegt wurde. Von der Ausstrahlung eines Kühlschranks habe ich selbst in einem Interview einmal gesprochen – was überspitzt formuliert, aber gar nicht so falsch war. Damals, 2005, habe ich mich gefragt: Warum haben wir ein relativ bescheidenes Wahlergebnis eingefahren, obwohl im Wahlkampf doch eigentlich alles so gut lief? Ich sah mir meine Auftritte, die auf Video aufgezeichnet waren, mit kritischem Blick an. Und ich stellte fest, dass es ziemlich befremdlich ist, wenn jemand im Zweireiher eher steif und mit merklicher Distanz zum Publikum über die Probleme von Hartz-IV-Empfängern redet. Meine Form der Kommunikation war nicht dergestalt, dass ich die Menschen eingeladen habe, mit mir zu kommunizieren, sondern dass ich sie eher abgewehrt habe. Körpersprache sagt hier alles. Mir war bewusst, ich musste an mir arbeiten. Das habe ich dann auch getan, und tatsächlich haben die Menschen mich in den späteren Jahren anders wahrgenommen.

Langjährige Mitarbeiter sagen, dass ich mich um die Jahreswende 2009/2010 sehr verändert habe. Woran das liegen mag, ich muss zugeben, genau kann ich das gar nicht sagen. Es mag mit dem Alter und einer gewissen Reife zu tun haben. Damals wurde ich zum ersten Mal Großvater. Aber das allein wird es nicht gewesen sein. Wahrscheinlich ist es so, dass man irgendwann einfach weiß, vielleicht wenn man die 60 geschafft hat, dass alle erreichbaren Ziele auch verwirklicht wurden. Und dass mehr nicht geht. Vielleicht war es dieses Gefühl der Sicherheit, das mich gelassener werden ließ. Ich war mehr mit mir im Reinen als die Jahre zuvor und auch warmherziger.

Offene Rechnungen gibt es in meinem politischen Leben nicht mehr. Die Rechnungen mit Mitgliedern meiner Bundespartei, die noch offen waren, haben sich durch den Personalwechsel im Bundesvorstand 2013 erledigt. Von den damals Aktiven ist niemand mehr dabei. Ich hatte lange Zeit viele innerparteiliche Gegner, das ging bis zur – auch offen ausgetragenen – Feindschaft. Nach der Möllemann-Affäre legten mir einige Größen nahe, doch auch die Partei zu verlassen. Und selbst noch 2013 auf einem FDP-Bundesparteitag erklärten einige, ich sei nicht wählbar, nicht teamfähig und ein parteischädigender Querulant. In den letzten Jahren hat sich das aber sehr gewandelt. Entweder bin ich altersmilde geworden, oder die Menschen in meinem Umfeld haben verstanden, dass es mir um die Sache geht und nicht um meine politische Karriere. Und das kann auch mal wehtun. Ich bin nach wie vor überzeugt, dass es besser ist, jemandem etwas ins Gesicht zu sagen, als zu schweigen und hinter seinem Rücken über ihn zu reden. Es ist doch keine Bösartigkeit, wenn ich jemanden auf mögliche Fehler hinweise und mit ihm darüber diskutieren möchte.

Auch diejenigen, die mich während der Schönberg-Affäre malträtiert haben und fallen ließen, sind längst nicht mehr in Amt und Würden. Ich habe, was dieses Thema angeht, meinen Frieden gemacht. Aber verziehen habe ich den betroffenen Personen nie.

Ich habe zu meiner eigenen Überraschung festgestellt, dass der Blick auf das Restalter, die Jahre, die noch bleiben, ruhiger macht. Wahrscheinlich auch, weil man sich nicht mehr mit Zeitfressern umgeben, sondern sich aufs Wesentliche konzentrieren möchte. Vor allen Dingen will ich Freude im Leben haben. Das ist einer meiner Lieblingssätze: Dass wir älter werden, dagegen können wir nichts tun. Aber wir können viel Spaß dabei haben. Verschieben – das ist jetzt nicht mehr angesagt. Wenn man 30 ist, sagt man: Wird nichts mit dem geplanten Skiurlaub? Macht nichts. Fahren wir eben nächstes Jahr. Aber jetzt ist es anders. Jedes Jahr, in dem etwas ausfällt, kann man nicht einfach hinten dransetzen. Vielleicht ist es genau das, was mir mit der Zeit die nötige Gelassenheit gegeben hat.

Mein Körper hat sich in den Jahren großer beruflicher Belastung daran gewöhnt, immer und überall schlafen zu können. Wann immer ich die Gelegenheit habe, schlafe ich. Und sei es nur für zwei Stunden während einer Autofahrt. Oder ich steige in den Flieger, die Tür schließt sich, und ich nicke ein. Acht oder neun Stunden Schlaf – das ist in meinem Job der wahre Luxus. Ich komme für eine Woche auch mit fünf Stunden pro Nacht aus. Zum Beispiel während der Sitzungswochen in Berlin, die teilweise morgens um 7:30 Uhr beginnen und oft Stunden nach Mitternacht enden.

VII.
Sagen, was Sache ist

Bekenntnisse eines Sozialliberalen

Es ist kein Geheimnis, dass ich ein Sozialliberaler bin. Das hat auch mit meiner politischen Sozialisation zu tun. Aber nicht nur: Denn ich glaube, dass die Verbindung zwischen dem freiheitlichen und dem sozialen Ansatz weiterhin aktuell und eigentlich ein Zukunftsmodell ist. Gerade im Hinblick auf die Herausforderungen, die uns in den kommenden Jahren bevorstehen – Stichwort Digitalisierung und die daraus folgenden revolutionären Auswirkungen auf die Arbeitswelt –, kann ein sozialliberaler Ansatz am besten auf diese Entwicklungen reagieren. Er ist fortschrittsfreundlich und zukunftsgewandt, aber er gewährleistet, dass die Menschen von Umbrüchen nicht hilflos überrollt werden.

Freiheit ist nur erfahrbar, wenn man eine Perspektive für die Zukunft hat. Wer sich von den Umständen hin- und hergeworfen fühlt, kann Freiheit sogar als etwas Bedrohliches empfinden. Und es wird für den Einzelnen mental schwer zu ertragen sein, wenn er all das plötzlich infrage gestellt sieht, wofür er sich über Jahre und Jahrzehnte beruflich engagiert hat. Die Strukturbrüche in den ehemaligen und derzeitigen Kohleabbaugebieten sind hier beispielhaft zu nennen. Hier war und bleibt es weiterhin notwendig, nicht nur ein stabiles soziales Netz aufzuspannen, sondern die Menschen zugleich zu aktivieren, etwas Neues anzupacken. Was wird mit den Taxi-, Bus- und Lkw-Fahrern, wenn das autonome Fahren so weit ist, dass sie ersetzt werden könnten? Dann ist es politische Aufgabe, den Wandel in diesem Bereich so sozial und so aktivierend wie nur möglich zu gestalten. Denn aufhalten lässt sich der Wandel nicht.

Wie bereits erwähnt: Bedauerlicherweise hat sich die deutsche Sozialdemokratie in den vergangenen Jahren von ihrer einst zukunftsgewandten Weltsicht abgewandt. Die Stärke der SPD nach der Erarbeitung des Godesberger Programms war ja, ein positives Lebensmodell zu vertreten, ein Aufstiegsversprechen für möglichst alle in der Gesellschaft zu geben. Die Ablösung von diesem Godesberger Geist erklärt zumindest zum Teil den Niedergang der einst so stolzen Partei. Es ist schon erstaunlich, wie Gerhard Schröders Agenda 2010, die die Bundesrepublik zum Erfolgsmodell machte und uns wirtschaftspolitisch wieder auf Weltniveau brachte, im Nachhinein von den eigenen Genossen demontiert wurde. Uns Deutschen ging es vor allem aufgrund dieser großen Sozialreform in den vergangenen zehn Jahren so gut wie nie, die Steuereinnahmen flossen ohne Beispiel. Trotzdem ist es zum Markenkern der Sozialdemokraten geworden, sich über die Verhältnisse im Land zu beklagen. Allein dies ist schon bemerkenswert. Denn wenn alles schlecht sein soll, stellt sich die interessante Frage: Was hat die SPD in den Jahren seit 1998 eigentlich gemacht, von denen sie lediglich vier Jahre nicht regiert hat?

Man kann mit einigem Recht davon ausgehen, dass Erfolg für die Sozialdemokraten etwas Schlechtes geworden ist. Vielmehr hat Erfolg in dieser Sichtweise etwas mit Unmoral zu tun, denn Erfolg könne schließlich nur auf Kosten der Geknechteten und Entrechteten entstehen. Den Erfolgreichen müsse folglich tief in die Tasche gegriffen werden, um die vermeintlichen Ungerechtigkeiten weiter zu nivellieren. Wenn wir aber im Großen und Ganzen in einem erfolgreichen Land leben, es also viele erfolgreiche Menschen gibt, dann trifft die stetig vorgebrachte Erklärung, wir hätten zu viel Ungerechtigkeit, die nur durch weitere Transferleistungen aufgefangen werden könne, nicht mehr auf die Lebenswirklichkeit der Menschen. Erfolgreich ist nach dieser Lesart eigentlich jeder, der mehr als der Durchschnitt verdient. Dann wird sozialdemokratische Politik bloße Minderheitenpolitik. Und wer sich hauptsächlich auf Minderheitenthemen fokussiert, wird am Ende keine Mehrheiten mehr gewinnen. Denn vergessen wird hierbei, dass die Transferleistungen von irgendjemandem bezahlt werden müssen. Gibt es keine Erfolgreichen mehr, die viele Steuern zahlen können, werden viele soziale Leistungen nicht mehr bezahlbar.

Diese programmatische Erfolgsabneigung bleibt irgendwann nicht ohne Folgen. Denn dann trifft der wie eine Monstranz vor sich hergetragene Sozialneid auch die Erfolgreichen in der Partei. Wenn der beliebte und geachtete Ex-Bürgermeister des Berliner Bezirks Neukölln, Heinz Buschkowsky, plötzlich mit einem Parteiausschlussverfahren bedroht wird, weil er sich angeblich rassistisch gebärde, ahnen wir, wo das Problem liegt. Buschkowsky hat sich in seinen 15 Jahren als Bezirksbürgermeister immer für Integration starkgemacht. Aber vor allem: Er hat nicht so sehr darauf geachtet, was das sozialdemokratische Parteiprogramm sagt, sondern hat den Menschen zugehört. Und dann hat er die benannten und erkannten Probleme gelöst. Pragmatisch. Und er wurde deshalb immer wieder mit guten Ergebnissen gewählt. Aus Sicht einiger Genossen konnte es also nicht mit rechten Dingen zugehen. Ein echter Sozialdemokrat kann nicht erfolgreich sein – dann macht er etwas falsch.

Die thematische Rückwärtsgewandtheit der SPD hat also auch damit zu tun, dass zu wenig zugehört wurde, was die Menschen umtreibt. Wer sich ständig nur noch im eigenen Dunstkreis bewegt, hält dies irgendwann für die Wirklichkeit. Gerade im Zuge der Debatte um die Flüchtlingspolitik seit dem Herbst 2015 hat die SPD im Westen in vielen Stammwahlkreisen herbe Verluste zugunsten der AfD erlitten. Nun kann man natürlich erklären, die eigenen Stammwähler seien egal, wenn es um die richtige moralische Haltung geht. Dann muss man sich aber auch nicht wundern, dass man am Ende nicht mehr gewählt wird. Das soll nicht heißen, dass ich der SPD eine rechtspopulistische Neuausrichtung empfehle. Ganz im Gegenteil. Sollte sie sich aber gegen den Niedergang stemmen wollen, muss sie sich dringend dafür interessieren, was ihre eigene potenzielle Wählerschaft denkt – und nicht was in der Partei am besten ankommt. Schaltet sie hier nicht bald um, ist es für diese Traditionspartei, der die Bundesrepublik viel zu verdanken hat, zu spät.

Sigmar Gabriel hat mich einmal gefragt, was die SPD eigentlich falsch mache. Die Genossen waren zu diesem Zeitpunkt in den Umfragen noch bei etwa 25 Prozent, nach der Bundestagswahl 2013 in einer Regierung mit Angela Merkel und haben in weiten Teilen das sozialdemokratische Programm im Regierungshandeln umgesetzt. Ich sagte ihm: »Das ist doch kein Wunder! Ihr setzt all das um, wofür ihr bei der Bundestagswahl von 25 Prozent der Menschen gewählt wurdet. Wenn Ihr stärker werden wollt, müsst ihr etwas anderes umsetzen.«

Interessanterweise hat die Koalition aus Union und SPD in den vergangenen Jahren die beispiellos hohen Steuereinnahmen für milliardenschwere Transferleistungen verwendet: Rente mit 63, »Mütterrente«, Baukindergeld und so weiter. Und tatsächlich ist die Zustimmung der Wähler zu beiden Parteien stetig gesunken. Wer also immer noch glaubt, mehr Transferleistungen machen automatisch populär, der lebt hinter dem Mond.

Die Freiheit, die ich meine

Je mehr wir der Auffassung sind, unsere Geschicke selbst in die Hand nehmen zu können, umso größer ist auch unser Freiheitsgefühl. Deshalb halte ich es nicht nur für wichtig, sondern geradezu für eine politische Unumgänglichkeit, dass Menschen eine positive Sichtweise auf das Leben haben. Und wenn die größtmögliche Freiheit des Einzelnen ein politisches Ziel ist, dann ist es mindestens wünschenswert, dass politische Entscheidungsträger eine positive Weltsicht auch vorleben.

Bedauerlicherweise lebt der alltägliche Populismus davon, Angst *vor etwas* zu verbreiten: Angst vor Flüchtlingen, vor kultureller Überfremdung, vor der Klimakatastrophe oder dem sicheren Tod durch Kohlendioxid. Hieraus ziehen politische Parteien ihr Kapital – in Form von Wählerstimmen. Das geht bisweilen leider so weit, dass es manch einer Partei nicht mehr darauf ankommt, die politischen Probleme zu lösen. Vielmehr besteht ein vitales Interesse daran, diese Probleme weiter aufrechtzuhalten, um auch künftig eine Existenzberechtigung zu haben. So wird das stetige Hinweisen auf ein Problem zur eigentlichen Politik – nicht mehr die Problembeseitigung.

Dass die AfD aus der Opposition heraus daraus politisches Kapital in der Flüchtlingspolitik zu schlagen versucht, ist evident. Diese Partei braucht Angst für ihr politisches Überleben.

Aber auch regierungstragende Kräfte sind auf diese Art und Weise aktiv. Die Linke praktiziert es beispielsweise in Berlin in der Wohnungspolitik. Als die linke Bausenatorin Katrin Lompscher gegen den »Mietenwahnsinn« – ausdrücklich als Privatperson – auf die Straße gegangen ist, protestierte sie tatsächlich gegen ihre eigene Unfähigkeit. Denn hätte sie ihren Job ernst genommen, dann hätte sie sich mehr dafür eingesetzt, dass endlich Wohnungen gebaut werden, damit der Markt sich entspannt und die Mieten wieder sinken. Das hätte aber die Ungerechtigkeit aus der Welt geräumt, gegen die auch linke Aktivisten demonstrativ vorgegangen sind. Wir müssen sehr aufpassen, dass aus dieser Form von kalkulierter Untätigkeit kein politisches Geschäftsmodell wird.

Die Freiheit, die ich meine, lebt vom Gestaltenwollen – das gilt nicht nur für den politischen, sondern zum Beispiel auch für den beruflichen Bereich. Wer es ernst mit der Zukunft meint, will nicht Bewahrung, sondern Veränderung. Wer Probleme lösen will, nimmt zugleich in Kauf, dass er mit seinem Lösungsvorschlag falschliegt. Der sollte aber nicht öffentlich denunziert werden, wenn sich sein Vorschlag nicht durchgesetzt hat und sich herausstellt, dass er eine falsche Entscheidung getroffen hat. Die Häme, die sich über Christian Lindner ergoss, weil er vor vielen Jahren einmal mit einer Geschäftsidee danebenlag, war leider der Ausdruck einer wagnisfeindlichen Atmosphäre.

Ich verstehe es zudem als meine politische Aufgabe, dass wir uns um eine Fehlerkultur bemühen, die offen für Veränderung ist, aber auch das Scheitern als notwendigen Teil des Fortschrittsprozesses versteht. Wo nicht gescheitert werden kann, kann auch der Erfolg nichts Besonderes sein. Wer aber scheitert, der muss von der Gesellschaft aufgefangen werden. Der Staat hat die Pflicht, ein soziales Netz zu spannen, das jedem ein menschenwürdiges Dasein ermöglicht. Wer weiß, dass er scheitern darf, ohne in absolute Existenznöte zu kommen, agiert freier.

Die Freiheit, die ich meine, ist auf staatlicher Seite die Bereitstellung von Angeboten. Kinder müssen durch die Schule bestmöglich auf das Leben vorbereitet werden. Sie müssen gemäß ihren Neigungen und Fähigkeiten alle Chancen bekommen, ein glückliches und erfolgreiches Leben bestreiten zu können. Wenn jemand vor diesem Hintergrund zum Beispiel Künstler werden will, muss der Staat das Notwendige tun, damit er am Ende hierin erfolgreich sein kann. Wenn eine junge Frau Zahnärztin werden will, muss der Staat all dies bereitstellen, was zum Gelingen beitragen kann. Weiter kann der staatliche Anspruch aber nicht gehen: Ein Zwang zum Glücklichsein, zur freien Entfaltung darf nicht ausgeübt werden. Das wäre wieder ein Schritt in die Unfreiheit. Freiheit bedeutet also auch, die Möglichkeit zum Unglücklichsein zu haben.

Die Freiheit, die ich meine, ist daher auch die Freiheit zur Unvernunft. Genuss hat häufig mit Unvernunft zu tun. Alkohol ist schädlich, trotzdem würde jede politische Kraft, die Biertrinken verbietet, innerhalb kurzer Zeit im Orkus der Geschichte landen. Süßigkeiten machen dick, trotzdem essen wir gerne manchmal mehr, als wir sollten. Rauchen ist schädlich, und trotzdem wird der Deutsche Bundestag das Rauchen auf absehbare Zeit nicht gesetzlich untersagen. Unser Grundgesetz sieht ausdrücklich nicht die Pflicht zur Vernunft vor. Wir dürfen alles tun – solange wir die Freiheit des anderen nicht beeinträchtigen.

Freiheit hat zum einen mit Gleichheit zu tun, zum anderen mit Gerechtigkeit. Wir dürfen beides nicht miteinander vermischen. Gleichheit gilt vor dem Gesetz. Aber eine Gesellschaft, in der alle gleich sein sollen, ist höchst ungerecht, weil sie die individuellen Unterschiede ignoriert. Eine freie Gesellschaft kann also nur plural sein, sie zelebriert im besten Fall die Unterschiedlichkeit.

Das politische Berlin und die Realität

Verglichen mit meiner Zeit im Deutschen Bundestag 1990/92 in Bonn, hat sich die mediale Szenerie im gegenwärtigen Berlin dramatisch verändert. Im kleinen Biotop Bonn ging man in die wenigen Kneipen vor Ort und traf eigentlich immer auf bekannte Gesichter: Abgeordnetenkollegen, die den stressigen Tag hinter sich lassen wollten, und Journalisten, die Anschluss suchten. Man sprach auch mit Pressevertretern dann und wann einmal über persönliche Dinge. Diese drangen aber nur in den seltensten Fällen an die Öffentlichkeit. Insofern war das parlamentarische Bonn eine relativ große Privatsphäre.

Im heutigen politischen Berlin ist das diametral anders. Das liegt nicht zuletzt an dem riesigen Medienzirkus in der Hauptstadt, an Hunderten Journalisten und Tausenden Freelancern, die auf der Suche nach einer Geschichte sind, an Konkurrenzen zwischen den einzelnen Presseorganen und zwischen den Medienarten: Ein Online-Magazin kann deutlich schneller Öffentlichkeit herstellen als ein klassisches Printmedium. Und ein einziger Blog kann alles über den Haufen werfen. Durch diese Situation, die in eine gewisse Form von Hyperventilation mündet, erleben wir im medialen Berlin eine Fixierung auf drei Punkte.

Zum einen gibt es eine große Tendenz zur Personalisierung von Politik. Selbstverständlich wird, wie ich bereits berichtet habe, Politik von Menschen gemacht. Wenn es in der Berichterstattung aber fast nur noch um Personen, um Eitelkeiten geht, die vermeintlich naturgegeben in Machtkämpfen enden, entzieht dies irgendwann unserer demokratischen Kultur den Boden. Wer tatsächlich versucht, innerparteilich eine inhaltliche Debatte über ein bestimmtes Thema anzustoßen, muss damit rechnen, dass daraus eine persönliche Angelegenheit gemacht wird: »Der gegen den.« Fortschritt in der Sache, durch das Ringen um die bessere Lösung, ist so kaum noch möglich. Es gilt offensichtlich nur noch das biblische Motto »Auge um Auge, Zahn um Zahn«. Das ist nicht mein Verständnis einer lebendigen Debattenkultur. Das ist die Abkehr vom aufgeklärten Fortschrittsgedanken, da tatsächlich ein darwinistisches Prinzip dahinter steckt.

Weil es hauptsächlich um Personen geht, wird aus Martin Schulz der »Gottkanzler« und wenige Wochen später die Inkarnation des sozialdemokratischen Niedergangs. Da wird Annegret Kramp-Karrenbauer mit ihrer Erfahrung als saarländische Ministerpräsidentin in einer sehr bemerkenswerten medialen Eintracht vor der Wahl zum CDU-Vorsitz Ende 2018 feierlich aufs Schild gehoben, um nur wenige Monate später zu erklären, dass genau dieselbe Erfahrung als Ministerpräsidentin für Berlin nicht ausreichend sei. Nach der öffentlichen Auseinandersetzung mit dem YouTuber Rezo kommentierte man etwa, sie habe »wie eine dilettantische Provinz-Politikerin« agiert. Oder der Juso-Vorsitzende Kevin Kühnert, der von einem Nachrichtenmagazin aufs Titelbild platziert wurde – mit der wahnwitzigen Botschaft, er könne vielleicht in kurzer Zeit die Nachfolge von Persönlichkeiten wie August Bebel, Otto Wels, Kurt Schumacher, Willy Brandt oder Franz Müntefering als SPD-Vorsitzender antreten. Natürlich weiß man vorher, in welches Umfeld man sich als Politiker begibt. Aber um diese Extreme persönlich auszuhalten, braucht man ein sehr dickes Fell.

Der andere Punkt, auf den man sich im medialen Berlin fixiert, ist die Spekulation. Wenn man keine Nachrichten hat, dann werden Spekulationen angestellt – mit dem Ergebnis, dass diese von den politischen Entscheidungsträgern erst einmal aus dem Weg geräumt werden müssen. Mit einer vermeintlich harmlos-fragenden Schlagzeile, wie zum Beispiel: »Kann die CDU-Chefin noch Kanzlerin werden?«, wird Misstrauen gesät, und Medien werden damit selbst zum Player im politischen Geschäft.

Der dritte Punkt ist die Einebnung von inhaltlichen Unterschieden. Ich kann gut verstehen, dass die Extrempositionen in bestimmten politischen Fragen am meisten Aufmerksamkeit bekommen. So werden die AfD und die Grünen sehr häufig als gegenüberliegende Pole wahrgenommen. Um es sehr vereinfacht darzustellen: pro oder contra Flüchtlinge, pro oder contra Klimaschutz und so weiter. Wenn dabei aber die differenzierten Positionen der anderen politischen Mitbewerber gar nicht mehr aufgegriffen werden, weil sie angeblich zu kompliziert zu vermitteln seien, wird dies zu einem massiven Demokratieproblem. Dann wird nicht mehr nach besseren Lösungen gesucht, sondern nach derjenigen politischen Position, die am weitesten vom anderen Pol entfernt ist, weil sie besser ins Schwarz-Weiß-Muster passt. Auf komplexe Fragen sollen also möglichst einfache Antworten gegeben werden. Damit verschärft sich allerdings im schlimmsten Fall die Spaltung in unserer Gesellschaft, wenn es – auch hier – um der besseren Geschichte willen nur noch heißt: »Die gegen die.« Zur Krönung werden anschließend die Parteien, die differenzierte Lösungen anbieten, gefragt, warum ihre Botschaften nicht durchdringen.

Ich bin ein Verfechter der Pressefreiheit. Ohne eine freie Berichterstattung, ohne den Mut vieler Journalistinnen und

Journalisten, ohne das Auf-die-Finger-Klopfen von politischen Entscheidungsträgern wäre die Bundesrepublik nicht dort, wo sie heute steht. Dann hätten wir keine freie und offene Gesellschaft. Ich füge ausdrücklich hinzu, dass auch die negativen Auswüchse des Berliner Medienbetriebs vom Grundgesetz geschützt sind. Wir sollten allerdings auch darüber nachdenken, ob die Hysterie, der Alarmismus, der Rigorismus und die Hyperventilation, die derzeit an der Tagesordnung sind, auf Dauer angebracht und hilfreich sind. Ich bezweifele das.

Junge Menschen begeistern

Bis vor einiger Zeit war es Konsens, dass die junge Generation in Deutschland vom Kapitalismus entweder saturiert, sediert oder getrieben, gehetzt und deshalb vollkommen unpolitisch geworden sei. Die vielfach transportierte Erzählung war: Die Angst vor einem späteren harten beruflichen Wettbewerb trieb viele junge Menschen an, sich hauptsächlich auf die Schule zu konzentrieren. Der Tag war für den Einser-Abi-Schnitt so durchgetaktet, dass politisches Engagement hinten abfiel. Andere verloren sich in Computerspielen oder allgemein im hedonistischen Egozentrismus. Die Konzentration auf das neue Smartphone ließ vielen keinen intellektuellen Raum mehr für das Hinterfragen gesellschaftlicher Missstände. Eigentlich wissen wir, dass solche Generalisierungen meistens Unsinn sind, wirkmächtig waren sie für manche trotzdem.

Erst die umweltbewegten Jugendlichen um »Fridays for Future« haben viele aus dieser vermeintlichen Gewissheit gerissen. Abgesehen davon haben die jungen Menschen auch vollkommen recht, dass die Bundesregierung ihre Versprechen für eine klimagerechte Politik nicht gerade mit großer Konsequenz verfolgt hat. Traurig ist es jedoch, dass Angela Merkel in einer beinahe herablassend anmutenden Art Lobeshymnen über die Schülerinnen und Schüler ergoss. Man konnte fast meinen, die Bundeskanzlerin setze sich gleich selbst an die Spitze der Demonstration, um vor dem Kanzleramt gegen ihre eigene Politik zu agitieren.

»Fridays for Future« ist vor allem aus der Sorge um eine lebenswerte Zukunft entstanden. Die Frage der Demonstranten lautet: Können wir und unsere Kinder noch auf dieser Welt leben, wenn sie immer lebensfeindlicher wird? Ist unser Lebensstil nicht viel zu rücksichtslos und zukunftsfeindlich? Die Frage der Nachhaltigkeit spielt also die Hauptrolle, die Generationengerechtigkeit eine weitere.

Der Frage der Generationengerechtigkeit und Nachhaltigkeit wird leider in anderen politischen Fragen deutlich weniger Beachtung geschenkt. Während es in der Umweltpolitik zu Massendemonstrationen kommt, verhalten sich die allermeisten im Bereich der öffentlichen Finanzen offenbar vollkommen gleichgültig. Ich kann mich jedenfalls nicht daran erinnern, dass es ähnliche Bewegungen für die Einhaltung einer nachhaltigen und generationengerechten Finanzpolitik je gegeben hat. Denke ich an die schweren Konsolidierungsjahre im Haushaltsnotlageland Schleswig-Holstein ab dem Jahr 2009, fallen mir vielmehr lautstarke studentische Massenproteste gegen eine Konsolidierungspolitik ein, die sich in der Gegenwart darum bemühte, nachfolgenden Generationen künftig wieder einen finanziellen Handlungsspielraum zu ermöglichen. Die jugendliche Zustimmung zum politischen Einsatz für Nachhaltigkeit hängt also vom Thema ab.

Unabhängig davon freue ich mich sehr über das neue, junge politische Engagement. Als leidenschaftlicher Demokrat geht mir das Herz auf, wenn ich sehe, wie sich die Jüngeren für eine

Sache einsetzen. Denn genau so funktioniert Politik. Wenn es Teenagern – die zum Teil noch nicht wählen dürfen – gelingt, etablierte Volksparteien zur Verzweiflung zu treiben und sie zu einer Veränderung ihrer klimapolitischen Agenda anzufeuern, dann ist unsere demokratische Kultur intakt. Schlimm und fatal wäre es, wenn alle politischen Entscheidungsträger nach einer kurzen Stillhaltezeit wieder zurück zur Tagesordnung gehen würden. Dies ist aber zum Glück nicht der Fall. Ich würde mich freuen, wenn diese politische Bewegung zumindest zum Teil in ein gesteigertes, dauerhaftes Engagement in den politischen Parteien münden würde. Dann würde nicht nur die Klima- und Umweltpolitik in den Parteien besser verankert, sondern unsere Demokratie zugleich gestärkt werden.

Bei aller Begeisterung für jugendliches Engagement, Rigorismus und Kompromisslosigkeit und der romantischen Verklärung einer Systemüberwindung dürfen tragende Pfeiler unseres demokratischen Gemeinwesens nicht zur Disposition gestellt werden, das heißt, die Möglichkeit, sich auch anders entscheiden und das Recht des Individuums zu einer abweichenden Meinung oder einem alternativen Verhalten auch vor Gericht durchsetzen zu können. Bei vielen grünen Apologeten stelle ich einen besorgniserregenden Hang zum Autokratismus fest.

Wider den Alarmismus, für längerfristiges Denken

In der Politik wie auch anderswo gilt das alte Motto »Nichts ist erfolgreicher als der Erfolg«. Politischer Erfolg bemisst sich interessanterweise nicht daran, welche weitreichenden Beschlüsse gefasst wurden, die Deutschland vorangebracht haben, wie viele Prozent vom eigenen Parteiprogramm man in Regierungsverantwortung umgesetzt hat, oder ob sich die Partei wohlfühlt. Politischer Erfolg wird ausschließlich bei Wahlen gemessen.

Gerhard Schröder hat mit seiner Agenda 2010 zweifellos eine erfolgreiche sozial- und arbeitsmarktpolitische Maßnahme getroffen, die die ökonomische Stärke der Bundesrepublik über Jahre ausmachte. Es war ein großes Rad, das er mutig drehte. Aber war er mit dieser Reform selbst politisch erfolgreich? Seine Parteigenossen würden dies heute mehrheitlich verneinen. Denn er hat mit der Agenda-Politik die Spaltung seiner eigenen Partei riskiert und am Ende seine Kanzlerschaft verloren. Und was für viele noch schlimmer ist: In den sozialdemokratischen Augen hat er die Partei inhaltlich verraten.

Die SPD hat in den schwarz-roten Koalitionen 2005 bis 2009 und seit 2013 aus ihrer Sicht unheimlich erfolgreiche Politik gemacht, hat viele ihrer eigenen parteipolitischen Forderungen umgesetzt, hat den Mindestlohn, Ehe für alle, Rente mit 63 gegen den Koalitionspartner durchgesetzt. War sie aber erfolgreich? Angesichts eines dramatischen Absturzes in der Wählerzustimmung von einstmals über 40 Prozent in Richtung Einstelligkeit würde dies niemand ernsthaft behaupten.

Angela Merkel wiederum hat die CDU vielleicht mehr als jemals zuvor zum Kanzlerwahlverein degradiert, hat viele konservative Positionen der Partei bis zur Unkenntlichkeit geschleift, hat durch ihre Art der Nicht-Kommunikation gesellschaftliche Leerstellen geschaffen und damit der AfD viel freien Raum gelassen. Sie hat europapolitisch dafür gesorgt, dass mit antideutschen Ressentiments in unseren Nachbarstaaten Wahlkämpfe bestritten (und gewonnen) werden, sie hat die selbst gesteckten Klimaziele verfehlt, sich viel zu wenig um den Ausbau der Infrastruktur im Land gekümmert, sodass wir zum Beispiel im Bereich des Glasfaserausbaus international zum Entwicklungsland geworden sind – und so weiter. War sie aber erfolgreich? Niemand würde das bestreiten.

Dies soll kein Plädoyer für Populismus sein, der zulasten von programmatischen Lösungsansätzen ausschließlich auf die Zustimmung der Wählerinnen und Wähler schielt, um bei Wahlen besser reüssieren zu können. Ich möchte vielmehr deutlich machen, dass verantwortliche Politik sehr häufig im Spannungsverhältnis zwischen notwendigen Reformschritten und dem verständlichen Wunsch nach Popularität steht. Eine Partei, die ihre Existenz aufs Spiel setzt, handelt nämlich auch irrational. Die wirkliche Kunst ist es also, beides miteinander zu kombinieren.

Es gibt immer Zeiten, in denen eine Idee weniger Beachtung findet oder gar auf offene Ablehnung trifft. Und es gibt Zeiten, in denen genau dieselbe Idee einen Mainstream formt und damit machtvoll wird. Die Grünen beispielsweise hatten im Wahljahr 2017 die große Befürchtung, ab dem Herbst nicht mehr im Bundestag vertreten zu sein. Katrin Göring-Eckardt erklärte nach dem Wahldebakel im Saarland, die Grünen seien »gerade nicht der heiße Scheiß«. Die Umfragewerte dümpelten nicht sehr deutlich über der Fünf-Prozent-Hürde herum. Die Grünen stellten dann auch anschließend die kleinste Bundestagsfraktion. Einige Monate später fanden sie sich aber plötzlich in den bundesweiten Umfragewerten auf Volkspartei-Niveau wieder und wurden als stärkste Kraft nach der Union taxiert. Seit 2005 stellten sie zuverlässig die kleinste Fraktion im Bundestag – und in den Midterms wiederum schossen sie bisweilen durch die Decke. Im Mai 2011, kurz nach Fukushima, sah eine Forsa-Umfrage die Öko-Partei bei 28 Prozent. Geholfen hat es ihnen jedoch nicht, denn sie konnten diese Zustimmung nicht in Wählerstimmen umsetzen. Bei der darauffolgenden Bundestagswahl 2013 landeten sie bei 8,4 Prozent.

Man sollte also vorsichtig sein, Umfragen als eigentliche Wahlergebnisse umzudeuten. Denn damit kann man Umfragen als Machtelement missbrauchen. Jede Woche erscheinen mehrere Sonntagsfragen verschiedener Institute – und je nach Ergebnis führen diese Tendenzen in der medialen Berichterstattung und den Parteien zu Euphorie oder Hyperventilation. Ich habe schon mehrere Kollegen darauf hingewiesen, dass Umfrage-Höhenflüge interessanterweise an der Zusammensetzung des Parlaments zunächst nichts ändern.

Selbstverständlich müssen Parteien politische Stimmungen aufnehmen, denn sonst machen sie sich selbst überflüssig. Wer keine Ahnung von der Veränderung der Welt hat, wird mittelfristig nicht mehr gewählt. Gleichwohl dürfen flüchtige Stimmungen nicht zur Grundlage der politischen Agenda einer Partei werden. An den politischen Folgen des Reaktorunfalls von Fukushima 2011 kann man beispielhaft sehen, wie Kanzlerin Angela Merkel das Spannungsverhältnis zwischen dem Wunsch nach Popularität und notwendigen Reformschritten in der Regel löste. Bei ihr überwog der Wunsch nach Popularität. Im Angesicht einer drohenden Wahlniederlage in Baden-Württemberg und Rheinland-Pfalz drehte sie mit der damaligen schwarz-gelben Koalition im Bund den rot-grünen Atomkompromiss von »Aus« auf »An« – gewissermaßen von einer Sekunde auf die nächste.

Nun hatte ich den rot-grünen Atomausstieg immer für richtig befunden. Die schleswig-holsteinische FDP war schon eine gefühlte Ewigkeit für ein Ende der Nutzung der Atomkraft und stand in dieser Frage in deutlicher Distanz zur eigenen Bundespartei. Aber dass eine solche gewichtige Frage, über die die gesamte Republik seit Jahrzehnten diskutiert hatte, in einer Hauruckaktion entschieden wurde, das hatte schon eine besondere Qualität. So recht konnte niemand glauben, dass der promovierten Physikerin Merkel nun plötzlich auffiel, die Atomkraft in Deutschland könne eine potenzielle Gefahr darstellen. Zwar sind Tsunami-Wellen, die das Unglück in Japan auslösten, in Deutschland grundsätzlich selten, aber wer nach den Unglücken von Sellafield, Harrisburg und Tschernobyl eine weitere Katastrophe benötigte, der brauchte eine gute Begründung für die bisherige Ignoranz. Denn entweder wusste die Kanzlerin, dass Atomkraft eine gefährliche Technologie ist, die auch in Deutschland Menschenleben gefährden könnte, oder sie wusste es nicht. Beides wäre einer Bundeskanzlerin nicht würdig.

Wir müssen annehmen, dass sie nicht in dem plötzlich erworbenen Wissen, dass Atomkraft potenziell gefährlich ist, sondern vorrangig aus einem Wunsch nach Popularität handelte – und damit ihre Überzeugung hintanstellte. Das kann man pragmatisch nennen, man kann es aber auch programmatisch beliebig nennen. Etwas überspitzt formuliert: Wenn ein Tsunami in Japan die Atompolitik der Bundesrepublik schlagartig um 180 Grad dreht, dann waren keine inhaltlichen Überzeugungen im Spiel.

Selbstverständlich gibt es in der Frage der Umsetzbarkeit von politischen Forderungen einen Unterschied zwischen Regierung und Opposition. Gemeinhin gilt: In der Opposition kann man sich populärer äußern als in Regierungsverantwortung. Opposition heißt deshalb auch nicht, alles am Ende auf den letzten Cent durchgerechnet zu haben, sondern glaubwürdige Alternativen zu liefern. Die Opposition kann also freier agieren. Zu weit darf man es aber mit der Freiheit nicht treiben: Am Ende muss man auch immer in der Lage sein, diese Forderungen in Regierungsverantwortung umzusetzen.

Deshalb wäre es zum Beispiel fatal, wenn eine Partei mit einem offen verfassungswidrigen Vorschlag auf den Markt der Meinungen träte, um politische Geländegewinne einzufahren. Die Kollektivierungsideen eines Kevin Kühnert und dessen Ansage, nicht mehr Wohnraum besitzen zu dürfen, als man selbst bewohnt, gehört in diese Kategorie. Obwohl er nicht umsetzbar ist, hat dieser Vorschlag dennoch in ausgewählten Kreisen zu Begeisterung geführt und entsprechende Erwartungen geweckt. Sollte Kühnert diese Fantasie einmal in einem Kabinett umsetzen wollen, wird er scheitern. Der Glaubwürdigkeit politischer Verantwortungsträger hat er damit einen Bärendienst getan.

Die neuen Rechtspopulisten

Die AfD war nach der Bundestagswahl 2013 fast schon in der Bedeutungslosigkeit versunken. Im September 2015 lag sie in bundesweiten Umfragen bei gerade einmal drei Prozent. Erst das »Wir schaffen das« Angela Merkels und die dramatische Verschärfung der Flüchtlingssituation brachte die Partei wieder ins Spielfeld zurück, sodass sie nur zwei Jahre später Platz drei bei der Bundestagswahl belegte – in Sachsen sogar den ersten Platz. Wer einen Zusammenhang zwischen dem Aufstieg dieser Partei mit der Flüchtlingspolitik der Bundesregierung in Abrede stellt, ignoriert die Tatsachen.

Die AfD stieß dabei in eine kommunikative Lücke, die die damals im Bundestag vertretenen Parteien ließen. Sie sammelte viele Stimmen bei Menschen, die Überfremdungsängste hatten und Benachteiligungen befürchteten. Aber ebenso viele Stimmen bei Nazis, Reichsbürgern, Verirrten oder Durchgeknallten. Insofern hat unsere Demokratie ja funktioniert, weil diese Menschen nun eine Partei wählten, von der sie meinten, dass sie ihre Interessen vertrete. Viele Ängste dieser Menschen waren objektiv Unsinn, aber in den Wirren der verrückten Monate seit September 2015 wurden sie trotzdem enorm durchschlagend. Hinzu kam, dass die mediale Darstellung dieser Entwicklung häufig nicht auf die Wahrnehmung der Menschen vor Ort traf.

Die Otto-Brenner-Stiftung hat im Sommer 2017 in einer umfassenden Studie herausgefunden, dass der journalistische Qualitätsgrundsatz, neutral über die Geschehnisse zu berichten, seit Herbst 2015 sehr häufig unterlaufen wurde. Vielmehr wurden die untersuchten Qualitätsmedien selbst zu Akteuren des Geschehens, indem sie Wertungen und Beurteilungen in die öffentliche Debatte streuten. Vor allem aber schälte sich hier eine Art Haltungsjournalismus heraus, bei dem es nicht mehr darauf ankam, ob jemand ein besseres Argument vorbrachte, sondern ob man auf der richtigen Seite stand. Das »deutsche Wunder Willkommenskultur« wurde, so die Otto-Brenner-Studie, »in den Tageszeitungsberichten zu einer Art Zauberwort verklärt, mit dem freiwillig von den Bürgern zu erbringende Samariterdienste moralisch eingefordert werden konnten«. Das hässliche Wort der »Lügenpresse« konnte gleichzeitig Karriere machen.

Die AfD zeigte dem moralisch hochstehenden, aber eigentlich überforderten Berliner Medienbetrieb, dass die Zeit abgelaufen war, in der schlechte Berichterstattung Auswirkungen auf die Wahlergebnisse der betroffenen Partei hatte. Vielmehr nutzte die AfD ebendiese Negativberichterstattung und die moralische Aufregung über ihre wahnsinnigen Forderungen, um sich für die einen als Feindbild und für die anderen als Verfechter der »wahren«, von der »Lügenpresse« unterdrückten Meinung gerieren zu können. Dass sich Journalisten damit selbst instrumentalisieren ließen, ist vielen erst sehr spät aufgefallen.

Der von mir sehr geschätzte kritische Journalist und Kirchentagspräsident Hans Leyendecker zum Beispiel hat mit seiner Weigerung, die AfD zur politischen Diskussion auf dem Evangelischen Kirchentag 2019 einzuladen, genau den gleichen Fehler begangen. In den Augen des Haltungsjournalisten mag es die richtige Entscheidung gewesen sein. Für unsere demokratische Kultur hingegen ist dies ein fatales Signal. Die AfD ist eine zweifelsfrei demokratisch gewählte Partei – immerhin die Oppositionsführerin im Deutschen Bundestag. Eine solche haltungsbedingte Ausgrenzung offenbart, dass man aus moralischen – nicht aus demokratischen – Gründen nicht bereit ist, eine Partei mit nennenswerter Anhängerschaft am politischen Diskurs teilhaben zu lassen. Und man kann dieses Verhalten auch so interpretieren, dass die evangelische Kirche die argumentative Auseinandersetzung fürchtet. Dabei gilt doch eigentlich: Wer der Auffassung ist, die besseren Argumente zu haben, braucht sich nicht selbst um die Ausgrenzung zu sorgen. Das erledigen dann die Argumente der Pöbler und Populisten selbst. Es ist eine Frage des Vertrauens in unsere demokratische Streitkultur: Wenn *wir* nicht mehr die Spielregeln für einen geordneten Diskurs einhalten, uns für Rede und Widerrede einzusetzen, können wir es dann von den anderen erwarten? Und wir müssen begreifen, dass Empörung und Ausgrenzung die Batterien sind, aus denen die Rechtspopulisten ihre Energie gewinnen.

Die damalige politische Klasse hatte es nach dem September 2015 versäumt, Fragen zu beantworten. Als die Kanzlerin ihren berühmt gewordenen Ausspruch »Wir schaffen das« in der Bundespressekonferenz am 31. August 2015 äußerte, wäre dies erklärungsbedürftig gewesen. Wer ist »wir«? Sind »wir«

Deutschland, die Bundesregierung, Europa? Und vor allem: Was ist das »Das«, was wir schaffen? Bedeutet »das«, dass wir alle Menschen, die zu uns geflüchtet sind, in unsere Gesellschaft integrieren und berufliche Perspektiven geben? Oder dass wir allen Flüchtlingen so lange Hilfe und Unterstützung zukommen lassen, wie der Fluchtgrund besteht? Heißt »das«, dass unsere Verwaltung, das Bundesamt für Migration und Flüchtlinge (BAMF), diese Aufgabe pflichtgemäß bewältigt? Hätte es diese Aufklärung gegeben, wohin die Kanzlerin gehen will, hätte eine öffentliche Debatte darüber entstehen können. Dass dies unterblieben ist, hat den Aufstieg der AfD zumindest nicht behindert.

Zugleich sahen die Menschen, wie die Flüchtlingskrise plötzlich viele politische Türen öffnete. Auf einmal wurden Baugenehmigungen für Flüchtlingsunterkünfte auf Gebieten erteilt, die jahrelang nicht bebaut werden durften. In Hauruckverfahren wurden Landesbauordnungen verändert, Auflagen verringert, damit für Flüchtlingsunterkünfte schneller und vor allem preisgünstiger gebaut werden konnte. Ich habe diese Diskussion im schleswig-holsteinischen Landtag damals miterlebt. Die Begründung der führenden Sozialdemokraten für diese plötzliche Beschleunigung war: »Aber es geht doch um Menschen.« Ich entgegnete: »Worum ging es denn vorher?«

In Kiel wurde in dieser Zeit ein polizeilicher Erlass in Kraft gesetzt, der vorsah, Bagatelldelikte von Flüchtlingen, die auf der Durchreise waren, nicht mehr zu verfolgen. Jeder, der aus der Not heraus im Laden ein Brötchen klaute, sollte selbstverständlich weiter die volle Härte des Gesetzes spüren. Ich habe damals in Schleswig-Holstein befürwortet, dass die Gesundheitskarte für Flüchtlinge eingeführt wurde. Aber ich habe auch darauf hingewiesen, dass es ein guter Zeitpunkt wäre, dies auch für Obdachlose vorzusehen, die ebenfalls eine gute medizinische Versorgung verdient hätten. Die Frage kam also auf: Warum die, und nicht wir? Und so wurde durch die fehlende Beantwortung offener Fragen der Raum für Populisten erst geöffnet. Es waren eindeutig politische Fehler des Umgangs mit der Flüchtlingskrise, nicht unbedingt die Flüchtlingsströme selbst, die die AfD reüssieren ließen.

Die Frage bleibt, was passieren muss, damit diese Partei wieder überflüssig wird. Im jüngsten Europawahlkampf wurde ich von einem Journalisten gefragt, ob sich nicht alle proeuropäischen Parteien öffentlich zusammentun sollten, um gegen die Rechtspopulisten und Europahasser vorzugehen. Ich antwortete ihm, dass ich das für die genau falsche Vorgehensweise halte. Denn damit ebne man die programmatischen Unterschiede zwischen Union, SPD, FDP und Grünen ein, um eine symbolische Gemeinsamkeit gegenüber den Rechtspopulisten zu demonstrieren. Ich erklärte, dass wir damit nur die »Wir gegen die«-Strategie der AfD unterstützen würden. Das beste Mittel gegen rechte oder linke Populisten sei politische Problemlösung sowie harter inhaltlicher und sachlicher Streit um die besseren Ideen. Mehr nicht.

Deutschland in Europa, Europa in der Welt

Das Bild, das die Europäische Union in den vergangenen Jahren bisweilen gezeigt hat, war sicherlich nicht immer Werbung für ein gemeinsames Haus Europa. Man konnte den fatalen Eindruck gewinnen, dass in Europa weniger das gegenseitige Verständnis, sondern vielmehr die bürokratische Ordnung immer stärker wird. Zwar war dieses Europa-Bild sehr schief, es hatte emotional aber eine große Wirkung. Der Frust über das angeblich lebensferne und weltfremde Brüssel führte letztlich leider auch zum Brexit-Votum. Die Briten wussten mehrheitlich offenbar nicht mehr, wozu wir Europa brauchen.

Ich bekenne: Ich bin und bleibe ein leidenschaftlicher Europäer. Dies bin ich nicht nur aus emotionalen Gründen, weil ich die gelebte Freiheit schätze, die der gemeinsame Schengen-Raum bietet: offene Grenzen und in vielen Ländern auch mit der gemeinsamen Währung bezahlen zu können. Denke ich an frühere Zeiten, in denen man an Schlagbäumen stand und bei der Autofahrt nach Portugal das Portemonnaie voller verschiedener Devisen hatte, so freue ich mich heute über diesen Zugewinn an Lebensqualität und Freiheit, der für meine Töchter schon zur Selbstverständlichkeit geworden ist. Wenn ich bedenke, dass noch die Generation meines Vaters den Gleichaltrigen aus unseren Nachbarstaaten mit Gewehren gegenüberstand, so ist dieser heutige große Friedensraum Europa ein unermessliches Geschenk. Auch über sieben Jahrzehnte nach dem Ende des schrecklichen Krieges sollten wir dies nicht vergessen.

Ich bin auch aus Vernunftgründen ein leidenschaftlicher Europäer. Denn nur in und mit Europa können wir mit den anderen globalen Playern wie den Vereinigten Staaten und China Schritt halten. Nur durch die europäische Kooperation konnte beispielsweise Airbus ein ernst zu nehmender Mitbewerber von Boeing werden. Und nur gemeinsam können wir die Zukunft angehen: Deutschland, Frankreich oder Italien werden nicht alleine in den Bereichen der Digitalisierung und der Künstlichen Intelligenz auf Augenhöhe mit den Amerikanern und Chinesen sein können. Wir benötigen die europäische Zusammenarbeit, um auch in der nahen, aber noch sehr fern klingenden Zukunft unseren Wohlstand sichern zu können.

Das geht natürlich nur, wenn sich auch Deutschland mehr

auf Europa einlässt. Ich betrachte mit großer Sorge, dass das Auftreten der Bundesregierung in den vergangenen Jahren nicht dazu angetan war, den gemeinsamen europäischen Gedanken zu stärken. Vielmehr hatte man in den Hauptstädten unserer Nachbarn den Eindruck, Berlin wolle Europa nicht nur wirtschaftlich, sondern auch moralisch dominieren. Gerade im Zuge der Flüchtlingskrise des Jahres 2015 wäre ein stärkeres Werben für eine gemeinsame Position notwendig gewesen und nicht die moralische Überheblichkeit, die die deutsche Seite an den Tag legte. Vor diesem Hintergrund war es für mich nicht verwunderlich, dass bei unseren Nachbarn Wahlen mit antideutschen Ressentiments bestritten wurden, in Polen, Ungarn, Italien und sogar in Österreich.

Wenn wir mehr Europa wollen, müssen wir auch darüber reden, dass dieses Europa nicht deutsch geprägt sein wird. Denn gemeinsame politische Projekte wie zum Beispiel eine europäische Arbeitslosenversicherung, die des Öfteren in Deutschland gefordert wird, werden nicht auf dem gleichen Level gewährleistet werden können, das wir in Deutschland gewohnt sind. Denn EU-Partner mit einer schwächeren Wirtschaftskraft, wie etwa Rumänien oder Bulgarien, können sich das Versorgungsniveau, das hierzulande besteht, schlichtweg nicht leisten. Das bedeutet also auch, dass eine entsprechende EU-weite Angleichung bei uns eine Niveaureduzierung beinhaltet. Wir sind gut beraten, wenn wir dies offen und unmissverständlich benennen. Und selbstverständlich wird eine gemeinsame europäische Energie- und Klimaschutzpolitik die Nutzung der Kernenergie und auch eine weitere Kohleverstromung zum Beispiel in Polen und Tschechien einschließen. Das gemeinsame europäische Asylrecht wird den Individualrechtsschutz von Artikel 16 des Grundgesetzes, den wir als einziges Land gewährleisten, nicht mehr enthalten.

Ich möchte die Vereinigten Staaten von Europa als Ziel des europäischen Integrationsprozesses. Das heißt auch, dass Deutschland nicht mehr alleine die Richtung vorgeben kann. Wenn wir also mehr Europa wollen, müssen wir das Mehrheitsprinzip einführen – und dann müssen wir Deutsche auch akzeptieren, dass es Mehrheiten jenseits unserer Interessen gibt. Ich halte es für einen Fortschritt für die europäische Demokratie und Integration, wenn wir dann wieder mit besseren Argumenten für den gemeinsamen Fortschritt werben müssen.

In mehreren deutschen Bundesländern wurde jüngst eine sehr absurde Debatte darüber geführt, welche Feiertage man offiziell als neue freie Tage einführt. Hintergrund war dabei, dass sich einige – vor allem nördliche – Bundesländer über die vielen Feiertage in den südlichen, meist katholisch geprägten Regionen ärgerten und die sogenannte Feiertagslücke schließen wollen. Mit anderen Worten: Man sucht einen Anlass, der plötzlich so wichtig ist, dass man ihn feiern sollte. Ich glaube, wenn wir Europa als gemeinsames Projekt ansehen wollen, dann wäre es viel hilfreicher, einen europäischen Feiertag einzuführen, an dem sich alle Europäer (der EU) an das größte Friedensprojekt der Nachkriegsgeschichte erinnern können. Wenn wir Europa weiter mit Leben füllen wollen, warum fangen wir nicht hier gleich an?

Unser Verhältnis zu Russland

Das Verhältnis der Deutschen zu unserem russischen Nachbarn ist zweigeteilt. Das ist noch sehr deutlich auf die jeweilige Sozialisation zurückzuführen, denn russlandkritische Stimmen findet man im Westen Deutschlands häufiger als im Osten. Als sich die Ost-Ministerpräsidenten, darunter Manuela Schwesig (SPD), Rainer Haseloff (CDU) und Bodo Ramelow (Linke), im Januar 2018 für eine Lockerung der Russland-Sanktionen nach der Krim-Annexion aussprachen, rieben sich einige Kollegen im Westen verwundert die Augen. In Düsseldorf, Wiesbaden oder Saarbrücken konnte man kaum glauben, dass diese Position überhaupt irgendwo in Deutschland mehrheitsfähig sein könnte. Die Beweggründe der Kollegen aus Mecklenburg-Vorpommern, Thüringen oder Sachsen-Anhalt waren jedoch relativ einfach: Zum einen war nicht ersichtlich, dass die Sanktionen irgendeine steuernde Wirkung auf das Verhalten Moskaus ausübten. Zum anderen nahmen auf Dauer die ostdeutschen Unternehmen Schaden, die ihrerseits historisch gewachsene, enge Bindungen zu Russland hatten.

Es steht vollkommen außer Frage, dass die Besetzung der Krim durch russische Truppen völkerrechtswidrig, zumindest aber ein Bruch des Budapester Vertrags von 1994 war, und dass dadurch die Beziehungen zwischen Russland und Deutschland massiv beeinträchtigt sind. Wir müssen jedoch auch berücksichtigen, dass wir im deutsch-russischen Verhältnis schon einmal deutlich weiter waren als zum Zeitpunkt des Ausbruchs der Krim-Krise im März 2014. Ich kann mich sehr gut an die Rede erinnern, die Wladimir Putin am 25. September 2001 im Bundestag hielt. Er hielt einen großen Teil seiner Ansprache auf Deutsch – und sprach eine Liebeserklärung aus an das Land, in dem er viele Jahre vorher mit seiner Familie gelebt hatte. Gegen Ende seiner Rede erklärte er: »Wir schlagen heute eine neue Seite in der Geschichte unserer bilateralen Beziehungen auf, und wir leisten damit unseren gemeinsamen Beitrag zum Aufbau des europäischen Hauses.« Die Abgeordneten reagierten auf diese Rede über die Fraktionsgrenzen hinweg mit Standing Ovations. Heute klingen Putins Worte wie aus einer anderen Zeit. Das deutet darauf hin, dass wir irgendwann falsch abgebogen sind.

Kurz nach dem Ausbruch der Krim-Krise meldete sich der langjährige Staatsminister im Auswärtigen Amt und Vorsitzende der Münchener Sicherheitskonferenz, Wolfgang Ischinger, zu Wort. In der Zeitschrift *Internationale Politik* schrieb er, dass der Westen nicht ganz unschuldig an der Genese dieser militärischen Auseinandersetzung gewesen sei. Denn man hätte ab einem bestimmten Zeitpunkt »den Schluss ziehen müssen, dass es nicht möglich sein würde, die NATO-Erweiterungspolitik fortzusetzen, ohne eine schwere Krise mit Moskau heraufzubeschwören«. Auch wenn es in der politischen Diskussion nicht unbedingt opportun ist zu sagen: Ischingers Gedanke, dass es einen – wenn auch nur psychologisch begründeten – Einflussbereich Russlands gibt, der durch die NATO-Osterweiterung berührt wurde, ist nicht wegzudiskutieren.

Des Weiteren plädiere ich dafür, dass wir von unserem hohen moralischen Ross in der Außenpolitik, und speziell in der Russlandpolitik herabsteigen. Es ist im Verhältnis zu Moskau viel von Prinzipienfestigkeit die Rede. Man müsse klare Kante zeigen, wenn es darum geht, sich zu den russischen Verfehlungen in der Menschenrechtspolitik hinsichtlich der Meinungs- und Pressefreiheit oder in Bezug auf das Völkerrecht zu positionieren. Prinzipiell finde ich diese Haltung nachvollziehbar. Schließlich haben wir Deutsche beziehungsweise wir Europäer gemeinsame Grundwerte, die wir auch als Reaktion auf das dunkelste Kapitel des vergangenen Jahrhunderts gebildet haben und die wir selbstverständlich verteidigen sollten. Wir sollten jedoch nicht so tun, als wären wir die Speerspitze der Völkerrechtsbewegung. Denn wenn wir völkerrechtliche Konsequenz derart moralisch aufgeladen vor uns hertragen, sollten wir diese Konsequenz sinnigerweise nicht nur gegenüber einem Land, sondern gegenüber der Tat – in diesem Fall: völkerrechtswidrige Annexion – an den Tag legen. Doch diesen hohen moralischen Anspruch halten wir nicht durch.

In diesem Zusammenhang erinnere ich immer wieder daran, dass wir ohne eigene moralische Selbstkasteiung Geschäfts- und Verhandlungsbeziehungen zu China oder der Türkei pflegen, die ihrerseits Tibet respektive den Norden Zyperns völkerrechtswidrig einverleibten. Wir moralisieren, benennen dies aber als konsequent um. Das Schlimmste ist jedoch nicht diese Doppelmoral, sondern die Tatsache, dass es die meisten gar nicht merken, dass es doppelmoralisch ist.

Und wenn es darauf ankommt, dann ist selbst der deutschen Bundesregierung das Völkerrecht gleichgültig – Hauptsache, Berlin wähnt sich auf der richtigen Seite. Als die Vereinigten Staaten, Großbritannien und Frankreich in einer konzertierten Aktion einen Militärschlag gegen mutmaßliche Chemiewaffeneinrichtungen in Syrien am 14. April 2018 durchführten, erklärte die Bundesregierung offiziell, die Angriffe seien »erforderlich und angemessen« gewesen. Vorausgegangen war ein schrecklicher Giftgaseinsatz in der syrischen Stadt Duma, der die dortige Bevölkerung traf und viele Tote und Verletzte forderte. Auch wenn ich diesen Vergeltungsschlag der westlichen Allianz emotional nachvollziehen kann, war er dennoch völkerrechtswidrig. Dies stellte der Wissenschaftliche Dienst des Deutschen Bundestags einige Wochen später eindeutig fest. Er schrieb hierzu abschließend unter Verweis auf die einschlägige Literatur: »Politische und rechtliche Glaubwürdigkeit hingen überdies davon ab, dass bei der völkerrechtlichen Beurteilung von Militäroperationen (Beispiele: russische Krim-Annexion von 2014, NATO-Operation im Kosovo 1999, Militärschläge von NATO-Bündnispartnern gegen Syrien 2018) nicht mit zweierlei Maß gemessen werde.«

Nüchtern betrachtet ist das eine Ohrfeige für alle außenpolitischen Moralisten. Dass sich manch einer als moralisch höherwertig fühlt, wenn er Völkerrecht bricht, ändert nichts an dem Umstand, dass er das Völkerrecht bricht.

Um nicht missverstanden zu werden: Auch ich halte es für richtig und notwendig, dass wir gegenüber Russland nachdrücklich deutlich machen, dass wir Völkerrechtsverstöße nicht schulterzuckend zur Kenntnis nehmen. Vielmehr sehe ich es als unsere Pflicht an, die Krim-Annexion oder die russischen Aktivitäten im Donezbecken (Donbass) weltöffentlich anzuprangern und auch zu sanktionieren. Aber wir dürfen genauso wenig die Bewertung von Völkerrechtsbrüchen Opportunitätserwägungen unterwerfen. Das untergräbt unsere Glaubwürdigkeit und unsere außenpolitische Verlässlichkeit.

Im Sommer 2018 war ich in meiner Funktion als Vizepräsident des Bundestags für ein paar Tage in der Ukraine. Ich war sehr überrascht, dass man dort tatsächlich darüber spekulierte, ob der Westen die Krim möglicherweise wieder freikämpfen könne. Da musste ich meine diversen Gesprächspartner jedoch enttäuschen. Die Aussicht darauf, dass die Bundeswehr in einen Krieg mit Russland zieht, ist fern jeder Realität. Ich erklärte, dass ich es vielmehr als Aufgabe Deutschlands ansehe, alles dafür zu tun, dass sich die Situation auf der Krim und in der Ostukraine entspannt, um erst einmal die Grundlage für die Lösung des Problems zu schaffen. Das geht natürlicherweise nicht mit Säbelrasseln, sondern ausschließlich im respektvollen Gespräch auf Augenhöhe.

Unser Ziel muss es sein, auch gegenüber Moskau wieder zu einem vertrauensvollen Miteinander zu kommen. Es ist unbestreitbar, dass wir nicht nur geografisch immer eng mit Russland verbunden sein werden. Wir können auch nur gemeinsam die großen und komplizierten internationalen Krisenherde bekämpfen – seien sie im Nahen und Mittleren Osten oder in Europa. Frieden in Europa können wir selbstverständlich nur mit, und nicht gegen Russland ermöglichen. Es ist wichtig, dass wir die gegenseitige Sprachlosigkeit überwinden. Bei meinen Gesprächen in Moskau habe ich gelernt, dass die dortigen Entscheidungsträger eine direkte und offene Sprache verstehen. Es ist also dringend nötig, dass wir wieder einen Weg finden, um unverstellt und ungeschminkt die eigene Position zu erläutern. Denn nur wer weiß, wo die Dissens- und wo die Konsenspunkte im beiderseitigen Verhältnis sind, kann am Ende zu einem tragfähigen Ausgleich finden. Der Frieden in Europa ist es wert.

Jeder so, wie er kann ...

Friedrich der Große forderte schon, dass jeder nach seiner Fasson selig werden solle. Das ist ein urliberales, freiheitliches Credo. Nach meiner Vorstellung von Freiheit soll jeder entsprechend seinen Fähigkeiten und Wünschen das Leben selbst in die Hand nehmen können. Das Ziel einer freiheitlichen Politik muss daher nicht nur sein, alle Möglichkeiten zur Entfaltung der individuellen Persönlichkeit bereitzustellen, sondern auch, Menschen so lange wie nur möglich aktiv am Leben teilhaben zu lassen. Es gibt tatsächlich politische Kräfte, die im Besitz letzter Wahrheiten zu sein glauben und sich deshalb im Recht sehen, über das Leben anderer zu bestimmen.

Die SPD-Bundestagsfraktion hat vor einigen Jahren ein Positionspapier erarbeitet mit dem Titel »Gesunde Ernährung erleichtern – mit besseren Lebensmittelrezepturen«. Nun stellt sich zum einen die Frage, ob wir schon so weit sind, dass Koch- und Backrezepte von sozialdemokratischen Fraktionsarbeitskreisen beschlossen werden sollten, weil sie die Definitionsmacht über »bessere« Rezepturen haben. Zum anderen kommen die Ernährungsfachleute der Sozialdemokratie in dem Papier zu dem Schluss, dass die Konsumenten eigentlich schon alle Informationen zur Verfügung hätten, sie sich aber offenbar zu häufig falsch entscheiden würden. Daher, so ein Schluss dieser Ausarbeitung, sei neben einem gesetzlichen Zwang zur Veränderung der Rezepturen noch mehr Anleitung notwendig – denn: »Aufklärungskampagnen helfen hier nur bedingt«.

Hinter diesem Papier steckt ein paternalistischer Gedanke. Das staatliche Hineingreifen in den Bereich der privaten Selbstbestimmung hat in den Parteien in den vergangenen Jahren leider immer mehr Anhänger gefunden. Im Kanzleramt wurden extra Fachkräfte eingestellt, die sich um das sogenannte Nudging kümmern sollten. Die Menschen sollten angestupst werden, eine »richtige« Entscheidung im Sinne der Bundesregierung zu treffen. Bei dieser Denkweise geht es nicht mehr um Ermöglichung, sondern Erziehung zu einem besseren Menschen. Und es wird auf Parteitagen oder andernorts bestimmt, was »besser« bedeutet. Durch diese Vorgehensweise wird ein Menschenbild offenbar, das den Einzelnen augenscheinlich für zu dumm hält, sich vernünftig zu entscheiden – beziehungsweise im Fall des SPD-Ernährungspapiers: die angeblich zu komplizierten, gesetzlich aber vorgeschriebenen Inhaltsangaben richtig zu lesen.

Die SPD hat sich in den vergangenen Jahren zu einer Partei entwickelt, die ihre Aufgabe darin sieht, Menschen zu betreuen. Wo aber der Wunsch nach Betreuung anderer da ist, bedarf es auf Dauer auch immer mehr Menschen, die betreut werden sollen, um die eigene Existenzberechtigung weiter zu vergrößern. Abgesehen davon, dass diese Strategie nicht funktioniert hat, spielt die Freiheit des Einzelnen dabei nur noch eine untergeordnete Rolle.

Damit jeder nach seiner Fasson leben kann, müssen wir also den politischen Einfluss auf die private Lebensführung begrenzen. Dazu zählt auch, dass wir marktwirtschaftliche Elemente beibehalten, die ermöglichen, dass man auch mehr verdienen kann, wenn man mehr Verantwortung trägt oder mehr leistet. Das heißt nicht, dass wir nicht über Einkommensunterschiede diskutieren dürfen. Ich finde auch, dass Pflegekräfte oder Kindergärtner und Kindergärtnerinnen mehr verdienen sollten. Auch die Bundeskanzlerin verdient verglichen mit der Verantwortung, die Sparkassendirektoren tragen, wenig. Und die Überlegung, dass über die Gehälter von börsennotierten Unternehmen künftig nicht mehr der Aufsichtsrat, sondern die Hauptversammlung entscheiden soll, also praktisch die Eigentümer, finde ich sinnvoll. Denn es ist auch deren Geld, das ausgegeben wird. Bei Personengesellschaften oder bei Leistungsträgern anderer Art sind es aber immer noch die Menschen selbst, die entscheiden, ob und wie viel sie wofür bezahlen.

So verhält es sich bei Fußballspielern, Hollywoodstars oder Influencern, die ebenfalls Millionen im Jahr verdienen. Menschen geben zum Teil horrende Summen aus, um beim Fußball-WM-Finale oder auf einem Konzert von den Rolling Stones zu sein. Sie bezahlen dies freiwillig und haben dabei sogar einen persönlichen Mehrwert. Wo ist das Problem?

Angst vor Verantwortung

Seit ich wieder im Bundestag sitze, ist mir klar geworden, warum in Deutschland immer weniger funktioniert. Und zwar in meiner Funktion als Vorsitzender der Baukommission des Ältestenrates, die für die Bauten des Bundestages zuständig ist. Die Verwaltung, mit der ich es hierbei zu tun habe, führt es mir vor Augen. Das Grundproblem liegt darin, dass auf allen Ebenen Menschen arbeiten, die sich nicht mehr trauen, etwas zu entscheiden. Regelmäßig bekomme ich Vorlagen auf meinen Schreibtisch, in denen zwar alle Bedenken dargelegt sind, aber keiner vorschlägt, wie ein Vorhaben umgesetzt werden kann. In der ersten Sitzung der Kommission habe ich gesagt: »Sehr geehrte Damen und Herren, dass etwas nicht geht, weiß ich auch alleine. Sie sind dafür da, mir zu erklären, wie es geht. Wenn Sie dazu nicht in der Lage sind, brauche ich Sie nicht.« Zu großer Begeisterung hat meine Stellungnahme zwar zunächst nicht geführt, aber immerhin dazu, dass irgendwann die Mitarbeiter angefangen haben, selbst kreative Ideen zu entwickeln. Problematisch ist außerdem, dass speziell im Baubereich unsere Gesetzeslage so stark ausdifferenziert ist, dass nahezu jeder Mitarbeiter in jeder Behörde auf rechtssicherer Grundlage ein Vorhaben verhindern kann. Als Vorsitzender der Baukommission habe ich also gelernt, je nach persönlicher Befindlichkeit und politischem Interesse auf der Gegenseite, mal mit Charme, mal mit Druck vorzugehen – oder wie auf einem orientalischen Basar zu feilschen.

Ich habe den Eindruck, dass der Mut, Verantwortung zu übernehmen, erkennbar schwindet. Es ist offenbar ein Zug der Zeit, dass deshalb auch der politische Wunsch nach Ausweitung von Volksentscheiden größer wird. Beispielsweise forderten SPD, Grüne und Linke in ihren Wahlprogrammen 2017 mehr direkte Demokratie und Volksentscheide auf Bundesebene. So populär diese Forderung vielleicht sein mag, ich halte sie für falsch. Denn die repräsentative Demokratie gibt es nicht ohne Grund. Mit ihr wird das demagogische Potenzial für bestimmte politische Entscheidungen erheblich abgesenkt. Wir können vermuten, dass das Gefühl der »Willkommenskultur« vom Herbst 2015 andere Ergebnisse bei einer entsprechenden Volksbefragung über – zum Beispiel – den Umgang mit Flüchtlingen gebracht hätte, als unmittelbar nach den massenhaften sexuellen Übergriffen in der Kölner Innenstadt in der Silvesternacht wenige Monate später.

Man wird nicht in politische Verantwortung gewählt, um sie bei nächster Gelegenheit zurückzugeben. Der Gedanke ist verbreitet: Wenn die Bürgerinnen und Bürger über eine schwierige Frage entscheiden, dann könne man selbst nicht für diese Entscheidung zur Verantwortung gezogen werden. Dabei geht es genau darum: dass man gewählt wird, um Entscheidungen zu treffen und dass man sich bei der nächsten Wahl dafür verantworten muss. Wer seinen Job gut gemacht hat, wird wiedergewählt. Wer ihn schlecht gemacht hat, wird abgewählt. Wer aber gar nicht entscheidet, um am Ende nicht schlecht dazustehen, schadet nicht nur unserer Demokratie, sondern auch unserem Gemeinwesen. Kurzum, der Volksentscheid in der repräsentativen Demokratie heißt also zunächst einmal »Wahlen«.

Statt kraftvoller Entscheidungen erleben wir jedoch häufig eine politische Flucht in Minderheitenthemen. Um nicht missverstanden zu werden: Minderheitenschutz ist vollkommen zu Recht grundgesetzlich garantiert. Aber wenn man sich hauptsächlich um Minderheiten kümmert und die Interessen der Mehrheit dauerhaft vernachlässigt, kommt ein gefährliches gesellschaftliches Ungleichgewicht zustande. Ein Beispiel: Die erste Drucksache, die der frisch gekürte Justizsenator Dirk Behrendt von den Grünen Ende 2017 an das Berliner Abgeordnetenhaus schickte, hatte den Titel »Hürden beseitigen – Unisextoiletten in öffentlichen Gebäuden einrichten«. In diesem Bericht wurde erklärt, dass die Stadt Berlin für 5000 Euro eine Machbarkeitsstudie in Auftrag gegeben habe, die wiederum zur Erkenntnis kam, dass »die Einrichtung von WCs für alle Geschlechter ohne Nutzungseinschränkung möglich ist«. Was die einen als bahnbrechenden Erfolg der Minderheitenpolitik zelebrierten, wirkte für viele andere wie von einem anderen Stern. Denn gleichzeitig erleben die Menschen, dass die öffentliche Hand nicht mehr in der Lage ist, Schultoiletten zu sanieren, Kitaplätze in ausreichender Zahl bereitzustellen oder bezahlbaren Wohnraum zu schaffen.

Die Flucht in die Minderheitenpolitik ist deshalb auch bequem, weil man zum einen zwar dokumentieren kann, dass man tätig geworden ist. Und zum anderen, weil die politischen Mitbewerber kaum etwas dagegen sagen können. Es ist gewissermaßen ein geschützter öffentlicher Kommunikationsraum: Wer Minderheitenpolitik kritisiert, muss nämlich damit rechnen, dass man ihn als Minderheitenunterdrücker denunziert. Das ist zwar in aller Regel falsch, funktioniert aber.

Ich würde mir wünschen, dass wir über eine neue Fehlerkultur sprechen – vor allem im politischen Bereich. Natürlich gilt stets der Grundsatz, je mehr Verantwortung man trägt, umso eher kann man Professionalität erwarten. Und umso seltener sollten Fehler vorkommen. Aber klar sollte sein, wo Menschen arbeiten, passieren Fehler. Wenn wir dokumentieren würden, dass wir menschliche Fehler als Teil eines Fortschrittsprozesses akzeptieren, dann wären wir schon ein gutes Stück weiter. Denn dann kommen wir vielleicht wieder dazu, dass maßgebliche und weitreichende Entscheidungen getroffen werden, für die man gerne Verantwortung übernimmt.

Sagen, was man denkt

Es klingt vielleicht wie eine banale Feststellung, aber in Deutschland brauchen wir wieder Mut zur Veränderung. Das setzt voraus, dass wir wieder den Mut zur Auseinandersetzung über den besseren Weg haben. Bedauerlicherweise scheint der Mut, sich in öffentlichen Debatten zu Wort zu melden, sich einzumischen und für ein Thema einzusetzen, nachgelassen zu haben. Schenken wir den Umfrageinstituten Glauben, dann haben immer mehr Menschen in unserem Land die Sorge, sich bei bestimmten Problemfragen öffentlich zu positionieren. So erklärten im Mai 2019 71 Prozent der Befragten gegenüber dem Institut für Demoskopie Allensbach, dass sie sich nicht trauten, ihre persönliche Auffassung zur Flüchtlingspolitik kundzutun. Weitere Tabuthemen waren etwa der Islam, Juden, die Nazizeit, die AfD oder Rechtsextremismus. Andere Bereiche, wie Klimaschutz oder Arbeitslosigkeit waren deutlich weniger heikel – die Mehrheit fühlte sich hier in der Meinungsäußerung nicht eingeschränkt.

Diese Zahlen müssen uns sehr nachdenklich machen. Denn der Eindruck drängt sich auf, dass viele Menschen einen konstitutiven Bereich unserer offenen Gesellschaft, die Meinungsfreiheit, nur noch selektiv wahrnehmen. Das bedeutet, es gibt Lebensbereiche, bei denen es schwieriger wird, über Fortschritte zu diskutieren, weil vermutlich nicht mehr alles auf den Tisch gelegt wird. Wir können kein gesellschaftliches Gesamtbild einfangen und deshalb keine Lösung erarbeiten, die alle Seiten angemessen berücksichtigt, wenn sich über zwei Drittel der Menschen der öffentlichen Debatte entziehen. Und obwohl wir selbstverständlich nicht wissen, was die 71 Prozent der Befragten der Öffentlichkeit verheimlichen, können wir mutmaßen: Die Tabus sind eher auf der »rechten« Seite zu finden.

Nun würde niemand auf die Idee kommen, dass diejenigen 71 Prozent der Deutschen, die sich nicht flüchtlingspolitisch äußern wollen, verkappte Fremdenfeinde sind. Gleichwohl deutet diese dramatische Zahl darauf hin, dass es einen Meinungsmainstream gibt, der politisch links zu verorten ist und tief in der Mitte der Gesellschaft für Unwohlsein und Verkrampftheit sorgen kann. Denn wenn sich eine Mehrheit bei gewissen Themen von der öffentlichen Debatte abgestoßen oder gar ausgestoßen fühlt, ist das kein Randphänomen mehr.

Dies ist tatsächlich kaum verwunderlich, wenn man bedenkt, wie schnell man heutzutage mit einem Rechtspopulisten gleichgestellt oder mit einem Nazivergleich belegt werden kann. Es ist ein widerliches Mittel der politischen Herabsetzung, das ich vor allem in jüngster Zeit von sozialdemokratischen und grünen Vertretern gehört habe. Der grüne Europaabgeordnete Michael Cramer erklärte Anfang 2019 in einem Radiointerview im Zuge der damaligen Diskussion über Feinstaubgrenzwerte: »Es gibt Leute, die leugnen den Klimawandel. Es gibt Leute, die leugnen den Holocaust. Es gibt Leute, die leugnen, dass Feinstaub und Feinstaubpartikel und CO_2 und Stickoxide gesundheitsschädlich sind, das gehört dazu.« Oder wie der grüne Bundestagsabgeordnete Dieter Janecek, der die CDU und die FDP »zusammen mit ein paar verirrten Lungenärzten« auf Reichsbürger-Niveau definierte. Wer so redet, sollte anderen nicht vorwerfen, sie würden spalten, statt versöhnen.

Der sozialdemokratische Bundestagsabgeordnete Sönke Rix wiederum erklärte im April 2019 gegenüber der Zeitung *Die Welt*, man könne Politiker der AfD problemlos mit Nazis vergleichen. Zwar gibt es bei der AfD wohl einige Vertreter, die eine dahingehend extreme Position vertreten. Aber wer eine uneingeschränkte Gleichsetzung der AfD mit den Nationalsozialisten vornimmt, verharmlost die Gräueltaten, die im deutschen Namen zwischen 1933 und 1945 begangen wurden.

Es vergiftet und zerstört die öffentliche Debatte, wenn über eine freie Meinungsäußerung ein pauschales Unwerturteil ausgesprochen wird, weil sie der einen Seite politisch nicht in die Agenda passt. Wenn wir nur noch unterscheiden zwischen Nazis und Nicht-Nazis, zwischen den Rechten und den Richtigen, lösen wir Meinungspluralität auf und arbeiten auf Konformität in der Debatte hin. Aber eine Gesellschaft, in der man nur noch zwischen den Alternativen »gut« und »böse« entscheiden kann, ist nicht mehr frei.

Das impliziert auch, dass wir Meinungsvielfalt nicht nur tolerieren, sondern aktiv einfordern. Wenn wir eine Vielfalt von Meinungen wollen, dann müssen wir auch Meinungen zulassen, die wir eindeutig nicht teilen, sondern denen wir grundlegend widersprechen. Das ist der Sinn der Meinungsfreiheit. Solange keine Rechtsnormen übertreten und keine Beleidigungen oder Schmähungen ausgestoßen werden, sind diese Meinungen nicht nur zulässig, sondern als Bestandteil einer lebendigen Debattenkultur sogar ausdrücklich erwünscht. Pluralität ist die Anerkennung der Verschiedenheit, nicht der Gleichheit.

Das Grundgesetz stellt in Artikel 5 fest: »Jeder hat das Recht, seine Meinung (...) frei zu äußern und zu verbreiten (...).« Aber niemand hat den Anspruch darauf, dass seine Meinung von allen anderen geteilt wird. Das sieht unsere Rechtsordnung nicht vor. Wir müssen nicht jede abweichende Haltung gut finden oder als eine Bereicherung des demokratischen Diskurses abfeiern, sie aber zu akzeptieren und zu tolerieren sind wir in unserem freiheitlichen Rechtsstaat verpflichtet. Ich bin ein leidenschaftlicher Demokrat und absoluter Verfechter der Meinungsfreiheit. Deshalb halte ich es für unsere Demokratie für lebens- und überlebensnotwendig, wieder zu dokumentieren, dass Meinungsfreiheit mehr ist, als die eigene Meinung zu transportieren – nämlich auch, die andere im Zweifel zu verteidigen, sofern sie sich im Rahmen des rechtlich Erlaubten befindet. Schalten wir hier nicht bald um, demontieren wir die Grundlagen unserer Freiheit.

Recht vor Moral

Leider erleben wir in der politischen Debatte immer häufiger, dass von politischen Verantwortungsträgern Moral über das Recht gestellt wird. Politischer Wille, so ist bisweilen der Eindruck, könne geltendes Recht außer Kraft setzen. Ich warne dringend vor einer solchen Entwicklung und werde den Grundsatz »Es gibt kein Recht über dem Recht« immer mit aller Macht verteidigen.

Ein Beispiel: Im Sommer 2018 war sich ein Großteil der deutschen Politiker in der Debatte um die Abschiebung des mutmaßlichen Leibwächters von Osama bin Laden, Sami A., einig, dass der tunesische Gefährder in sein Heimatland abgeschoben werden sollte. Am frühen Morgen des 13. Juli hatten sich Abschiebebehörden über einen eindeutigen Hinweis des Verwaltungsgerichts Gelsenkirchen hinweggesetzt und einen Eilbeschluss ignoriert, den Gefährder kurz vor Übergabe an die tunesischen Behörden wieder zurück nach Deutschland zu holen. Die Rechtslage war klar: Kein Gefährder, nicht mal ein Kinderschänder oder Mörder darf nach geltendem deutschen Recht in ein Land abgeschoben werden, wenn ihm dort Tod oder Folter droht. Das ist ein Grundsatz unseres humanitär geprägten Rechtsverständnisses. So sprach das düpierte Verwaltungsgericht auch von einem »grob rechtswidrigen« Vorgehen, das »grundlegende rechtsstaatliche Prinzipien« verletzte. Die emotionale Lage war aber fast ebenso eindeutig: Viele waren erleichtert, dass Sami A. aus Deutschland weggebracht wurde, weil von ihm Terrorgefahr ausging. Der sächsische Ministerpräsident Michael Kretschmer (CDU) erklärte etwa: »Ich bin froh, dass Sami A. Deutschland verlassen hat. Er soll nicht wiederkommen.« Und aus der Düsseldorfer Staatskanzlei äußerte sich dessen christdemokratischer Amtskollege Armin Laschet dazu wie folgt: »Wir als Politiker haben nach Recht und Gesetz zu entscheiden, das hat die Landesregierung gemacht. Und ich denke, im Ergebnis können wir froh sein, dass der Gefährder nicht mehr in Deutschland ist.«

Ich hatte mich schon damals gegen die unverhohlene Freude über das Ergebnis dieses Vorgangs gewandt. Selbstverständlich bin auch ich der Auffassung, dass gerichtlich definierte ausländische Gefährder konsequent unseres Landes verwiesen werden müssen. Aber in einem Rechtsstaat steht nicht immer das Erreichen des Ziels an oberster Stelle. Der Weg zum Ziel ist mindestens genauso wichtig. Und dass dieser Weg nicht ohne rechtswidrige Abkürzungen beschritten wurde, deutete sich damals schon an.

Politischer Wille steht in einem Rechtsstaat nicht über dem Recht und ersetzt kein ordentliches rechtsstaatliches Verfahren. Es gab sehr gute Gründe, die Gewaltenteilung einzuführen. Und jeder, der diesen Grundsatz relativiert, versündigt sich an unserem Rechtsstaat.

Gerade von politischen Entscheidungsträgern dürfen die Menschen erwarten, dass sie sich für die Beachtung der Rechtsnormen stark machen und einsetzen. Denn klar ist auch, nur der Gesetzgeber hat das Recht, Gesetze zu verändern. Aber niemand – nicht einmal Ministerpräsidenten und Abgeordnete, die selbst Gesetzgeber sind – hat das Recht, sich über diese Normen hinwegzusetzen. Und wenn dann – wie im Falle Sami A. geschehen – auch Abgeordnete dokumentieren, das Einhalten von Regeln könne nach ihrem Empfinden Opportunitätserwägungen unterworfen werden, ist dies erschreckend. Denn es ist die genuine Aufgabe des Gesetzgebers, diese Normen im Zweifelsfall entsprechend anzupassen – und nicht, sie bei Gelegenheit zu ignorieren. Es ist nicht die Aufgabe politischer Entscheider, den Rechtsstaat anlassbezogen ein- oder auszuschalten. Dies untergräbt die Grundlagen unseres Gemeinwesens.

Unser Gemeinwesen wird auch an anderer Stelle durch politische Relativierungen auf die Probe gestellt. Hintergrund ist auch hier ein zweifelhafter Rückgriff auf eine höher stehende Moral. Auch wenn es auf der linken Seite des politischen Spektrums einige anders sehen mögen – der Rechtsstaat darf keine Unterscheidung zwischen rechter und linker Gewalt machen. Die leider schon traditionellen Ausschreitungen am 1. Mai in deutschen Großstädten sind nicht deshalb als hinzunehmender Teil einer harmlosen Subkultur anzusehen, weil es bei den antikapitalistisch motivierten Taten angeblich um die »gute« linke Sache geht. Gewalt gegen Polizeibeamte – auch zu sehen bei den G20-Krawallen in Hamburg – ist nicht besser oder entschuldbarer als solche Gewalt, die von Hooligans oder Neonazis ausgeht. Beide müssen strafrechtlich verfolgt werden, und die Polizeibeamten haben bei ihrer schweren und gefährlichen Aufgabe alle gesellschaftliche Solidarität verdient. Als also die Bundesvorsitzende der Linken, Katja Kipping, anlässlich der Gewalttaten um den G20-Gipfel auf Facebook schrieb: »Die Polizeiführung lässt ihre Hundertschaften mit schwerem Gerät durch die Straßen der Hansestadt marodieren. (...) Die Eskalation geht eindeutig von den Behörden aus«, zeigte sie ein gefährliches Verständnis für linke Gewalt.

In Schleswig-Holstein konnten wir vor ein paar Jahren erleben, dass Polizeibeamte mit Fäkalien bespritzt wurden, als sie eine autonome Versammlung auflösen mussten. Ein grüner Landtagskollege hielt dies sogar für eine legitime Form des politischen Widerstands. Ich habe hierzu mehr ernsthaft als scherzhaft gesagt, dann wäre es ja eine legitime Form der polizeilichen Notwehr, einen Wasserwerfer mit Gülle zu befüllen. Wenn wir anfangen, Straftaten anhand ihrer Motivation politisch zu bemessen, lösen wir unseren Rechtsstaat auf – denn dann bekommen wir Willkürrecht. Dann entscheidet nämlich die jeweils tonangebende politische Klasse, was legitime und nicht legitime Rechtsübertretungen sind.

Bei den Grünen, die eine entsprechende Protestgeschichte haben, sehen wir ähnliche Züge. So haben führende Vertreter der Partei in Berlin vor einiger Zeit Hausbesetzungen als akzeptable Ausdrucksform des zivilen Ungehorsams definiert. Vor dem Hintergrund der angespannten Wohnsituation seien, so deren wohnungspolitische Sprecherin, Katrin Schmidberger, die Besetzungen von Häusern in Friedrichshain-Kreuzberg und Neukölln »angesichts der dramatischen Situation, die wir in der Stadt haben« legitim. Der alte Fundi Jürgen Trittin sekundierte. Er gestand zwar zu, dass die Besetzungen Rechtsbrüche gewesen seien. Gleichwohl seien sie aber akzeptabel, denn »jeder zivile Ungehorsam geht mit Rechtsbruch einher. Und die Grünen waren in ihrer Geschichte immer eine Partei des gewaltfreien zivilen Ungehorsams. Von daher fand ich die Debatte ein bisschen geschichtsvergessen.«

Diese Argumentation verblüfft im ersten Augenblick. Beim zweiten Hinsehen erkennt man die Gefahr für den Rechtsstaat. Denn Trittin sagte hiermit ja, dass es ein Gewohnheitsrecht der Grünen sei, sich über Rechtsnormen hinwegzusetzen, wenn sie mit der grünen Weltanschauung kollidieren. Das ist tatsächlich eine gefährliche, weil selbstgerechte Anmaßung.

Es bedeutet nämlich, dass die Grünen sich das Recht herausnehmen wollen, sich im Zweifel über den Rechtsstaat stellen zu dürfen – sie also abschließend recht haben wollen. Denken wir das weiter, wird der grüne »Rechtsstaat« damit schlimmstenfalls zum Instrument der eigenen Interessendurchsetzung.

Ein anderes Beispiel, bei dem Moral über Recht gestellt wird, ist das Kirchenasyl. Bei allem Respekt vor den humanitären Leistungen, die die Kirchen in Deutschland tagtäglich erbringen: Die Kirche ist kein rechtsfreier Raum. Es ist nicht hinnehmbar und muss selbst rechtsstaatlich geahndet werden, wenn Würdenträger unter Hinweis auf den Willen Gottes Abschiebungen verhindern. Wer erklärt, dass unser Recht in diesem Zusammenhang unmoralisch ist, dem antworte ich: Das geht gar nicht. Denn jede Rechtsnorm muss sich unter Artikel 1 unseres Grundgesetzes fügen. Die Menschenwürde wird in Deutschland bereits »mit aller staatlichen Gewalt« verteidigt.

Wenn wir Recht für ein vermeintlich höheres Gut, wie die Moral, aushebeln, ist es am Ende nur noch eine Frage der Mehrheit, wer recht bekommt. Wenn wir einen effektiven Minderheitenschutz haben wollen, ist die Einhaltung verbindlicher Regeln oberstes Gebot. Denn niemand weiß, ob die Moral des Nachbarn dieselbe ist wie die eigene. Und niemand weiß, ob die eigene Moral heute mehrheitsfähig ist und morgen vielleicht nicht.

VIII.
Die Frauen meines Lebens

Allein war ich nie

Frauen haben in meinem Leben immer eine wichtige Rolle gespielt. Zu Beginn meines Lebens natürlich meine Mutter und Tante Elli. Und mit 18, nach dem Abitur, bin ich sofort ausgezogen und nach Kiel zu meiner damaligen Liebe, meiner späteren ersten Frau Renate gegangen. Meine erste Ehe war sehr liebevoll und harmonisch und, das soll jetzt nicht zynisch oder unromantisch klingen, vielleicht deshalb auch nur kurz. 1972 habe ich geheiratet, mit gerade 20 Jahren, standesamtlich und kirchlich, ökumenisch, denn meine Frau war Katholikin. Ökumenische Trauungen waren damals eher selten. Ich denke gern zurück an diesen Tag und erinnere mich an eine schöne Feier. Eigentlich lief alles gut in meiner ersten Ehe, bis zum Schluss – der allerdings schon bald kam. Getrennt haben wir uns nach nur zwei Jahren Ehe. Meine Frau war nach dem Studium als angehende Realschullehrerin in Dithmarschen, ich in Kiel. Und so drifteten wir auseinander. Auch wenn Trennungen nie schön ausgehen, war dieses Beziehungsende nicht außergewöhnlich dramatisch. Wenn man die Ehe nicht als etwas Ewiges betrachtet, sondern als Gemeinschaft, die auf einer vertraglichen Regelung beruht, dann ist eine Scheidung nicht ganz so problematisch.

Offenbar kann ich ohne eine Frau an meiner Seite nicht leben, und so stand ich, kaum dass ich mich von meiner ersten Frau getrennt hatte, bei meiner späteren zweiten Frau Birgit vor der Tür, mit der ich schon eine Weile verbandelt war. Wir entschlossen uns schnell zusammenzuziehen und lebten einige Jahre in einer sehr schönen Wohnung in Kiel, mitten in einem Kneipenviertel. Als Birgit schwanger wurde und wir erfuhren, dass es Zwillinge sein würden, zogen wir aufs Land, wie es viele junge Familien mit Kindern so machen. Wir lebten in einem Haus in Blumenthal in Holstein, rund eine halbe Autostunde südlich von Kiel, heirateten und erwarteten die Geburt unserer Töchter, die am 8. November 1980 in der Uniklinik in Kiel durch Kaiserschnitt das Licht der Welt erblickten.

Für die Kinder war das Leben auf dem Land genau richtig, für meine Ehe aber war es schwierig. Ich war damals berufsbedingt viel unterwegs, während meine Frau wegen der Zwillinge aufgehört hatte zu arbeiten. Ich kam zu unregelmäßigen Zeiten nach Hause und konnte nicht die Verlässlichkeit an den Tag legen, die meine Frau von mir als Familienvater und Ehemann erwarten konnte. Und weil ich selbst merkte, dass mich diese Situation überforderte, kam ich immer später nach Hause. Wenn wir abends gemeinsam zu Hause waren, hatten meine Frau und ich immer weniger Lust, etwas zusammen zu unternehmen. Ein junger dynamischer Typ wie ich damals – im Nachhinein würde ich sagen: ein Kindskopf, der noch nicht reif für eine Familie war –, der wollte aber gerne noch etwas erleben.

Als sich meine Schwiegereltern entschieden, zu uns nach Blumenthal zu ziehen und das Haus unserem gegenüber kauften, veränderte das die Situation nicht zum Besseren. Für meine Frau war das zwar eine Riesenentlastung, unsere Mädchen konnten mit dem Opa im Garten spielen und viel mit den Großeltern unternehmen. Der Nachteil war, dass sich immer mehr ritualisierte Abläufe in unser Leben schlichen. Sonntags um 12 Uhr wurde gemeinsam bei den Schwiegereltern gegessen, in den Urlaub fuhren wir bald schon nur noch gemeinsam mit den Schwiegereltern. Irgendwann fragte ich mich: Soll es das jetzt gewesen sein? Sieht so dein Leben aus, bis du 60 bist? Ich spürte, dass sich unser Leben so auseinanderentwickelt hatte, dass es wenig Sinn machte zusammenzubleiben. Die Verletzungen, die entstanden, indem man sich die wechselseitigen Frustrationen erklärte, waren nicht gut für unsere Ehe.

Mittlerweile hatte ich, Ende 1989, auch meine dritte, meine heutige Frau Annette im Rahmen meiner beruflichen Tätigkeit kennengelernt. Wir hatten eine gemeinsame Verteidigung bei einem Strafprozess in Lüneburg und verbrachten dort über längere Zeit drei Tage in der Woche. Ich hatte mich verliebt und wusste, jetzt musst du dich entscheiden. Denn für mich wurde es immer mehr als eine Affäre. Und so habe ich meiner Frau Birgit an einem Wochenende auf Sylt gesagt, dass ich eine andere Frau kennengelernt habe. Damit war klar, dass ich zu Hause ausziehen würde. Wir trennten uns, als unsere Töchter zehn Jahre alt waren. Wie das damals ablief, darauf bin ich nicht stolz. Die ersten Wochen und Monate nach der Trennung waren sehr schmerzhaft. Aber die Zeit heilte diese Wunden. Birgit und ich haben wieder, nicht nur wegen der gemeinsamen Kinder, ein gutes, vertrauensvolles Verhältnis. Meine Töchter wären nicht so wunderbar, wie sie heute sind, wenn ihre Mutter sich nicht so hinreißend um sie gekümmert hätte.

Annette und ich

Manche, die meine Frau und mich erleben, die uns nicht kennen und nicht wissen, wie herzlich wir beide in Wahrheit miteinander verbunden sind, wundern sich, wenn sie uns diskutieren oder uns kabbeln hören. Sie denken dann: Das muss ja eine tolle Ehe sein! Das ist sie aber wirklich: eine tolle Ehe. Annette ist, bei aller Wertschätzung für die anderen Menschen in meinem Leben, das Beste, was mir je passiert ist.

Vorab: Was eine gute Beziehung ausmacht, sind vor allem drei Dinge: Kommunikation, Witz und die Tatsache, dass jeden Tag wieder etwas Neues passiert, dass keine Langeweile aufkommt, dass nichts eintönig wird. Darauf gründet unser Zusammenleben seit 30 Jahren.

Es war der 1. September 1989, frühmorgens, als Annette und ich uns das erste Mal begegneten. Ein mit mir befreundeter Anwaltskollege hatte mich gebeten, seine in Bürogemeinschaft tätige Anwältin mit zu einer Besprechung nach Lüneburg zur Vorbereitung einer Hauptverhandlung in einem umfangreichen Strafverfahren mitzunehmen – und so stand ich mit meinem Auto vor seiner Kanzlei in Erwartung meiner Begleitung. Als Annette Marberth einstieg, merkte ich gleich, dass sie etwas Besonderes ist. Blonde Locken, eine unheimlich schräge Brille und lange, schmale Finger, die Nägel tiefrot lackiert. In den Gesprächen auf der Fahrt nach Lüneburg war sie keck, bisweilen schnippisch und etwas vorlaut. Nach der Besprechung lud ich sie auf der Rückfahrt nach Kiel in Hamburg zum Abendessen in einem italienischen Lokal ein. Das war's zunächst. In den folgenden Wochen trafen wir uns immer wieder einmal aus beruflichen Gründen, und es entstand eine bemerkenswerte Vertrautheit.

Am 5. Oktober 1989, ihrem 30. Geburtstag, feierten wir im

Kreis von Kollegen und ihren Freunden in den »Schönen Aussichten«, und ich merkte, dass aus der Vertrautheit mehr geworden war. Das war insofern problematisch, als ich verheiratet und sie auch in einer Beziehung gebunden war. Noch im Oktober 1989 begann das Großverfahren in Lüneburg, das uns zwei bis drei Tage die Woche beschäftigte. Die meisten Mitverteidiger übernachteten – wie wir – dort im Hotel. Und das Schicksal begann, seinen unaufhaltsamen Lauf zu nehmen. Irgendwann übernachteten wir dann gemeinsam in ihrem oder meinem gebuchten Zimmer.

Mir war zunächst nicht bewusst, aber ich hätte ahnen können, dass dies mehr war als eine Affäre. Wir sahen uns in den folgenden Wochen nahezu täglich, auch in Kiel. Im Frühjahr 1990 verbrachten wir eine Woche gemeinsam auf Gran Canaria. Uns wurde klar, dass wir zusammenleben wollten. Sie trennte sich von ihrem Freund, bei mir dauerte der Prozess etwas länger. Im August erklärte ich meiner Frau, ich hätte eine Affäre, aus der mehr geworden sei. Und am 16. Oktober 1990 zog ich schließlich bei Annette in ihre Kieler Wohnung ein. Die Trennungsphase war für alle Beteiligten nicht einfach, für meine Frau Birgit und die Kinder sicher am belastendsten. Mich nahm es trotz der neuen Liebe ebenfalls sehr mit, vor allem wegen meiner zehnjährigen Töchter. Und weil das Ende einer Ehe immer auch ein Scheitern, eigenes Versagen und vielleicht verantwortungslos ist gegenüber dem Partner und den Kindern.

Ich hatte das große Glück, vielen Konflikten ausweichen zu können, da ich im Dezember 1990 in den Deutschen Bundestag gewählt wurde. Ich war häufig in Bonn, viel unterwegs, und ich glaube, Annette hat das nur mitgemacht, weil klar war, dass ich 1992 als Spitzenkandidat zur Landtagswahl in Schleswig Holstein nach Kiel zurückkehren würde.

Birgit und die Kinder zogen nach Niederfrohna bei Chemnitz, weil mein Schwiegervater nach der Wende sein dortiges Rittergut zurückerhalten hatte. 1992, nach der erfolgreichen Landtagswahl, ich war Fraktionsvorsitzender der FDP im Landtag geworden, kaufte ich unser Haus in Strande, ließ es umbauen, und Annette und ich konnten 1993 dort einziehen. Wir hatten unsere Heimat gefunden.

1996 ist meine Frau in die FDP eingetreten. In jenem Jahr hatte ich gerade mein Comeback nach der Schönberg-Affäre und wurde von meiner Partei als zweiter Spitzenkandidat zur Landtagswahl nominiert. Nach den Umfragen war es alles andere als klar, dass die FDP wieder ins Parlament einziehen würde. Damals sagte Annette: »Wenn du es schaffst, dann trete ich in die FDP ein.« Und genau so kam es.

Sie gründete mit sechs weiteren Mitgliedern, darunter waren auch mein akademischer Lehrer, Freund und Nachbar Professor Erich Samson und ich, den Ortsverband Strande. Mittlerweile haben wir 80 Mitglieder, bei 1680 Einwohnern. Die Wahlergebnisse der Freien Demokraten können sich durchaus sehen lassen, in der Regel werden zwischen 25 und 30 Prozent erzielt. Politisch liegen Annette und ich selten auseinander. Wir sind oft einer Meinung und kämpfen beide für den Rechtsstaat, für Meinungs-, Presse- und die Freiheit der Lebensgestaltung, vor allen Dingen aber gegen jede Form von Bevormundung.

1997 haben wir schließlich geheiratet. Schon der Heiratsantrag verlief spektakulär. Ich hatte in der Nacht von Ostersamstag auf Ostersonntag 1997 beim Spaziergang mit unserem damaligen Labrador Puma im Ort Plakate aufgehängt mit dem Text: »Engel, Liebe meines Lebens, willst du meine Frau werden?« Da Annette morgens immer die Runde mit

Puma machte, war ich sicher, sie würde das bemerken und freudestrahlend zurückkehren. Sie kam ins Haus und – nichts!

Ich war etwas verstört, dann bekam sie Anrufe von Freundinnen und Nachbarn, die sie beglückwünschten. Ihre Reaktion war anders, als ich angenommen hatte. »Du hängst Plakate im Dorf auf, ohne mich selbst zu fragen? Andere wissen es vor mir?«

Ich hatte noch zehn präparierte Eier im Garten versteckt, die wir dann gemeinsam suchten. Puma war dabei sehr hilfreich. In den ersten neun Eiern war ein Text: Engel und Liebe und meines und Lebens und so weiter. Und im letzten Ei war der Verlobungsring: ein Goldring mit Brillanten.

Unsere Hochzeit war ein rauschendes Fest mit mehreren Hundert Gästen, mit Heide Simonis als Laudatorin und Jürgen Möllemann als schrägstem Sänger, dem ich jemals zuhören musste.

Annette hat es öffentlich als ihre Aufgabe bezeichnet, mich vor Größenwahn oder Überheblichkeit zu schützen. Wenn ihr etwas missfällt, spricht sie mich einfach offen darauf an.

Meine Frau ist jeden Tag aufs Neue für eine Überraschung gut. Nach wie vor ist unsere Ehe eine explosive Mischung und Tag für Tag ein Kampf um die Vorherrschaft, der mit sehr subtilen Mitteln ausgefochten wird. Immer noch geht es bei uns um die Frage, wer hat das Sagen? Meine Frau würde jetzt behaupten, das sei zu meinen Gunsten entschieden. Aber ein Blick in ihr Gesicht würde verraten, dass dies nur eine taktische Finesse ist.

Annette hat eine besondere Taktik entwickelt, mich darauf aufmerksam zu machen, dass ich sie in irgendeiner Weise beeinträchtigt oder verletzt habe. Sie weiß, dass mich Anweisungen rasend machen, besonders wenn ich sie morgens auf meinem Frühstückstisch vorfinde. Dann wird mir bewusst, dass etwas vorgefallen ist, das sie verärgert hat. Manchmal kann ich dies mit kleinen Aufmerksamkeiten wiedergutmachen, manchmal bedarf es dafür einer größeren Anstrengung. Ihr Einfallsreichtum ist hierbei nahezu unerschöpflich. Nach einer etwas intensiveren morgendlichen Diskussion fuhr sie einmal wutentbrannt nach Hamburg, und entgegen unserer sonstigen Gewohnheit telefonierten wir nicht miteinander. Funkstille sozusagen. Am späten Nachmittag erhielt ich eine SMS: »Ich nehme deine Entschuldigung an«. Auf meine Rückfrage: »Welche Entschuldigung?« kam die Rückmeldung: »Du hast mir doch gerade einen Bulgari-Ring geschenkt, und das finde ich als Entschuldigung angemessen.« Sie hatte sich einfach mit meiner Kreditkarte in Hamburg selbst ein Geschenk gemacht.

Ich fand das so witzig, dass ich noch heute, wenn ich daran denke, mir ein Schmunzeln nicht verkneifen kann. Und seitdem benutzt sie, wenn wieder ein Konflikt droht, der sie verletzen könnte, das Stichwort: Bulgari!

30 Jahre Zusammenleben mit Annette haben mich wesentlich geprägt. Sie sagt immer wieder: »Ich habe dich austrainiert, und ich habe dich auch weicher, menschlicher gemacht.« Es muss harte Arbeit gewesen sein – und sie ist Gott sei Dank noch nicht beendet. Annette hat immer wie eine Löwin an meiner Seite gekämpft. Ohne sie wäre ich heute nicht da, wo ich bin. Sie hat für mich auf vieles verzichtet, obwohl sie berufspolitisch auch äußerst erfolgreich war, zum Beispiel als Vorsitzende der Strafverteidigervereinigung in Schleswig-Holstein oder im Bundesvorstand der Strafverteidigervereinigung.

Meine Töchter

Meine Zwillingstöchter liebe ich innig: Anneka, die ältere, die eine Minute früher geholt wurde, und Helen. Wir sehen uns zwar nur gelegentlich, telefonieren aber regelmäßig. Helen, die nur wenige Kilometer von uns entfernt wohnt, treffe ich häufiger, mit Anneka, die in der Schweiz lebt, ist das schwieriger. Zu meinen Kindern hatte ich nach der Trennung, als sie mit meiner geschiedenen Frau Birgit nach Sachsen gezogen waren, vergleichsweise wenig Kontakt. Zwar war ich immer da, wenn ich gebraucht wurde, auch bei Geburtstagen, Konfirmation oder Abitur, aber sehr oft haben wir uns nicht gesehen – bis auf die Ferienzeit, als sie immer einige Tage bei mir waren. Das tat der Herzlichkeit unserer Beziehung aber keinen Abbruch. Als wir noch als Familie zusammenlebten, war ich als Vater selten da. Den normalen Tagesablauf bekam ich kaum mit. Die tradierte Rolle als Vater, der von der Arbeit nach Hause kommt und erst mal zwei Stunden mit den Kindern spielt, gab es bei uns nicht. Diese Rolle wäre auch, wenn ich ehrlich bin, nichts für mich gewesen.

Unsere Treffen nahmen naturgemäß zu, als meine Töchter zum Jura-Studium nach Kiel zogen. Die Freunde meiner Töchter, mit denen es etwas ernster werden sollte, habe ich später allerdings, als besorgter Vater, einer besonderen Prüfung unterzogen. Mit meinen Freunden Jürgen »Vaddi« Nehm und Uli Kauffmann lud ich die »Bewerber« zu einer Bootstour ein. Ich fuhr mit ihnen raus auf hohe See, und dort haben wir die Jungs erst einmal unter Alkohol gesetzt. Auf diese Weise zeigt sich der wahre Charakter. Meine beiden heutigen Schwiegersöhne bestanden mit Bravour.

Meine Töchter arbeiten heute erfolgreich als Juristinnen. Sie machten ihr Abitur in Limbach bei Chemnitz und hatten eigentlich ganz andere Pläne. Die eine wollte Biologin werden, die andere Journalistin. Als sie mich beide, etwa zur selben Zeit, anriefen und erzählten, sie würden doch lieber Jura studieren wollen, und zwar ausgerechnet in Kiel, habe ich mich natürlich gefreut. Sie legten das Examen ab, gingen zwischendurch ins Ausland, und jetzt arbeitet Helen in Schleswig-Holstein und Anneka in der Schweiz. Beide telefonieren jeden Tag miteinander und stehen sich sehr nahe, wie es bei Zwillingen meistens der Fall ist. Beide sind verheiratet, und jede hat zwei Kinder, eine Tochter und einen Sohn. Als Großvater bin ich sehr stolz und froh, wenn die Enkelkinder da sind. Und ich bin zufrieden, wenn ich sehe, dass es ihnen gut geht.

Ich kann sehr gut mit Kindern umgehen, aber es muss kein Dauerzustand sein. Zu meiner Tochter Helen habe ich einmal scherzhaft gesagt:»Dass ihr jetzt nach Strande kommt und ich den Kinderwagen über die Promenade schiebe, glaubt ihr nicht ernsthaft.« Ich freue mich zu sehen, wie sich meine Enkel weiterentwickeln. Da bin ich wirklich fasziniert, was kleine Kinder sprachlich auf die Reihe bringen. Auf meine Töchter bin ich jedenfalls richtig stolz. Was beide auszeichnet, ist eine große Toleranz und Mitmenschlichkeit. Dass man also niemandem sagt, wie er oder sie zu sein hat. Vor allem ihre Mutter hat ihnen mitgegeben, dass sie nie etwas anderes sein sollen als das, was sie sind. Und ich bin meiner Ex-Frau Birgit unendlich dankbar, dass sie die Kinder zu so wunderbaren Menschen erzogen hat. Die beiden haben schon mit 18 in sich selbst geruht, strahlen diese Ruhe auch aus und sind ohne jede Lebensangst. Ihr Motto lautet: Es ist, wie es ist – und aus dem, wie es ist, muss man das Beste machen.

Genieße das Leben

Wenn es ein Symbol für den Begriff der Freiheit gibt, so ist es für mich das Meer. Mit dem Blick auf die Weite des Meeres fühle ich mich unendlich frei. Wahrscheinlich empfinden Bergsteiger, die nach dem Erklimmen eines Berges auf dem Gipfel stehen, ähnlich. Wenn ich mit dem Boot aufs Meer hinausfahre und irgendwann das Land nicht mehr sehe, weiß ich, wie klein wir alle doch sind. Und dass es auf die Crew ankommt, ob wir wieder heil nach Hause kommen und auf nichts sonst. Tröstlich ist die Erkenntnis, dass es das Meer lange schon gab, bevor wir lebten, und dass es noch existieren wird, wenn wir von dieser Erde verschwunden sind. Segeln oder überhaupt aufs Wasser gehen, macht mich demütig. Es zeigt mir jedes Mal aufs Neue, wie relativ alles ist.

Ich genieße es, in einem Haus mit Blick auf die Kieler Förde zu wohnen. Es dauerte mehr als 20 Jahre, bis ich mir meinen Traum, in Strande zu leben, erfüllen konnte. Annette und ich waren in Strande angekommen, dort, wo ich als Student schon hinwollte. Strande ist einfach der perfekte Ort für uns. Fünf Minuten Fußweg und wir sitzen in einem unserer Lieblingslokale. Überall treffen wir Freunde oder Bekannte, mit denen wir uns unterhalten können. Ein wenig fühlt man sich hier wie in Bullerbü. Unser Dorf liegt quasi am Ende der Welt, zwei Straßen, dahinter nur noch das Meer. Die Menschen passen aufeinander auf, ohne dass man das Gefühl hat, kontrolliert zu werden. Sie sind entspannt. Und egal, wie gestresst ich bin, hier komme ich zur Ruhe.

Früher fuhr ich während der Sitzungstage im Kieler Landtag oft in der Mittagspause für zwei Stunden nach Strande, setzte mich in die Sonne und machte einfach nichts. Heute gehe ich, so oft es mir möglich ist, aufs Wasser, leider viel zu selten.

Komme ich im Sommer abends nach Hause, lege ich mit dem Anzug auch die Unbill des Tages ab, dann geht's aufs Boot und Leinen los. Ich fahre 200 Meter raus, werfe den Anker und komme zur Ruhe. Ich bin nah am Land und fühle mich doch so weit weg, genieße die Ruhe, den Sonnenuntergang oder die Abendröte. Es ist ja bei uns im Norden im Sommer auch um 23 Uhr noch hell. Berlin, die Politik, die Kanzlei – alles egal. Wenn ich mit Freunden auf dem Boot bin, erzählen wir uns Geschichten aus dem Alltagsleben, sprechen darüber, was uns bewegt, oder tauschen uns über Probleme aus. Wir kennen uns seit Jahren und müssen nicht viel erklären, jeder fühlt sich vom anderen verstanden.

Segeln ist meine große Leidenschaft. Gleich ein Jahr, nachdem ich nach Kiel kam, 1971, machte ich die Segelscheine. Heute habe ich das Segeln weitgehend aufgegeben zugunsten des Motorbootfahrens. Auch aus Liebe zu meiner Frau, die den Komfort auf dem Motorboot dem Segeln vorzieht. Kein Auftakeln und schnell von A nach B. Jemand hat einmal gesagt, Segeln sei die teuerste Art, unbequem zu reisen. Trotz alledem ist es für mich die entspannendste.

Mich stört es nicht, wenn man mich einen Lebemann nennt. Was soll daran bitte falsch sein? Ich bin ein Mann, der gerne lebt. Ich bin eitel, ich bin ehrgeizig, ich bin lebensfroh, und ich weiche keinem Genuss aus. Es ist der Sinn des Lebens, sich am Leben zu freuen! Gott wollte und will keine Asketen, daran glauben nur die Protestanten. Ich sage immer: Gott muss ein lustiges Kerlchen sein, sonst hätte er die Menschen nicht so erschaffen, wie sie sind. Menschen, die keine Freude am Leben haben, sind mir suspekt. Spaßbremsen dürfen unter sich bleiben, mit humorlosen Menschen kann ich nichts anfangen.

Da überrascht es vielleicht nicht, dass ich mir in den Achtzigern eine eigene Kneipe zugelegt hatte. Ich war 28, Jurastudent und wurde Teilhaber des »Quam«, einer damals beliebten Studentenkneipe in Kiel. Sie gehörte dem Ex-Mann meiner zweiten Frau Birgit, mit dem ich befreundet und auch viel gesegelt war. Nach meinem VWL-Studium hatte ich ihn unternehmerisch und steuerlich beraten, und irgendwann fragte er mich, ob ich nicht bei ihm einsteigen wolle. Da das »Quam« ohnehin meine Stammkneipe war, dachte ich: Warum nicht? Wäre doch ein interessanter Perspektivwechsel, in seinem Lieblingslokal nicht mehr vorm, sondern hinter dem Tresen zu stehen. Ich nahm das Angebot an, doch nach knapp einem Jahr habe ich meine Karriere als Wirt beendet, bevor sie richtig losgegangen war. Ich hatte gemerkt, das war nicht meine Welt, jede Nacht in der Kneipe zu arbeiten. Ich hatte Angst abzudriften. Und so beschloss ich, mein Wirt-Dasein an den Nagel zu hängen und meinen Anteil zu verkaufen.

Auch wenn die Gastronomie nur eine kurze Episode in meinem Leben war, als Gastwirt lernte ich einiges fürs Leben. Hinter der Theke ließ sich bestens beobachten, wie die Gäste interagierten, flirteten und sich kennenlernten, wie sie sich liebten oder hassten, miteinander lachten oder stritten. Man könnte sagen, das war lebensnaher Unterricht in Kommunikation, vor allem mit dem anderen Geschlecht.

Wenn ich ein Lebemann bin, so ist Annette eine Lebefrau. Sie hat sich das Ziel gesetzt, die zehn schönsten Golfplätze und die zehn besten Hotels der Welt zu erkunden – und an diesem Projekt arbeitet sie. Heute spiele ich also Golf, mein wahrer Sport aber ist Fußball. Fußball ist Kampfsport. Wettbewerb und Kampfsport – diese Kombination entspricht meinem Naturell. Als Jugendlicher spielte ich bei Eintracht Braunschweig, bis zu meinem 18. Lebensjahr. Ich war überall einsetzbar. Sehr robust habe ich gespielt, erst als rechter Läufer, heute würde man sagen: rechtes Mittelfeld, und dann als Vorstopper. Auch als ich später in Kiel beim FC Landtag spielte, war ich letzter Mann, der alles weghaute, was aufs Tor zulief. Weil Fußballer gerne richtig harte Kerle sind – und ich im Besonderen –, hielt ich mich nie damit auf, Schienbeinschoner zu tragen. Irgendwann beschloss meine Fraktion, dass ich nicht mehr beim FC Landtag mitspielen sollte. Weil alle, die gegen uns antraten, ebenso hart spielten – wann kann man schon mal Politiker so schön treffen – und die Verletzungsgefahr zu groß wurde. Am schlimmsten war es mit Medienmannschaften, die mit dem Vorsatz aufs Feld gingen, mal einen Abgeordneten langzulegen. Als Fraktionschef konnte ich es mir aber nicht leisten, wegen einer Verletzung wochenlang auszufallen. Schweren Herzens hörte ich 2005 mit dem Kicken auf. Jetzt schaue ich Fußball nur noch im Fernsehen. Zu Spielen von Holstein Kiel gehe ich, wann immer meine Zeit es zulässt, ins Stadion. Der Störche-Club ist seit Jahrzehnten mein Herzensverein. Ein weiterer Verein, den ich sympathisch finde, spielt in der Hauptstadt: Union Berlin hat mich schon zu adoptieren versucht, aber ich muss natürlich meinen Störchen treu bleiben.

Früher bin ich Motorrad gefahren, musste das leider auch aufgeben, aus Sicherheitsgründen. Ich kam zu selten zum Fahren. Ab einem gewissen Alter sollte man es sein lassen, wenn man nicht regelmäßig auf dem Bock sitzt. Mir mangelte es an Fahrpraxis.

IX.

Ich bin, wie ich bin

Mit mir im Reinen

Auf die Frage, ob ich zurzeit mit mir im Reinen sei, würde ich antworten: überwiegend. Mehr wäre wahrscheinlich zu viel verlangt: Ich kenne niemanden, der dauerhaft mit sich im Reinen ist. Es gab sicherlich Phasen in meinem Leben, in denen ich glücklicher, aufgeregter, emotionaler war als heute. Aber es gab sicher keine Phase, in der ich zufriedener war.

Je mehr Erfahrungen ich in meinem Leben gesammelt hatte, desto weniger konnte ich von Entwicklungen überrascht werden. Es ist nicht so, dass ich nicht auch heute noch gelegentlich erstaunt bin. Aber negative Überraschungen beunruhigen mich nicht mehr so sehr wie früher. Es gab dramatische Ereignisse in meinem Leben, aus denen ich viel gelernt habe. Und es gab Dinge, die musste ich ertragen, gerade weil ich sie nicht ändern konnte.

Ich bin zu einem großen Anhänger des Gelassenheitsgebets geworden: »Gott, gib mir die Gelassenheit, Dinge hinzunehmen, die ich nicht ändern kann, den Mut, Dinge zu ändern, die ich ändern kann, und die Weisheit, das eine vom anderen zu unterscheiden.« Das ist nicht nur eine Maxime für die politische Tätigkeit, sondern eine allgemeine Lebensweisheit. Sich nicht aus der Ruhe bringen zu lassen und aus allem das Beste zu machen.

Als zum Beispiel meine Frau und ich in den Skiurlaub nach Aspen/USA flogen und in Denver umsteigen wollten, kam mein Koffer nicht an. Er war in London hängen geblieben. Meine Frau war not amused. Ich erhielt von British Airways anstandslos 150 Dollar für die Erstversorgung. Alles, was ich brauchte, war eine Zahnbürste und Unterwäsche. Von dem restlichen Geld sind wir am ersten Abend in Aspen essen gegangen und haben Menschen kennengelernt, die uns den Aufenthalt sehr angenehm gestaltet haben.

Mit Koffer wäre das nicht passiert.

Das Glück zu sein

Alles, was ich bin oder habe, habe ich selbst erarbeitet. Mir wurde nichts geschenkt. Und trotzdem: Ich hatte auch riesiges Glück in meinem Leben. Mein größtes Glück war, dass ich auf Menschen getroffen bin, die mir in den entscheidenden Phasen meines Lebens einen Stups gegeben haben.

Das fing schon in der Schule an, bei meinen Lehrern. In der Grundschule war es zum Beispiel Herr Becher, ein versehrter Kriegsheimkehrer, der mitbekommen hatte, dass ich das Potenzial hatte, aus mir etwas Vernünftiges zu machen, und meinen Eltern dringend riet, mich aufs Gymnasium zu schicken.

Ich hatte im weiteren Verlauf meines Lebens Glück, dass ich auf Menschen traf, die schon in bestimmten Funktionen waren und mich förderten. Es war Gottes Fügung, dass ich im Studium auf Gerd Achterberg traf, den damaligen Landesvorsitzenden der Jungdemokraten, der mich zur abendlichen Veranstaltung der Jungdemokraten in Kiel mitnahm. Sonst wäre ich wahrscheinlich nicht bei der FDP gelandet und vielleicht auch nicht Politiker geworden.

Es war Glück, dass ich eine Vielzahl von Personen getroffen habe, die in den Wahlkämpfen die richtigen Ideen hatten, darunter Heiner Garg, Christopher Vogt und Bernd Buchholz. Ich war zwar Spitzenkandidat, aber allein schafft man politischen Erfolg nicht. Um meinen Landesverband Schleswig-Holstein ist mir deshalb überhaupt nicht bange.

Ich hatte großes Glück, Frank Elbe zu treffen, die rechte Hand Hans-Dietrich Genschers. Von ihm habe ich viel diplomatisches Geschick gelernt, ohne opportunistisch zu werden.

Und ich habe Glück gehabt mit meinen drei Ehefrauen, weil jede jeweils zu ihrer Zeit die richtige Partnerin war. Auch Beziehungen haben manchmal kompensatorischen Charakter, und bei großem Stress ist es wichtig, emotional aufgefangen zu werden. Ich hadere nicht mit dem Älterwerden, das gehört zum Leben dazu. Aber mit 30 habe ich mir nicht vorstellen können, wie es ist, 60 zu sein. Nun kann ich allen 30-Jährigen sagen: Ihr müsst keine Angst davor haben!

Im Kopf gibt es kein Alter. Man merkt, dass man nicht mehr so schnell läuft und dass man mehr Pausen braucht. Aber interessanterweise stellen sich sowohl Körper als auch Kopf darauf ein. Vor allem der Kopf.

Ich bin nach wie vor für alle möglichen Scherze zu haben. Meine Frau würde sagen, auch für spätpubertäre. Und ich bin und bleibe ein gnadenloser Optimist. In jeder Situation gibt es Momente, in denen man Glück empfinden kann. Und auf die muss man hinarbeiten.

Übrigens: Die einzige Chance, länger zu leben, ist es, älter zu werden.

Ich habe das Gefühl, dass ich jetzt intensiver lebe und erlebe. Und ich nehme mir auch bewusst Auszeiten. Früher habe ich gedacht, ich muss immer alles machen. Das unterstreicht die eigene Bedeutung und die eigene Unverzichtbarkeit, von der man immer wieder träumt: Du wirst gebraucht. Mittlerweile ist mir das relativ schnurzegal. Otto Graf Lambsdorff ist mir hierbei in guter Erinnerung, der einmal in einer Bundesvorstandssitzung der FDP erklärte, als jemand sagte, er sei für uns unverzichtbar: »Ach wissen Sie, gehen Sie mal über einen Friedhof, der ist voll von Menschen, die unverzichtbar waren.« Man sollte auf sich achten. Und deshalb ist es wichtig, Spaß zu haben, Freude zu empfinden und gelegentlich den lieben Gott einen guten alten Mann sein zu lassen.

Was bleibt, was kommt ...

Wenn meine Partei es will, werde ich zur nächsten Bundestagswahl – wann auch immer sie sein wird – erneut als Spitzenkandidat für die Freien Demokraten in Schleswig-Holstein antreten. Es ist und bleibt viel zu tun.

Der demografische Wandel wird unsere Gesellschaft ebenso vor große Herausforderungen stellen wie die Digitalisierung und der Einsatz Künstlicher Intelligenz. Fortschritt erreichen wir nur durch Technik, nicht durch Verzicht.

Autokratische Systeme fordern weltweit die Demokratie heraus, und es steht in den Sternen, was sich langfristig durchsetzt. Auch bei uns in Deutschland feiert der Hang zu autoritären Lösungen gerade Wiederauferstehung. Wenn es doch nur einen Weg gibt, die Welt zu retten, müssen alle Menschen notfalls gezwungen werden, diesen Weg zu gehen. In diesen Zeiten die Stimme der Freiheit deutlich wahrnehmbar zu erheben, der Vernunft ein Gesicht zu geben, »Heilsbringer« und »Weltretter« daran zu hindern, im Namen des Guten das System zu ändern und die Gesellschaft in ihre Gewalt zu bringen, bleibt auch meine Aufgabe.

Angstfrei sagen, was Sache ist.

Und dann hoffe ich, dem nächsten Deutschen Bundestag erneut als Vorsitzender seiner Baukommission dienen zu dürfen. Damit endlich etwas fertig wird. Damit wir dokumentieren können, dass auch in Deutschland noch größere Bauvorhaben gelingen können.

Beide Jobs, der des Strafverteidigers und der des Bundestagsvizepräsidenten bereiten mir große Freude. Ein Zustand, der doch möglichst lange erhalten bleiben sollte.

Natürlich habe ich noch Träume. Meine Frau bei den Reisen zu den schönsten Hotels und Golfplätzen der Welt zu begleiten, meinen Enkelkindern eine lebenswerte Welt ohne Hunger und Krieg zu bewahren, in der sie ihr Leben genauso wie ich glücklich und frei leben können und – mit meinem Freund Günter Waßner auf einer 50-Fuß-Jacht durch die Ägäis zu segeln, im Cockpit zu sitzen und ein kühles Glas Weißwein zu trinken.

Während ich dies schreibe, fällt mir DJ BoBo ein, »Let the dreams come true«, mit der Zeile: »First I waited, then created, didn't debate it, just made it.« Wir werden es machen.

Dank

Den Managern des Projektes (Käfferlein & Köhne) bin ich verbunden, weil sie mich zwangen, meine Gedanken zu ordnen, die immer wieder aus der vorgegebenen Struktur ausbrechen.
Meinem Büroleiter, Dr. Klaus Weber, bin ich zu großem Dank verpflichtet. Ohne ihn wäre dieses Buch, dem er mit Herz und Verstand erst den richtigen Schliff gegeben hat, nicht entstanden. Er ist mein »Junges Ego«, auf ihn ist zu jeder Zeit Verlass, und er ist mir eine große Unterstützung bei meiner täglichen Arbeit.
Und natürlich gäbe es dieses Buch nicht ohne Marion Ramm, meine mich seit mehr als 30 Jahren begleitende Mitarbeiterin. Sie hat nicht nur mein Leben organisiert, sondern war stets auch Teil meiner politischen Kampfkraft. Ihr gutes Gedächtnis half meinem des Öfteren bei der Einordnung prägender Lebensphasen auf die Sprünge.
Außerdem danke ich meiner schleswig-holsteinischen FDP, auf die ich mich in den vergangenen Jahrzehnten unter der Führung von Dr. h.c. Jürgen Koppelin und Dr. Heiner Garg auch in schweren Zeiten immer verlassen konnte und die sich stets einen eigenen »Kopf« bewahrt hat.

Schließlich danke ich meiner Frau Annette für ein unglaublich abwechslungsreiches Leben, das nach gemeinsamer Überzeugung bis zur Altersgrenze von Jopi Heesters fortgesetzt werden soll.

Und letztlich danke ich den Leserinnen und Lesern, dass sie es bis hierher geschafft haben.

Bildnachweis

Bis auf die folgenden Bilder sind die Bildrechte privat:

Die Rechte der Wahlplakate aus Schleswig-Holstein liegen beim Landesverband der FDP Schleswig-Holstein. Die Rechte am Bild »German Mut« vom Bundesparteitag 2015 liegen bei der Bundespartei. Mit freundlicher Genehmigung von Matthias Hornung.

Wir danken allen Rechteinhabern für die Erlaubnis zum Abdruck der Abbildungen. Trotz intensiver Bemühungen war es nicht möglich, alle Rechteinhaber zu ermitteln. Wir bitten diese, sich gegebenenfalls an den Verlag zu wenden.

Personenregister

Achterberg, Gerd-Manfred 41, 43, 225
Albig, Torsten 127
Altmaier, Peter 129, 131, 133, 135, 141
Arp, Hans-Jörn 150

Baerbock, Annalena 146
Bahr, Daniel 118 ff.
Barschel, Uwe 49, 52 ff., 65
Bartsch, Dietmar 152
Bebel, August 175
Beer, Nicola 138
Behrendt, Dirk 200
BoBo, DJ 228
Bosbach, Wolfgang 152 f.
Bouffier, Volker 131
Brandt, Willy 41, 43 f., 61, 175

Brüderle, Rainer 120, 156
Buchholz, Bernd 226
Buschkowsky, Heinz 169

Carstensen, Peter Harry 104, 148
Clay, Cassius *siehe* Muhammad Ali
Conrad, Peter-Uwe 63 ff., 111
Cramer, Michael 203

Dobrindt, Alexander 77, 133, 137 f., 142

Elbe, Frank 111, 226
Engholm, Björn 49, 52 ff., 56 f., 62, 64 f.
Ertl, Josef 46

Friedman, Michel 87, 99

Gabriel, Sigmar 153, 170
Garg, Heiner 226, 229
Genscher, Hans-Dietrich
 45 f., 83 f., 88, 92 ff., 111 ff.,
 148 f., 226
Gerhardt, Wolfgang 108
Gomolka, Alfred 63
Göring-Eckardt, Katrin 133,
 181
Günther, Daniel 126, 133, 145
Gysi, Gregor 152 f.

Habeck, Robert 126, 133, 142,
 145 f., 160
Haseloff, Rainer 192
Hickmann, Christoph 156
Himmelreich, Laura 120
Höfer, Werner 38 f.
Hofreiter, Anton 154 f.
Horn, Gyula 148

Ischinger, Wolfgang 193

Jansen, Günther 53

Käfferlein, Peter 229
Kalben, Eka von 128
Kant, Immanuel 9
Kauder, Volker 105, 133, 137
Kauffmann, Uli 151, 218

Kinkel, Klaus 84, 111
Kipping, Katja 207
Klöckner, Julia 154
Kohl, Helmut 45
Köhne, Olaf 229
Koppelin, Jürgen 58 ff., 91,
 118, 229
Kramp-Karrenbauer, Annegret
 145, 175
Kretschmann, Winfried 131
Kretschmer, Michael 206
Kribben, Klaus 57
Kubicki, Anneka 211 f., 218 ff.
Kubicki, Birgit 211 f., 214 f.,
 218 f., 221
Kubicki, Helen 28, 211 f., 217 ff.
Kubicki, Gertrud 12 ff., 21 f.,
 26 ff., 35, 38, 66, 70
Kubicki, Renate 31, 35 f., 210 f.
Kubicki, Siegfried 13, 19,
 22 f.
Kubicki, Sigrid 13, 18 f., 22,
 24 f., 28
Kubicki, Gerhard 13 ff., 25 ff.,
 33, 35, 38 f., 98
Kühnert, Kevin 175, 184

Lambsdorff, Otto Graf 45, 65,
 83 f., 227
Lamby, Stephan 98
Lanz, Markus 114
Laschet, Armin 206

Lautenschlager, Hans Werner 49
Lehment, Conrad-Michael 65, 111 f.
Leyendecker, Hans 186
Lindner, Christian 102, 113, 123 ff., 129 f., 132 f., 135 ff., 139 ff., 143, 153, 157, 172
Löhrmann, Sylvia 40
Lompscher, Katrin 172

Maischberger, Sandra 92
Marberth-Kubicki, Annette 25, 28 f., 71 f., 78, 91 f., 96 ff., 110, 116, 161, 212–217, 229
Mascolo, Georg 157
Merkel, Angela 106, 114, 129 ff., 136 ff., 141, 143, 145, 149, 170, 178, 180, 182 ff., 186 f., 198
Möllemann, Carola 83, 89 f., 92, 94 f.
Möllemann, Jürgen 81–100, 108, 165, 216
Mronz, Michael 109
Muhammad Ali 161
Müntefering, Franz 175

Nehm, Jürgen 71, 117 f., 151, 218
Niebel, Dirk 118 ff.

Nietzsche, Friedrich 50

Özdemir, Cem 133

Pfeiffer, Reiner 52 f.
Putin, Wladimir 192

Ramelow, Bodo 192
Ramm, Marion 100, 229
Rezo (YouTuber) 175
Rix, Sönke 203
Ronneburger, Uwe 46, 72
Roosevelt, Franklin D. 50
Rösler, Philipp 113 f., 119
Roth, Claudia 45 103
Ruge, Jens 58

Sami, A. 2015 ff.
Samson, Erich 68, 71, 215
Scharon, Ariel 87
Scheel, Walter 43, 111
Scheuer, Andreas 136
Schewardnadse, Eduard 112, 148 f.
Schmidberger, Katrin 208
Schmidt, Helmut 44 f.
Schröder, Bernd 115
Schröder, Gerhard 87 f., 168, 180
Schröder-Köpf, Doris 69
Schultz-Tornau, Joachim 85
Schulz, Martin 158, 175

Schumacher, Kurt 175
Schwaetzer, Irmgard 83 f.
Schwesig, Manuela 192
Seehofer, Horst 129, 131, 133, 139 f.
Simonis, Heide 62, 73 ff., 151, 216
Spahn, Jens 131
Stegner, Ralf 49 ff., 74, 77, 127 f., 148
Steinbrück, Peer 151 f.

Tanneberg, Uwe 65
Trittin, Jürgen 132, 135 f., 208
Trump, Donald 10

Vogel, Johannes 138
Vogt, Christopher 226

Waigel, Theo 64
Walter, Gerd 56
Waßner, Günter 228
Weber, Klaus 229
Wehrmann, Elli 14, 18, 20, 32, 160, 210
Wehrmann, Kurt 14, 19, 32, 160
Wels, Otto 175
Westerwelle, Guido 82, 92, 105–113
Wissing, Volker 131
Wulff, Christian 100 f.

Zastrow, Volker 71 f.
Zumpfort, Wolf-Dieter 55 f.
Zywietz, Werner 60

Theo Waigel

Ehrlichkeit ist eine Währung
Erinnerungen

Gebunden mit Schutzumschlag.
Auch als E-Book erhältlich.
www.ullstein-buchverlage.de

»*Verbiegen war noch nie meine Sache.*«

Theo Waigel hat die Weichen der jüngsten deutschen Geschichte mitgestellt. Die Wiedervereinigung und die Einführung des Euro zählen zu den Meilensteinen seiner Karriere.

In seiner Autobiografie erzählt der ehemalige Bundesfinanzminister, wie aus dem Kriegskind, Jahrgang 1939, der überzeugte Europäer und christlich-soziale Politiker wurde, der er heute ist. Und er sagt, was die CSU jetzt tun muss, um Volkspartei zu bleiben.

Entstanden ist das Selbstporträt eines Mannes, der Politik mit Leidenschaft betrieb und sie als Berufung verstand.
NZZ am Sonntag

Econ